COOKING

Men'sHealth
Adina Steiman
& Paul Kita
Cooking
Die
150
besten Rezepte aus der
Men's-Health-Küche
südwest

INHALT

4 MUSKEL-SNACKS 65

Tanke zwischen den Mahlzeiten auf, um Körper und Geist auf Trab zu halten und die Fettverbrennung anzuregen.

5 SCHNELLE FEIERABEND-MAHLZEITEN 91

Müde und hungrig nach der Arbeit? Hier gibt's proteinreiche, gesunde Alternativen zu Fast Food und Fertiggerichten.

7 DRAUSSEN KOCHEN 177

Ob auf dem Grill oder am Lagerfeuer, mit diesen Rezepten lässt es sich selbst in der Wildnis gut aushalten.

8 CANDLELIGHT-DINNER 215

Wenn das Essen schmeckt und der Abend sich nur um deine Liebste dreht, wirst du ihr Sternekoch des Abends sein!

VORWORT

Kaum konnten die Menschen Feuer machen, entdeckten sie auch schon, dass sich mit seiner Hitze das Fleisch und das Gemüse, das ihnen die Wildnis bot, schmackhafter zubereiten ließ. Die hohe Temperatur sorgte fortan für mehr Geschmack, eine festere Konsistenz und ein angenehmeres Gefühl im Mund. Durch systematisches Ausprobieren lernten die Menschen, das Feuer zu kontrollieren und es zum Kochen zu nutzen, um sich und anderen ausreichend Energie zum Jagen und Sammeln zuzuführen. Dieser natürliche Instinkt, Nahrung allein aus der Notwendigkeit zu überleben zuzubereiten, ist uns heute längst abhandengekommen. Stattdessen kochen wir aus vielerlei Gründen: um Gäste zu bewirten, zur Entspannung, um Bindungen zu festigen, um Eindruck zu schinden, um andere zu versorgen – und manchmal sogar, um jemanden zu verführen.

Die hier vorgestellten *Men's-Health*-Gerichte und -Rezepte dienen dem Überleben in heutiger Zeit. Sie zu beherrschen, ist nicht nur wichtig, weil sie gesund sind und dazu lecker schmecken, sondern auch, da sie das Sprungbrett zum Erlernen komplizierterer Kochtechniken sind. Wie immer macht auch hier Übung den Meister. Nur durch Wiederholung erinnern sich Muskeln. Und wenn unser Körper bestimmte Handlungsabläufe automatisiert, kann sich unser Gehirn mit anderen Dingen beschäftigen. Gelingt es uns also, diese Rezepten zu unseren eigenen zu machen, indem wir sie immer wieder nachkochen, werden wir dadurch zu besseren Köchen.

Die Zubereitung von Nahrungsmitteln beginnt damit, einfache Fähigkeiten zu beherrschen, die zum festen Bestandteil des Alltags eines jeden Kochs gehören: zum Beispiel ein Huhn zu tranchieren (Seite 171), einen ganzen Fisch zu grillen (Seite 183), für viele Gäste zu kochen (siehe Kapitel 6) oder Eier zu pochieren (Seite 24). Wer ein wirklich gutes Rumpsteak mit Schinken und Blauschimmelkäse-Butter (Seite 137) essen möchte, sollte am besten gelernt haben, die Steaks selbst zuzuschneiden. Wer seine Angebetete mit einem Espresso Affogato (Seite 233) beeindrucken will, muss lernen, wie man den Espresso richtig über das Vanilleeis träufelt.

Die Erfolge, die wir durch Übung und Wiederholung erzielen, schenken uns das Selbstvertrauen und den Mut, neue Rezepte auszuprobieren. (Man sollte sich auf keinen Fall den köstlichen gegrillten Thunfisch mit Sauce Vierge auf Seite 184 entgehen lassen.)

Kochen zu können ist eine Fertigkeit, die sich auszahlt – zum einen bewältigen wir irgendwann auch schwierigere Gerichte, zum anderen erhalten wir einen ausgewogenen Lebensstil durch gesunde Ernährung. Wenn wir uns bewusst sind, was wir zu uns nehmen, werden wir uns viel gesünder und nachhaltiger ernähren.

Aus all diesen und vielleicht auch aus ganz persönlichen Gründen wird es jetzt Zeit, das Inhaltsverzeichnis dieser ausgewählten Rezeptsammlung durchzusehen, sich eine Schürze umzubinden und die Messer zu schleifen. Viel Spaß beim Kochen und Durcharbeiten der Rezepte. Denn schon unsere Vorfahren haben bewiesen, dass man durch Ausprobieren klüger wird.

Thomas Keller

THE FRENCH LAUNDRY

EINLEITUNG

Verteile die Servietten!

WIR LIEBEN ES ZU ESSEN. Wir lieben es zu kochen. Wir lieben das gute Gefühl, das uns selbst zubereitete köstliche, gesunde Gerichte bescheren. In den letzten fünf Jahren spielten Essen und Kochen bei *Men's Health* eine immer größere Rolle – egal ob in unserem Magazin, in unseren Büchern, in unseren Videos oder in allen unseren 43 internationalen Ausgaben.

Men's Health spielte stets eine Vorreiterrolle, wenn es darum ging, über Ernährung und die Bedeutung der Nahrung als Energielieferant für unseren Körper und für unsere Gesunderhaltung zu berichten. Doch »Mann« lebt nicht nur von Hafergrütze und Lachs. Er braucht mehr ... Chili und Steak, Hühnersuppe und Jambalaya. Gelegentlich braucht er auch gegrillte Spareribs und Hotdogs mit exzellenten Beilagen.

Ja, sogar Hotdogs. Denn in unserer Welt bedeutet gesunde Ernährung, sich einer der größten Freuden des Lebens hinzugeben – das heißt, zum Beispiel ab und zu auch fantastisch dekadente Speisen zu genießen und den Rest der Zeit dem Körper viel Obst, Gemüse und frische Proteine zuzuführen. Hauptsache, man findet für sich ein gesundes Gleichgewicht, auch wenn der allgemeine Trend leider immer mehr zu Fertiggerichten und Fast Food geht.

Daher soll dieses Kochbuch kein Diätratgeber sein, auch wenn es vom Magazin *Men's Health* herausgegeben wird. In diesem Buch findet »Mann« keine Anleitung, um in 30 Tagen 10 Kilo abzunehmen, und auch keine Rezepte, in denen Butter durch Margarine oder Käse und all die leckeren Lebensmittel durch fettreduzierte Produkte ersetzt werden. Einige Rezepte werden zwar manch einen Kardiologen merklich zusammenzucken lassen, aber gleichzeitig wird er unwillkürlich zur Gabel greifen, weil auch ihm das Wasser im Munde zusammenläuft. Wer diese Rezepte in seinen Alltag übernimmt, wird davon profitieren, denn er weiß genau, welche Nahrungsmittel er seinem Körper zuführt (er hat sie ja selbst geschnippelt). Jeder kann das Gemüse so zubereiten, wie er es am liebsten mag und wird dabei trotzdem mit an Sicherheit grenzender Wahrscheinlichkeit sein Gewicht reduzieren und Muskulatur aufbauen. Manche Rezepte enthalten sogar zusätzliche Gesundheitstipps (achtet einfach auf die kleinen Piktogramme unter den Gerichten).

Und wenn wir unser Essen gerne mit Käse überbacken mögen oder einen Hang zu üppigen Beilagen haben? Dann sollte man einfach bedenken, dass man, wenn man öfter zu Hause kocht und weniger ausgeht, viel besser über das, was man isst, Bescheid weiß und nicht das isst, was ein unbekannter Koch hinter irgendeiner Wand ins Essen getan hat. Wissenschaftliche Studien haben bewiesen, dass man deutlich mehr Kalorien und deutlich weniger Vitamine zu sich nimmt, wenn man ein fertig zubereitetes Mahl zu sich nimmt, statt zu Hause zu kochen. Wer Fast Food durch frisch Gekochtes ersetzt, spart Hunderte von leeren Kalorien, nimmt deutlich mehr Nährstoffe zu sich und trainiert sich sogar etwas Hüftspeck ab. Oder anders ausgedrückt: Wer selbst kocht, muss nicht auf das Dessert verzichten!

Man könnte auch sagen, mit diesem Kochbuch lässt sich auf leckere Art das Gewicht etwas reduzieren und dank guter Nahrungsmittel gesünder leben.

Und je öfter du kochst, desto mehr gewinnst du auch an Ansehen, denn mit der Zeit begegnest du deinem Metzger auf Augenhöhe, kannst eine Frau mit einem selbst gekochten Menü verführen oder die Jungs in der Halbzeitpause mit deinem berühmten Chili con Carne beeindrucken. Und welcher Mann will das nicht?

– ADINA STEIMAN UND PAUL KITA

1

ISS, UM ZU LEBEN. LEBE, UM ZU ESSEN.

WAS IST KOCHEN?

Tolle Gerichte fallen nicht einfach vom Himmel. Man braucht dafür Inspiration, Planung, hervorragende Zutaten, die richtigen Küchenutensilien und handwerkliches Geschick.

Sich besser zu ernähren beginnt nicht erst bei Tisch, denn zunächst geht es darum, überhaupt zu verstehen, was gute Nahrungsmittel sind und was gesunde Ernährung bedeutet. Doch die Ansichten über gesunde Ernährung scheinen sich ständig zu ändern, was sehr verwirrend ist. Hier einige Richtigstellungen.

WER SICH GESUND ERNÄHREN *(und dabei sein Gewicht reduzieren)* WILL, SOLLTE EINFACH WENIGER ESSEN.

Man kann durchaus lecker essen, ohne dabei Kalorien zu zählen, wenn man normale Portionen zu sich nimmt. Die meisten von uns haben jedoch jegliches Gefühl für normale Portionen verloren, da wir in Restaurants, aber auch zu Hause meistens die zwei- bis dreifache Menge von dem essen, was uns guttut. Wer erst mal ein paar Minuten wartet, bevor er sich einen Nachschlag nimmt, gewöhnt sich schnell daran, wieder maßzuhalten.

VERSCHIEDENE KALORIEN FALLEN UNTERSCHIEDLICH INS GEWICHT.

Unsere Energiezufuhr setzt sich aus drei Quellen zusammen: Proteinen, Kohlenhydraten und Fetten. Unser Körper verarbeitet diese drei Makronährstoffe auf unterschiedliche Weise. Beispielsweise werden von 100 aus Kohlenhydraten gewonnenen Kalorien nur 5–10 bei der Verdauung abgebaut, während Proteine wahre Kalorienfresser sind, denn von 100 aus Proteinen gewonnenen Kalorien verbraucht der Körper bereits 20–30 Kalorien, nur um die Proteine zu spalten. Wer also mehr Proteine als Kohlenhydrate isst, lagert nach der Verdauung weniger Kalorien ein. Und Fette sind wieder eine ganz andere Hausnummer, denn ihre Verdauung verbraucht noch weniger Kalorien als die der Kohlenhydrate (etwa 3 Kalorien bei einer Aufnahme von 100 Kalorien). Fette sättigen jedoch besser als Kohlenhydrate, da sie langsamer verdaut werden, daher kann man bei einem fetthaltigen Mahl leichter auf einen Nachschlag verzichten. Auch Proteine halten länger vor, obwohl bei ihrer Verdauung prozentual die meisten Kalorien verbrannt werden, daher sollte man sie in möglichst viele Mahlzeiten einbauen.

20–30 Gramm Proteine pro Mahlzeit ist ein guter Richtwert. Will man Muskelmasse aufbauen, sollte man sogar etwa 1 Gramm Proteine pro Pfund aufzubauende Muskelmasse essen. Außerdem ist es wichtig darauf zu achten, welche Proteine man zu sich nimmt. Viele Nahrungsmittel, darunter Nüsse und Hülsenfrüchte, enthalten eine gute Dosis Proteine. Die beste Art, Proteine zu sich zu nehmen, ist jedoch, mehr Milchprodukte, Eier, Fleisch und Fisch zu essen. Tierische Proteine verfügen über eine ideale Zusammensetzung an essenziellen Aminosäuren, die der menschliche Körper nicht selbst herstellen kann.

FETT IST NICHT DEIN GEGNER.

Unglücklicherweise unterscheidet man nicht zwischen dem Fett in der Nahrung und dem Fett, das bei manchen Männern über den Gürtel quillt. Viele Menschen glauben noch immer, dass Fette in der Nahrung auch fett machen. Dieser Mythos hält sich umso standhafter, da einige Wissenschaftler einen Zusammenhang zwischen Nahrungsfetten, einem hohen Cholesterinspiegel und Herzerkrankungen hergestellt haben. Der ganze Fettreduzierungswahn hat jedoch nur dazu geführt, dass die eigentlich gesunden Fette durch mehr Zucker und raffiniertes Getreide ersetzt wurden. Seit 1971 haben diese ungesunden Nahrungsmittel unsere tägliche Kalorienaufnahme im Schnitt um 168 Kalorien erhöht und unsere Hüften entsprechend verbreitert.

Fettsäuren in der Nahrung sind wichtig für unsere Gesundheit. Über fetten Fisch konsumierte Omega-3-Fettsäuren unterstützen Herz und Hirn. Die zum Beispiel in Avocados und im Olivenöl enthaltenen einfach ungesättigten Fettsäuren verbessern das Cholesterinprofil und lindern Entzündungen und Arthritis. Selbst die gesättigten Fettsäuren, zum Beispiel in Steaks, dunklem Geflügelfleisch, Schinken und Butter, sind wichtig für die Gesundheit und erhöhen den Cholesterinspiegel nachweislich nicht. Außerdem darf man nicht vergessen, dass Fette wichtige Geschmacksträger sind.

ZUCKER IST TÖDLICH.

Wenn man mit dem Finger auf die wahren Schuldigen zeigen will, die hinter Diabetes-Erkrankungen des Typs II stecken, so sind es Zucker, zuckerhaltige Getränke wie Limonaden und Säfte, weißes Brot, raffiniertes Getreide und Gebäck. Das Problem all dieser Nahrungsmittel ist: Ihre Zuckerarten gelangen sehr schnell in den Blutkreislauf. Wenn man eine Dose Limo trinkt, geht der darin enthaltene Zucker (12–20 Teelöffel) direkt ins Blut, und Kalorien, die nicht direkt zur Energiegewinnung gebraucht werden, werden als Fett gespeichert. Dies kann zu einer Insulinresistenz und zu Diabetes führen, da eine Überdosis Zucker verhindert, dass der Blutzuckerspiegel wieder auf einen normalen Level abgesenkt werden kann.

BALLASTSTOFFE SORGEN FÜR EINEN *gesunden* AUSGLEICH ZUM ZUCKER.

Kidneybohnen enthalten Zucker. Doch wenn man die gleiche Menge Zucker durch Limonade statt durch Bohnen aufnimmt, ist das noch lange nicht dasselbe. Dank der in den Kidneybohnen enthaltenen Ballaststoffe steigt der Blutzuckerspiegel nämlich nur langsam.

Ballaststoffe sind weitgehend unverdauliche Nahrungsbestandteile, die einer Studie der University of Minnesota zufolge die Aufnahme von Zucker und anderen Nährstoffen verlangsamen und gleichzeitig für ein länger anhaltendes Sättigungsgefühl sorgen. Und um diesen Effekt zu erzielen, muss man nicht gleich tonnenweise Bohnen und Weizenkleie essen, sondern täglich nur etwa 25–35 Gramm Ballaststoffe zu sich nehmen. Am besten eigenen sich dafür unverarbeitete Lebensmittel wie Früchte, Gemüse, Hülsenfrüchte und ganze Getreidekörner.

SALZ IST NICHT IMMER SCHÄDLICH.

Salz ist sogar essenziell für unsere Gesundheit, da unser Körper es nicht selbst produzieren kann, unsere Zellen es aber brauchen, um zu funktionieren. Das im Salz enthaltene Natrium ist ein Elektrolyt und damit eines der wichtigsten Mineralien für die Erhaltung der Muskelfunktionen und für die Regulierung des Wasserhaushalts im Körper. Daher ist Natrium ein Bestandteil in Sportlergetränken. Unser Körper verliert durch Schweiß und Urin ständig Natrium, und wer Natrium und Wasser nicht wieder ersetzt, fühlt sich schnell schwindelig und unwohl, denn der Blutdruck sinkt dadurch in den Keller. Menschen mit hohem Blutdruck erhalten meist den Ratschlag, beim Essen weitgehend auf Salz zu verzichten, denn der Mechanismus erscheint eindeutig: Natrium bindet Wasser und erhöht dadurch das Blutvolumen, das Herz muss mehr pumpen und dadurch steigt der Blutdruck. Doch was passiert, wenn man völlig gesund ist? Wer etwas Salz ins Nudelwasser streut, treibt damit noch längst nicht seinen Blutdruck in die Höhe. Zahlreiche wissenschaftliche Studien belegen, dass wir 77 % des Natriums über industriell hergestellte Nahrungsmittel und über Fast Food aufnehmen (kein Wunder, dass wir nach dem Besuch im Fast-Food-Restaurant immer so durstig sind). Lediglich 12 % des Natriums sind auf natürliche Weise in unseren Lebensmitteln enthalten und nur 5 % nehmen wir durch selbst gekochtes Essen auf. Kompliment an die Köche!

GENTLEMEN, LEGT *Euch* VORRÄTE AN

Wollt ihr automatisch gesünder essen? Dann legt euch einen Vorrat gesunder Lebensmittel an. Denn es kommt allein darauf an, die richtigen Nahrungsmittel aufzutreiben, sie sorgfältig zu lagern und sie dann im richtigen Moment zuzubereiten.

REGEL 1
ZÜGLE DEINE GELÜSTE

Schnell gekaufte Fertigprodukte aus dem Supermarkt bestehen meist hauptsächlich aus Zucker, Stärke und billigen Fetten. Folgende Strategien helfen, dem Gesang der Sirenen zu widerstehen:

Schnapp dir einen Einkaufswagen Laut einer Studie des *Journal of Marketing Research* zum Einkaufsverhalten verleitet ein Einkaufskorb sieben Mal häufiger dazu, zu verführerischen »bösen« Nahrungsmitteln wie Süßigkeiten und Schokolade zu greifen als ein Einkaufswagen. Laut Wissenschaftlern ist das Tragen des Korbs am nach innen gewinkelten Arm daran schuld, dass unser Verlangen nach sofortiger Belohnung – durch Süßigkeiten – um ein Vielfaches wächst. Wer einen Einkaufswagen schiebt, streckt seine Arme aus und vermeidet dadurch negative Folgen. Ein einfacher Trick, um schlau einzukaufen.

Schlangen vermeiden Je länger man dem Anblick salziger und süßer Verführungen an der Kasse ausgesetzt ist, desto leichter gibt man ihnen nach, behauptet eine Studie der University of Arizona. Am besten vermeidet man Warteschlangen, indem man antizyklisch einkaufen geht, zum Beispiel in der Wochenmitte oder spätabends.

Kinder zu Hause lassen »Kinder sollten bei Entscheidungen im Supermarkt nicht mitreden dürfen«, meint der Wissenschaftler Greg Critser, der ein Buch über die steigende Zahl übergewichtiger Amerikaner geschrieben hat. Damit ist auch »das Kind im Manne« gemeint. Laut einer Studie des Marktforschungsunternehmens Mintel aus dem Jahr 2011 kaufen 80 % aller Eltern Süßigkeiten, Eis und andere Snacks nur, weil ihre Kinder darum betteln.

REGEL 2

IGNORIERE DIE WERBUNG AUF DEN VERPACKUNGEN

Der amerikanische Diät-Papst David Katz behauptet sogar: »Die Vorderseite einer Lebensmittelverpackung dient nur dem Ziel des Herstellers, Ihnen etwas zu verkaufen.« Dreh die Verpackung einfach um und schon findest du alle wichtigen und vom Gesundheitsministerium überwachten Informationen: die Nährwertangaben.

REGEL 3

KAUFE AM RAND EIN

Im Zentrum des Supermarktes werden immer die ungesündesten Lebensmittel präsentiert. Such lieber in den etwas abseits gelegenen Regalen, wenn du deine Vorräte auffüllen willst. Dort befinden sich die frischen Lebensmittel wie Fleisch, Fisch, Obst und Gemüse.

DIE PERFEKTEN ZUTATEN FINDEN

Lass dich nicht von einem schönen Äußeren täuschen. Unvollkommenheit kann attraktiv sein, denn oft verbirgt sich dahinter eine besondere Geschmacksintensität oder ein kräftiger Charakter.

Wir sprechen übrigens immer noch von Lebensmitteln. Viele Supermärkte suchen ihre Waren jedoch nicht nach dem Geschmack aus, sondern nach der Widerstandsfähigkeit für den Transport. Obst und Gemüse haben oft die perfekte Form, aber leider nicht den perfekten Geschmack. Deine Früchte sollen natürliche Rundungen haben? Dann schaue lieber der Bauerntochter als dem Supermodel hinterher.

GEBRAUCHE DEINE SINNE.

SEHEN:

Die besten Gemüse und Früchte haben häufig eine etwas unregelmäßige Form und kleine Fehler.

FÜHLEN:

Schwere, pralle Früchte und Gemüse mit glatter Haut sind besonders frisch.

RIECHEN:

Bei vielen Früchten und Gemüsen kann man den Reifegrad riechen.

SAISONAL EINKAUFEN:

Viele Lebensmittel schmecken zur Erntezeit besser und sind dann günstiger.

KÜHLSCHRANK-MANAGEMENT

Eine der einfachsten Methoden, seine Ernährung zu verbessern, besteht darin, den Kühlschrank neu zu organisieren, denn die Anordnung der Lebensmittel kann das eigene Essverhalten beeinflussen.

LEBENSMITTEL STRATEGISCH PLATZIEREN

Fülle die oberen Fächer mit Obst, Gemüse und anderen gesunden Snacks, denn du isst laut einer Studie der Cornell University 2,7 Mal so häufig gesund, wenn dir die entsprechenden Lebensmittel direkt ins Auge fallen. Aus diesem Grund sind viele Hersteller bereit, den Supermärkten für einen Regalplatz in Augenhöhe deutlich höhere Preise zu zahlen.

LEBENSMITTEL GESCHICKT VERSTAUEN

Viele kleine Dosen mit Resten verführen dazu, mehr zu essen, als man eigentlich geplant hatte, behauptet der Ernährungswissenschaftler Brian Wansink und Autor des Titels »Essen ohne Sinn und Verstand. Wie die Lebensmittelindustrie uns manipuliert«. Stattdessen sollte man übrig gebliebene Vorspeisen und Beilagen so zusammenpacken, dass jeder Behälter eine komplette Mahlzeit enthält.

HÄUFIGER EINKAUFEN, WENIGER KAUFEN

Anstatt sich Vorräte für die ganze Woche zuzulegen, sollte man häufiger und immer nur die Zutaten für die nächsten Mahlzeiten einkaufen. Denn eine Verbraucherstudie des *Journal of Consumer Psychology* hat 2008 herausgefunden, dass eine Überfülle an Wahlmöglichkeiten die eigene Willensstärke lahmlegt. Bei knappen Vorräten schränkt man seinen Verbrauch eher ein.

UNGESUNDE NAHRUNGSMITTEL VERSTECKEN

Stets mit allen möglichen Snacks eingedeckt? Dann sorge dafür, dass du nur die gesunden Leckereien isst. Einer 2009 durchgeführten dänischen Studie zufolge griff einer von vier Teilnehmern, die zunächst etwas Gesundes gegessen hatten, hinterher doch noch zu den ungesunden Snacks. Also rück die gesunden Zwischenmahlzeiten nach vorne und versteck die ungesunden Leckereien so, dass du sie nicht siehst.

VORRATSHALTUNG MIT GRIPS

Lebensmittel halten sich länger, wenn sie vernünftig gelagert werden. Hier ein paar Tipps von Nils Noren, dem Vizepräsidenten des französischen Instituts für Nahrungs- und Genussmittel.

1 Die Kühlschranktemperatur sollte nur knapp über dem Gefrierpunkt auf etwa 2 °C eingestellt sein, denn die Kälte verlangsamt das Wachstum der Bakterien, ohne dass die Lebensmittel gefrieren.

2 Lebensmittel mit einer kurzen Haltbarkeitsdauer nach hinten stellen. Milch, Fleisch, Fisch und Eier halten sich länger, wenn sie dort gelagert werden, wo der Kühlschrank am kältesten ist. Außerdem sind sie dort vor der warmen Luft geschützt, die beim Öffnen der Tür jedes Mal in den Kühlschrank hineinströmt.

3 Rohes Fleisch und rohen Fisch ganz unten lagern, damit zum Beispiel kein aus dem Fleisch austretender Saft andere Lebensmittel mit Keimen belasten kann. Den Kühlschrank mindestens einmal wöchentlich mit einem Desinfektionsmittel auswischen, oder mit einem sauberen Tuch und einer Lauge aus Wasser, Seife und etwas Bleichmittel.

HAUSHALTS-GERÄTE *und* ARBEITSZUBEZUBEHÖR

Es käme wohl niemand auf die Idee, ein Motorrad zu tunen oder eine Tür zu reparieren, ohne das entsprechende Werkzeug zur Hand zu haben, denn das Ergebnis wäre schlicht frustrierend. Das Gleiche gilt fürs Kochen. Wer gut kochen möchte, braucht entsprechendes Equipment. Man kann geradezu süchtig werden nach den allerneusten Kochutensilien, aber letztlich reicht eine solide Grundausstattung, um professionell zu arbeiten. Schließlich braucht man auch keine Kreissäge, um Zahnstocher zu knicken. Die folgenden Gerätschaften braucht »Mann« wirklich zum Kochen.

DER KÜCHEN  WERKZEUGKASTEN

WERKSTATT	KÜCHE	WERKSTATT	KÜCHE
Säge	**Kochmesser**	Kneifzange	**Grillzange**
Reißschiene	**Messbecher/Waage**	Feile	**Reibe**
Hammer	**Fleischklopfer**	Durchwurfsieb	**Seiher**
Teppichmesser	**Gemüsemesser**	Eimer	**Rührschüssel**
Hobel	**Kartoffelschäler**	Multitool	**Dosenöffner**
Werkbank	**Schneidbrett**	Lötlampe	**Flambierbrenner**
Bohrmaschine	**Mixer**	Kreissäge	**Küchenmaschine**

Die GRUNDAUSSTATTUNG

Man braucht keine Unmenge an Küchengeräten, um großartige Menüs zu kochen, aber die folgenden Utensilien gehören zur Grundausstattung. Der Rest kommt im Laufe der Zeit dazu.

1 DAS KOCHMESSER

Ein gutes Messer (egal ob 20 cm oder 24 cm) darf in keiner Küche fehlen, denn mit schlechten Messern misslingt das Kochen. Das Kochmesser ist ein absoluter Allrounder, denn es eignet sich zum Schneiden, Hacken, Zerlegen, Filetieren, Zerteilen und Würfeln von beinah allen Zutaten. Warum die Wahl zwischen 20 und 24 cm? Je länger das Messer, desto wirkungsvoller ist es zum Beispiel beim Hacken, aber: desto schwerer ist es auch. Wenn du also ein Messer kaufst, nimm es auf jeden Fall erst einmal in die Hand. Fühlt es sich an wie die Verlängerung deines Arms, dann ist es genau richtig. Fühlt es sich zu schwer an? Dann wähle ein Messer mit kleinerer Klinge.

Um das richtige Messer zu finden, siehe auch »Wähle deine Waffe« auf Seite 13.

Die GRUNDAUSSTATTUNG

2 DAS GEMÜSEMESSER

Ein Kochmesser ist zwar die beste Küchenhilfe, doch weniger ist manchmal mehr. Für filigranere Arbeiten wie das Entkernen einer Paprika, das Entfernen des Strunks einer Tomate oder des Darms einer Garnele sollte man das etwas kompaktere Gemüsemesser oder Garniermesser mit einer Klingenlänge von 7 cm bis 10 cm wählen.

3 DAS BROTMESSER

Dank des Wellenschliffs lassen sich auch knusprige Krusten frischer Brote mühelos spalten, was mit einem Kochmesser manchmal in ein wahres Massaker ausartet. Ein Brotmesser ist lediglich ein Brotmesser, daher sollte ein schlichtes, solides Modell ausreichen.

4 ZWEI BESCHICHTETE BRATPFANNEN

Wähle eine große und eine kleine antihaftbeschichtete Pfanne, denn mit dieser Kombination lässt sich fast alles auf dem Herd zubereiten. Mit zwei unterschiedlich großen Pfannen kann man zum Beispiel zeitgleich ein Gericht aus gebratenem Lachs und Gemüsebeilage zaubern. Oder noch besser: die besten Panini herstellen, indem man die belegten Sandwiches in die große Pfanne gibt und diese mit der kleineren Pfanne beschwert. Wer braucht dafür schon einen Extratoaster?

5 GUSSEISENPFANNE

Wenn einem das Wetter beim Grillen einen Strich durch die Rechnung macht, kann man in einer gusseisernen Pfanne dennoch perfekte Hamburger und Steaks zubereiten. Die Pfanne anschließend nie mit Seifenwasser ausspülen, sondern lediglich mit Küchenpapier auswischen. Ist etwas angebrannt, einfach Salz in die Pfanne streuen und scheuern. Die Pfanne anschließend mit ein paar Tropfen Öl wieder versiegeln.

6 EDELSTAHL-RÜHRSCHÜSSELN

Egal ob man eine große Menge Dip für einen Spieleabend zubereitet, Salatblätter mit selbst gemachtem Dressing anmacht oder Zutaten für eine Grillmarinade verrührt, immer braucht man eine passende Schüssel dafür. Edelstahl-Schüsseln halten eine Menge aus, sind handlich und einfach zu säubern.

7 HOLZLÖFFEL

Metall zerkratzt die antihaftbeschichteten und gusseisernen Pfannen. Ein preiswerter Holzlöffel hilft beim Braten und Wenden, ohne die teuren Pfannen zu beschädigen.

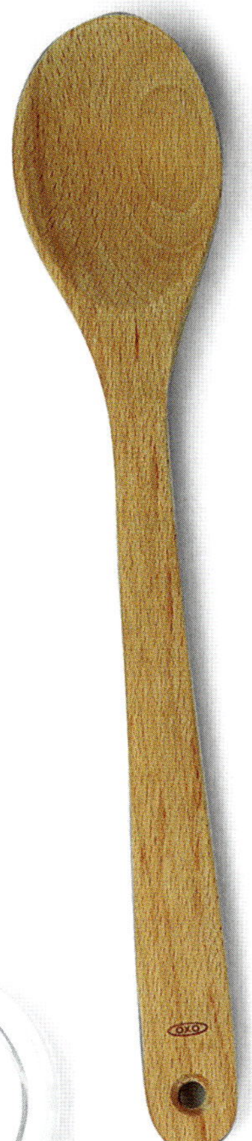

9 FLEISCH-THERMOMETER

Eine Lebensmittelvergiftung ist eine lausige Entschuldigung, um auf das Dessert zu verzichten. Mit einem Fleischthermometer lässt sich diese Erfahrung vermeiden und man bekommt jederzeit perfekt zubereitetes Fleisch (siehe Fleischtemperaturtabelle auf Seite 18).

10 GRILLZANGE

Einfach perfekt zum Wenden von Steaks, Hamburgern und Gemüse – und im Notfall auch als Flaschenöffner zu gebrauchen.

11 PFANNENWENDER

Universell einsetzbar lässt sich damit schnell mal was umrühren, die Gemüsepfanne mischen, ein Rührei zubereiten usw.

8 MESSBECHER/KÜCHENWAAGE

Mit etwas Erfahrung kann man einzelne Zutaten herausschmecken und Mengen richtig abschätzen. Bis man so weit ist, sollte man sich auf die entsprechenden Messgeräte verlassen.

Die GRUNDAUSSTATTUNG

12 KÜCHENMASCHINE

Vor allem Standmixer mit schnellen, scharfen Klingen sind unschlagbar, wenn es darum geht, Zutaten zu einer Salsa zu zerkleinern, Kichererbsen für ein Hummus zu pürieren oder im Nu ein Pesto zuzubereiten.

13 Schongarer

Der elektrische Kochtopf zum langsamen Erhitzen der Lebensmittel ist äußerst praktisch, denn man kann ihn morgens mit Zutaten füllen und hat abends ein leckeres, fertig zubereitetes Mahl. Dank des dicken Topfbodens und der niedrigen Temperatur wird das Anbrennen der Zutaten vermieden.

14 SCHNEIDEBRETT

Am besten sind Holzbretter, da man in Plastikbretter tiefer hineinschneiden kann und sie dann schwerer zu reinigen sind. Außerdem werden die Messer nicht so schnell stumpf und Bakterien werden unter die Oberfläche gezogen – weg von den Zutaten. Einer Studie der University of California zufolge wiesen gebrauchte, eingeritzte Holzbretter beinah genauso viele Bakterien auf wie neue Holzbretter.

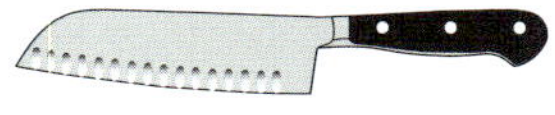

DAS MESSER, DAS »MANN« NICHT BRAUCHT

Auf japanische Messer mit Santoku-Klingen kann man gut verzichten, da sie meist zu kurz sind und weniger vielseitig als Kochmesser mit einer 23 cm langen Klinge. Norman Weinstein, der Autor des Buches »Küchenmesser« empfiehlt es lediglich für leichte Aufgaben, z. B. um Pilze klein zu hacken oder Sellerie zu würfeln.

WÄHLE DEINE WAFFE

MACH DEN TEST UND FINDE HERAUS, WELCHES MESSER AM BESTEN ZU DIR PASST.

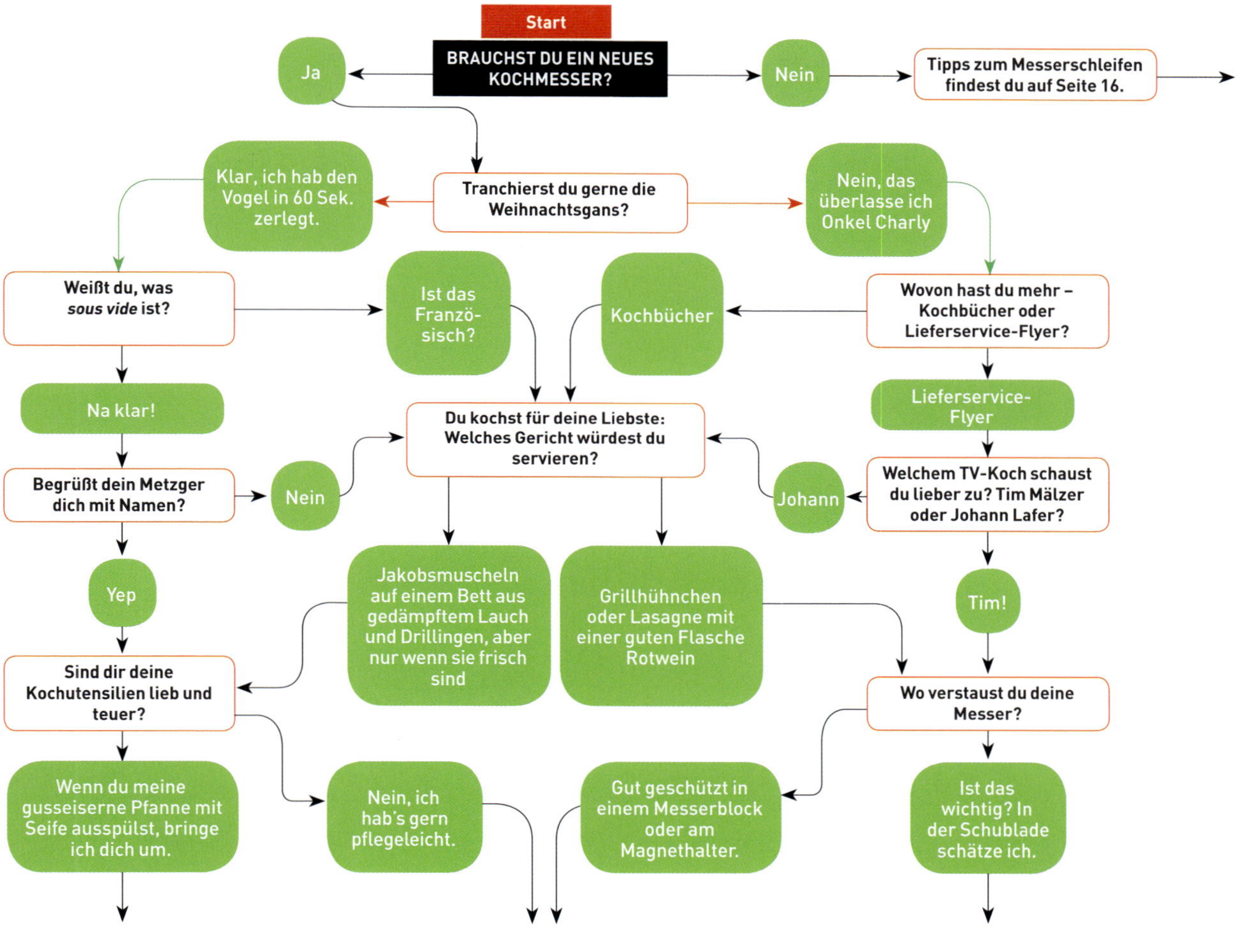

EIN SPITZENKOCH WIE DU BRAUCHT EIN SPITZENMESSER MIT CARBONSTAHLKLINGE.

Eine old-school Carbonstahlklinge ist härter als eine übliche Variante aus rostfreiem Edelstahl, daher gleitet sie auch durch die härtesten Produkte. Kümmere dich gut um sie: Trockne die Klinge nach jedem Benutzen, damit sie nicht rostet. Spüle sie niemals in der Spülmaschine. Schärfe sie regelmäßig mit einem Schleifstein, damit sie messerscharf bleibt.

DU KENNST DICH IN DER KÜCHE AUS. FÜR DICH IST EIN AUS EINEM STÜCK GEFORMTES KOCHMESSER MIT HOHLEM GRIFF RICHTIG.

Vermeide einschneidende Langeweile mit einer Klinge aus Spezialklingenstahl. Sie ist robust genug, um schwere Aufgaben zu meistern. Dank des hohlen Griffs ist das Messer jedoch nicht zu schwer – und das ist entscheidend, wenn es mal mehr zu schneiden gibt. In einem einzigen Stück gefertigt, kannst du das Messer halten, wie es für dich am besten in der Hand liegt.

DU ISST, UM ZU LEBEN, STATT ZU LEBEN, UM ZU ESSEN. FÜR DICH REICHT EIN ALLROUNDER-KÜCHENMESSER.

Ein Küchenmesser für alle Zwecke, ein Arbeitstier, ist einfach zu handhaben und kann, wenn es stumpf wird, mit einem Wetzstahl auch selbst geschliffen werden (siehe auch »Messer schärfen« auf Seite 16). Wähle eine stabil in der Hand liegende Konstruktion, die für eine breite Palette immer wiederkehrender Tätigkeiten geeignet ist, und eine mindestens 15 cm lange Klinge, die dir hilft, alle möglichen Zutaten schnell zu zerkleinern.

RICHTIG KOCHEN

Die meisten Männer kommen gut durchs Leben, indem sie die Dinge einfach auf sich zukommen lassen. Das mag zwar im Berufsleben funktionieren, aber nicht beim Kochen. Ein Mann braucht Anleitung. Dieses Buch bietet einfache Schritt-für-Schritt-Kochanleitungen und erklärt gleichzeitig die Grundlagen verschiedener Kochtechniken, damit aus den Zutaten köstliche und beeindruckende Mahlzeiten werden.

BEHERRSCHE DIE KOCHTECHNIKEN

Auch wenn es bei großen Köchen immer kompliziert aussieht, werden die meisten Rezepte auf der Basis der folgenden fünf Kochtechniken zubereitet. Mit etwas Übung beherrscht »Mann« sie im Schlaf.

RÖSTEN

Mithilfe der trockenen, indirekten Hitze des Backofens bekommt der Braten eine saftige Kruste und Gemüse wird schön angebräunt und kross. Außerdem lässt sich durch Rösten der natürlich süße Geschmack vieler Obst- und Gemüsesorten intensivieren.

DER SCHLÜSSEL ZUM ERFOLG:

Damit die Zutaten gleichmäßig braun werden, sollte der Bräter oder das Backblech nicht zu voll und die Zutaten sollten von einem dünnen Ölfilm ummantelt sein.

GRILLEN

Die älteste Kochtechnik ist vielleicht auch die aromatischste. Egal ob unter dem Backofengrill, auf dem Bratrost oder auf dem Holzkohle- oder Gasgrill: Grillgut bekommt eine schmackhafte Kruste, und das gilt nicht nur für Fleisch, sondern auch für Fisch, Gemüse und Pizza.

DER SCHLÜSSEL ZUM ERFOLG:

Das Grillgut stets gut im Auge behalten, denn was eben noch schön saftig war, ist im nächsten Moment vielleicht schon verbrannt.

SCHMOREN

Geschmortes Fleisch ist wunderbar zart und Schmorgerichte zeichnen sich durch komplexe Aromen aus. Das Fleisch zunächst auf dem Herd scharf anbraten, die Temperatur senken und dann sämtliche Zutaten in etwas Flüssigkeit weich schmoren. Sobald alles im Topf ist, Deckel auflegen ... und das Gericht kocht sich nun quasi von allein.

DER SCHLÜSSEL ZUM ERFOLG:

Damit das Schmorgericht schön zart wird, sollte die Flüssigkeit sanft köcheln, anstatt sprudelnd zu kochen.

KOCHEN

Die Zutaten ins Wasser geben und kochen, bis sie gar sind. Das kann jeder, und mit dieser Methode lässt sich beispielsweise eine gesunde Gemüsesuppe zubereiten, Pasta al dente kochen und vieles mehr.

DER SCHLÜSSEL ZUM ERFOLG:

Damit das Wasser schnell kocht, sollte man den Topf mit einem Deckel abdecken. Unbedingt Salz ins Wasser geben (für Nudeln reichlich Salz verwenden), damit die Zutaten darin ziehen können.

SAUTIEREN

Sautieren bedeutet nichts anderes, als die Zutaten in Butter oder Öl in einer Pfanne kurz anzubraten. Dabei sollte die Temperatur recht hoch sein, damit zum Beispiel das Fleisch außen leicht braun wird, aber innen saftig bleibt.

DER SCHLÜSSEL ZUM ERFOLG:

Die Pfanne immer gut vorheizen, Öl oder Butter dazu und kurz erhitzen und erst dann die Zutaten hineingeben. Das Fett sollte beim Hineingeben der Zutaten sofort anfangen zu brutzeln, sonst ist die Pfanne nicht heiß genug. Eine Ausnahme gibt es: Achtung bei Knoblauch, denn der verbrennt sehr leicht.

KENNE DEIN MESSER

Auf den ersten Blick sieht es gar nicht so schwer aus, die Zutaten richtig zurechtzuschneiden. Es scheint sich eher um ein lästiges Übel vor dem eigentlichen Kochen zu handeln. Doch der gekonnte Umgang mit dem Messer lässt nicht nur dich beeindruckend aussehen, sondern sorgt auch dafür, dass die Zutaten gleichmäßig durchgaren. Daher zu Beginn ein paar einfache Regeln:

REGEL 1

WÄHLE DAS BESTE HANDWERKSZEUG AUS.

Investiere in ein stabiles Holzschneidebrett und in ein Kochmesser von wirklich guter Qualität, damit das Zurechtschneiden ganz einfach von der Hand geht.

REGEL 2

VERLETZE DICH NICHT.

Stelle sicher, dass dein Messer vor dem Gebrauch wirklich scharf ist, denn mit stumpfen Messern rutscht man leichter ab und verletzt sich. Rolle beim Festhalten der Zutaten die Fingerspitzen stets nach innen, damit du dich nicht versehentlich schneidest.

REGEL 3

BENUTZE DEN RICHTIGEN TEIL DER KLINGE.

Die Spitze des Kochmessers eignet sich hervorragend für kleine, präzise Schnitte. Der Mittelteil der Klinge ist zum Hacken und zum Abschneiden großer Scheiben gedacht und der schwere Klingenansatz dient dazu, hartes Wurzelgemüse zu zerkleinern.

MESSER SCHÄRFEN

Selbst die besten Messer werden mit der Zeit stumpf. Die gute Nachricht ist, dass Messer mithilfe eines Wetzstahls so scharf bleiben wie am ersten Tag. Das Schleifen repariert die Klinge, das Wetzen erhält sie. Sollte das Messer bereits richtig stumpf sein, sollte man es professionell schleifen lassen. Zur täglichen Pflege empfiehlt sich jedoch ein Wetzstahl, dessen richtige Handhabung hier vom Messerexperten Norman Weinstein erklärt wird:

1 Wähle einen ovalen Wetzstahl (runde Wetzstähle bieten weniger Fläche und damit weniger Kontakt zum Messer), der etwa 5 cm länger ist als das Messer.

2 Den Griff des Wetzstahls fest umfassen und die Spitze auf die Küchentheke oder ein Schneidebrett drücken. Die Messerklinge im Winkel von 20° an den Wetzstahl führen.

3 Die gesamte Klinge mehrmals von oben nach unten über die ganze Länge des Wetzstahls ziehen und dabei das Handgelenk steif halten, um den Winkel nicht zu verändern. Vier bis fünf Züge auf jeder Seite der Klinge sollten ausreichen, damit das Messer wieder wie neu ist.

5 SCHNEIDE-TECHNIKEN, DIE »MANN« BEHERRSCHEN SOLLTE

PAPRIKA IN STREIFEN SCHNEIDEN

1 Deckel und Boden der Paprika abschneiden und die Paprika längs halbieren.

2 Die beiden Hälften mit der offenen Seite nach oben auf das Schneidebrett legen. Mit dem Messer die gewölbte Innenwand entlangfahren, um Kerne und weiße Häutchen zu entfernen, ohne mehr wegzuschneiden als unbedingt nötig.

3 Jeweils eine Paprikahälfte auf dem Brett festhalten und das Messer hin und her wiegen, um die Paprika in die gewünschten Streifen zu schneiden.

MÖHREN WÜRFELN

1 Die Möhre schälen und das dicke Ende abschneiden.

2 Die Möhre außen auf vier Seiten geradeschneiden, sodass ein rechteckiger Block entsteht.

3 Den Block auf eine Seite legen und ihn längs in 5 mm breite Streifen schneiden. Dabei die Hand zu einer Klaue formen (die Fingerspitzen nach innen einrollen), um die Möhre gefahrlos festzuhalten.

4 Die Streifen stapeln und längs erneut in 5 mm breite Streifen schneiden. Zum Schluss die Streifen quer in 5 mm große Würfel schneiden (beziehungsweise die Größe der Würfel dem Rezept anpassen).

ZWIEBELN WÜRFELN

1 Die Zwiebel längs halbieren, ohne die Enden abzuschneiden.

2 Eine Zwiebelhälfte abziehen und mit der flachen Seite auf das Schneidebrett legen.

3 Mit der Messerklinge die Zwiebelhälfte bis fast zum Strunk in Abständen von gut 1 cm einschneiden.

4 Die Zwiebel im rechten Winkel zu diesen waagrechten Schnitten so einschneiden, dass etwa 1 cm große Würfel entstehen.

KNOBLAUCH KLEIN HACKEN

1 Die Knoblauchknolle in einzelne Zehen teilen.

2 Jeweils eine ungeschälte Zehe auf das Schneidebrett legen und das Klingenblatt des Kochmessers flach darauflegen.

3 Mit dem Handballen leicht auf die Klinge hauen, um die Zehe zu zerdrücken.

4 Die dadurch gelöste Haut entfernen und die Messerklinge so lange über der platt gedrückten Zehe hin und her wiegen, bis der Knoblauch in winzige Stücke zerteilt ist.

KRÄUTER HACKEN

1 Die Blätter der Kräuter vom Stiel abziehen und auf das Schneidebrett legen.

2 Die Blätter zu einem Haufen zusammenschieben und die Messerklinge über den Blättern hin und her wiegen. Das Messer dabei mit der Handfläche der freien Hand leicht nach unten drücken, damit das Messer wirklich auf der gesamten gekrümmten Klingenlänge schneidet.

3 Das Messer so lange hin und her wiegen, bis die Kräuter die gewünschte Größe haben.

BEHERRSCHE DIE GARZEITEN

Wer Hunderte von Steaks, Hühnchen und Fischen zubereitet hat, entwickelt vielleicht eine beinah magische Fähigkeit, die richtige Garzeit nur durch seinen geschärften Blick zu ermitteln. Für uns Normalsterbliche ist es einfacher, ein Fleischthermometer zu benutzen und die idealen Temperaturen und Garzeiten für die gewünschten Fleischsorten zu kennen. Hier ein paar Grundregeln:

REGEL 1

Das Thermometer vor dem Gebrauch einschalten und die Temperatur abgleichen, bevor das Thermometer ins Fleisch hineingesteckt wird.

REGEL 2

Die Spitze des Thermometers in die Mitte des Fleischstücks stecken, denn dort wird es am wenigsten gegart.

REGEL 3

Bei größeren Fleischstücken (Braten) steigt die Kerntemperatur auch nach dem Ende des Garvorgangs noch an. Größere Fleischstücke daher immer kurz vor der gewünschten Temperatur vom Herd oder aus dem Ofen nehmen.

HUHN

ganz oder zerlegt

ANBRATEN

6–8 Minuten von jeder Seite

IDEALE KERNTEMPERATUR

Brust: 75 °C,
Keulen: 80–85 °C

RUHEZEIT

5 Minuten für Geflügelteile,
10 Minuten für ein ganzes Huhn

RIND

Braten, dicke Steaks mit Knochen (Porterhouse, T-Bone), dünne Steaks (Filet)

ANBRATEN

10–12 Minuten von jeder Seite bei dicken Fleischstücken,
4–6 Minuten von jeder Seite bei dünnen Fleischstücken

IDEALE KERNTEMPERATUR

65 °C (medium-rare)

RUHEZEIT

15 Minuten für Braten
5 Minuten für Steaks

FISCHFILET

zum Beispiel Lachs

ANBRATEN

2 Minuten auf der Fleischseite, danach 6–8 Minuten auf der Hautseite

IDEALE KERNTEMPERATUR

Lass das Thermometer weg. Der Fisch ist gar, wenn er von milchigen Streifen durchzogen ist.

RUHEZEIT

Bis der Fisch auf dem Teller liegt, hat er genug Ruhezeit gehabt.

SCHWEIN

Schnitzel oder Koteletts

ANBRATEN

5–7 Minuten von jeder Seite bei Schnitzeln,
5–10 Minuten von jeder Seite bei Koteletts

IDEALE KERNTEMPERATUR

75–80 °C (medium)

RUHEZEIT

5 Minuten für dünne Schnitzel,
15 Minuten für dicke Koteletts

LAMM

(Chops)

ANBRATEN

2 Minuten von jeder Seite für dünne Chops,
3–4 Minuten von jeder Seite für dicke Koteletts

IDEALE KERNTEMPERATUR

60–65 °C (medium-rare)

RUHEZEIT

5 Minuten für dünne Chops,
15 Minuten für dicke Koteletts

So funktioniert dieses Buch

Nachdem du jetzt fit in Lebensmittelkunde bist, die besten Tricks für den Einkauf kennst, die richtigen Kochutensilien beisammen und die wichtigsten Kochtechniken erlernt hast, kannst du nun endlich loslegen. Um die passenden Rezepte zu finden, haben wir einige Symbole eingefügt, um auf den Hauptnutzen einzelner Gerichte hinzuweisen.

MUSKELAUFBAU

Gerichte mit diesem Symbol enthalten extra viele Proteine. Damit bringst du deinen Körper auf Touren.

SCHNELL GEKOCHT

Wähle ein Rezept mit diesem Symbol, wenn's mal schnell gehen muss.

GUT FÜRS HERZ

Gerichte mit diesem Symbol sind besonders reich an Ballaststoffen, einfach ungesättigten Fettsäuren und/oder Omega-3-Fettsäuren. Dein Herz wird es dir danken.

GUT FÜR DIE FIGUR

Reich an Aromen, arm an Kalorien – Gerichte mit diesem Symbol unterstützen eine Diät oder helfen dir, schlank zu bleiben.

2

ISS, UM ZU LEBEN. LEBE, UM ZU ESSEN.

FRÜHSTÜCK

Ein guter Tag startet mit leckeren Proteinen!

DIE FRÜHSTÜCKS-REGELN

Die Werbung für Frühstücks-cerealien stimmt nur zur Hälfte. Natürlich sollte man seinen Tag mit einer ausgewogenen Mahlzeit beginnen. Studien haben gezeigt, dass man nach einem soliden Frühstück über den Tag weniger Kalorien zu sich nimmt und weniger versucht ist, zwischendurch Ungesundes zu naschen. Also hat die Werbung doch recht? Nein, denn es gibt weit Besseres, als den Tag mit einer Schale kleiner Zuckerbomben zu beginnen!

REGEL NR.

1

ISS ORDENTLICH

KLAR, ZEIT IST KOSTBAR und du schaffst es vielleicht gerade noch auf dem Weg zur Tür, einen Müsliriegel runterzuschlingen. Wenn du dir jedoch wirklich einen schlanken, muskulösen Körper wünscht, solltest du auf keinen Fall auf ein richtiges Frühstück verzichten. Erstens isst du dann den restlichen Tag über weniger (es sei denn du stopfst dich mit Kohlenhydraten voll) und zweitens hältst du dadurch deinen Blutzuckerspiegel stabil. Einer britischen Studie zufolge haben Menschen, die regelmäßig Mahlzeiten zu sich nehmen, weniger Stress, konzentrieren sich besser, verletzen sich nicht so schnell und vermeiden eher Unfälle bei der Arbeit. Schließlich sollte man bedenken, dass man die ganze Nacht gefastet hat und das Gehirn unbedingt neuen Treibstoff braucht, um all die superwichtigen E-Mails zu verstehen, die der Boss schon wieder geschickt hat.

REGEL NR. **2**

PACKE PROTEINE REIN

SORRY, MEIN FREUND, ein Müsliriegel reicht nicht. Zum Start in den Tag braucht der Körper reichlich Proteine, um die Proteinbiosynthese anzukurbeln, die wiederum den Muskelaufbau fördert, und um die Menge der Peptide, eine besondere Verbindung von Aminosäuren, im Magen zu erhöhen, wodurch das Sättigungsgefühl länger anhält. Daher der Rat, beim Frühstück regelmäßig etwa 20–40 g Proteine zu sich zu nehmen.

Richtig gut funktioniert die Proteinaufnahme erst in Kombination mit Fetten, da dies wiederum die Aufnahme von Kohlenhydraten im Blut verlangsamt und für einen ständigen Zufluss an Energie sorgt, statt den Blutzuckerspiegel kurzfristig in die Höhe zu treiben. Mit einer Kombi von Fetten und Proteinen fühlen wir uns länger satt, was sich durchaus positiv auf unsere Figur auswirken kann.

REGEL NR. **3**

FÜLLE DEINEN BALLASTSTOFFVORRAT AUF

EIN GUTES FRÜHSTÜCK hält lange vor, doch deswegen muss man noch lange kein riesiges Bauernfrühstück essen, um bis zum Mittagessen auf ungesunde Snacks zu verzichten. Stattdessen sollte man Ballaststoffe essen, denn dadurch wird die Aufnahme der Nährstoffe verlangsamt und man fühlt sich länger satt. Etwa 25–35 g täglich sollten es schon sein, wobei man natürlich gleichzeitig raffinierte, ballaststoffarme Kohlenhydrate vermeiden sollte. Gute Alternativen sind: ballaststoffreiche Gemüse im Omelett, Grünkohl im Smoothie, Chia-Samen und frische Beeren im Müsli usw.

REGEL NR. **4**

PLANE VORAUS-SCHAUEND

VIELE FRÜHSTÜCKSGERICHTE kann man im Voraus und in großen Mengen zubereiten, um dann eine ganze Woche davon zu essen. In den folgenden Rezepten lässt sich häufig die Menge einfach verdoppeln. Der Porridge mit der Extraladung Proteine (Seite 30) lässt sich problemlos im Kühlschrank aufbewahren und dann täglich aufwärmen. Die Mandelwaffeln (Seite 31) lassen sich gut einfrieren; das heißt, wer morgens wenig Zeit hat, kann sich schnell eine Waffel in den Toaster schieben. Wer vorausschauend kocht, wird mehr Selbstgekochtes essen. Und wer für sich selbst kocht, hält auf dem Weg zur Arbeit nur noch selten bei der Bäckerei an.

Die Rezepte →

GRÜNE EIER *mit* SCHINKEN

Auf den ersten Blick vielleicht ein eher ungewöhnliches Frühstück (oder auch Abendessen). Dieses Eier-Speck-Frühstückssandwich wird durch den leichten Knoblauchgeschmack des Pestos und das rauchige Aroma der gerösteten roten Paprika bereichert. Wer nur eine Portion zubereiten will, pochiert sich die gewünschte Anzahl Eier und teilt die restlichen Zutaten durch vier.

1 EL	Weißweinessig
8	Eier
2 EL	Pesto
2 EL	fettarmer griechischer Joghurt (0,2 % Fett i. Tr.)
4	Vollkorntoasties
4–8	Scheiben gekochter Schinken oder Schinkenspeck
50 g	eingelegte, geröstete rote Paprika
	Salz und frisch gemahlener schwarzer Pfeffer

1. Einen großen Topf 7–8 cm hoch mit Wasser füllen, dieses aufkochen und die Temperatur so senken, dass das Wasser leise vor sich hin köchelt. Den Essig hinzufügen und die Eier (jeweils 4 auf einmal) darin 3–5 Minuten pochieren, bis sie gerade gestockt sind (siehe dazu unten »Die Gesetze des Pochierens«). Die Eier mit einem Schaumlöffel herausheben und auf einen Teller legen.

2. In einer kleinen Schüssel das Pesto und den Joghurt zu einer cremigen, glatten Sauce verrühren. Die Toastiehälften goldbraun rösten.

3. Vier Hälften gleichmäßig mit dem Schinken, den Paprikastreifen und Eiern belegen, die Pestosauce darauf verteilen und mit der jeweils anderen Hälfte bedecken.

ERGIBT 4 PORTIONEN · PRO PORTION **370** KALORIEN // **19 g** FETT // **26 g** KOHLENHYDRATE // **3 g** BALLASTSTOFFE // **24 g** PROTEINE

DIE GESETZE DES POCHIERENS

**Keine Angst, Pochieren ist gar nicht so schwer.
Wer den Trick raus hat, kann damit jedes Frühstück (oder jeden Brunch) bereichern.**

1 Die Eier nicht direkt über dem Kochtopf aufschlagen, da sonst das Eigelb beschädigt werden könnte. Am besten die Eier einzeln über einer kleinen Schüssel aufschlagen und dann ins kochende Wasser gleiten lassen (siehe Schritt 2).

2 Das Wasser sollte nur ganz sanft köcheln, da die Eier im kochenden Wasser zu fest werden. Vorher einen Löffel Essig ins Wasser geben, damit die Eier nicht auseinanderfallen. Die Schüssel dicht über der Wasseroberfläche halten, um das aufgeschlagene Ei hineingleiten zu lassen.

3 Die Eier nur so lange garen, bis das Eiweiß stockt (3–5 Minuten je nach Größe des Eis). Die pochierten Eier mit einem Schaumlöffel behutsam herausheben.

MEISTERKLASSE

DAS PERFEKTE OMELETT

Wer die Grundlagen der Omelett-Zubereitung beherrscht, kann diesen Frühstücksklassiker in unzähligen Variationen servieren.

DIE HITZE

Etwas Öl in einer antihaftbeschichteten Pfanne auf mittlere Temperatur erhitzen. Die Temperatur sollte gerade so hoch sein, dass es ungemütlich wird, wenn man die Hand 2–3 cm darüber hält.

DIE EIERMISCHUNG

2 Eier mit 2 Esslöffeln Wasser in einem Schüsselchen aufschlagen und etwas Salz hineinstreuen. Das Salz bricht das Eiweiß auf, damit das Omelett möglichst glatt wird, und das Wasser macht das Omelett etwas luftiger. Milch sollte man eher meiden, denn dadurch werden Omeletts zu schwer.

DAS GIESSEN

Wer mehr als ein Omelett backen will, schlägt die gewünschte Anzahl Eier auf und benutzt eine Kelle, um die Eimasse in die Pfanne zu gießen.

DAS BACKEN

Die Pfanne immer wieder so drehen, dass die noch rohe Eimasse über den Pfannenboden läuft. Wenn die Eimasse gestockt, aber an der Oberfläche noch feucht ist, die Pfanne so drehen, dass der Griff auf den eigenen Körper zeigt, und die Füllung auf der unteren Hälfte des Omeletts verteilen (von 3 Uhr bis 9 Uhr).

UND NUN ... DAS WENDEN

Die Pfanne ruckartig zu sich hin ziehen, damit das Omelett auf die andere Seite der Pfanne rutscht. Den Griff wieder zurück in die Ausgangsposition schieben, wenn das Omelett gerade zur Hälfte über den Pfannenrand hinausragt. Auf diese Weise sollte das Omelett wunderbar über der Füllung zusammenklappen. Falls es nicht beim ersten Mal gelingt, heißt das: weiterüben.

DIE FÜLLUNGEN

Schneide die Zutaten in sehr kleine Würfel, denn große Stücke führen dazu, dass das Ei beim Wenden zerreißt.

eingelegte, geröstete rote Paprika (etwa 50 g)
+
klein gehackter, gegrillter grüner Spargel (etwa 75 g)

PRO PORTION: 210 KALORIEN, 15 G FETT, 4 G KOHLENHYDRATE, 2 G BALLASTSTOFFE, 14 G PROTEINE

klein geschnittene gegarte Bratwurst (etwa 50 g)
+
1 klein gehackte rote Paprika
+
½ klein gehackte Zwiebel

PRO PORTION: 380 KALORIEN, 30 G FETT, 6 G KOHLENHYDRATE, 2 G BALLASTSTOFFE, 23 G PROTEINE

geräucherter Lachs (30 g)
+
klein gehackte rote Zwiebeln (2 EL)
+
Kapern (1 TL)
+
klein gehackter Dill (1 TL)

PRO PORTION: 250 KALORIEN, 18 G FETT, 2 G KOHLENHYDRATE, 0 G BALLASTSTOFFE, 19 G PROTEINE

Ziegenkäse (2 EL)
+
klein gehackte Kräuter wie Petersilie und Schnittlauch (2 EL)

PRO PORTION: 260 KALORIEN, 21 G FETT, 2 G KOHLENHYDRATE, 0 G BALLASTSTOFFE, 17 G PROTEINE

gekochter Schinken (1 Scheibe)
+
geriebener Cheddar-Käse (2 EL)
+
ein paar Spritzer scharfe Sauce nach Wahl

PRO PORTION: 300 KALORIEN, 23 G FETT, 2 G KOHLENHYDRATE, 0 G BALLASTSTOFFE, 23 G PROTEINE

klein gehackte, gebratene Pilze (30 g)
+
Sour Cream (1 EL)
+
klein gehackte Petersilie (2 EL)

PRO PORTION: 240 KALORIEN, 19 G FETT, 3 G KOHLENHYDRATE, 0 G BALLASTSTOFFE, 14 G PROTEINE

DAS ULTIMATIVE KATER-FRÜHSTÜCK

Harte Nacht gehabt? Dann hilft dir dieses Frühstück wieder auf die Beine. Aus dem Kaffee wird hier eine leckere Sauce, die gut zu dick geschnittenem Schinken passt. Und was gibt's zu trinken? Natürlich noch mehr Kaffee.

In einer gusseisernen Pfanne 2 dicke Scheiben (je etwa 170 g) gekochten Schinken aus der Schulter in 2 EL heißem Öl hellbraun braten. Den Schinken beiseitestellen. Frisch gebrühten Kaffee in die Pfanne geben (etwa die gleiche Menge wie das Öl) und köcheln lassen. Dabei den Bratensatz vom Pfannenboden lösen, bis die Sauce nach 5–10 Minuten eindickt. Die Sauce über den Schinken gießen und das Ganze mit Spiegeleiern und Vollkorntoast servieren.

ERGIBT 2 PORTIONEN

PRO PORTION:
(NUR SCHINKEN MIT SAUCE)

470 KALORIEN, 36 G FETT, 0 G KOHLENHYDRATE, 0 G BALLASTSTOFFE, 34 G PROTEINE

KÜRBISPFANNKUCHEN

Die geheime Zutat für die ultimativen Frühstückspfannkuchen: Kürbispüree. Der Kürbis sorgt für eine natürliche Süße und daher schmecken diese Pfannkuchen auch ohne Unmengen von kalorienreichem Zuckersirup. Egal ob frisch zubereitet oder aus der Dose: Kürbispüree ist reich an Ballaststoffen und Betacarotin und besitzt ein wundervolles Aroma. Um die Proteinmenge in die Höhe zu treiben, kann man kross gebratenen Frühstücksspeck dazu reichen.

300 g	**trockene Pfannkuchenmischung**
3 EL	**brauner Zucker**
½ TL	**geriebene Muskatnuss**
2	**Prisen geriebene Gewürznelken**
2	**Prisen Ingwerpulver**
2	**Prisen Piment**
2	**Prisen Zimtpulver**
350 ml	**Milch**
250 g	**ungesüßtes Kürbispüree (aus der Dose oder selbst gemacht)**
1	**Ei, verquirlt**
1 TL	**Vanilleextrakt**
1 EL	**Pflanzenöl**
	Öl zum Ausbacken
	Ahornsirup

1. In einer großen Rührschüssel die Pfannkuchenmischung mit dem braunen Zucker und den Gewürzen vermischen. In einer weiteren Schüssel die Milch, das Kürbispüree, Ei, Vanilleextrakt und Öl mixen und über die trockene Mischung gießen. Alles zu einem glatten Teig verrühren.

2. Das Öl in einer Crêpes-Pfanne oder einer gusseisernen Pfanne auf mittlere Temperatur erhitzen und mit einer Kelle jeweils 50–60 g Teig in die Pfanne gießen. Die Pfannkuchen wenden, sobald sie an den Rändern leicht braun werden und der Teig Blasen wirft.

3. Die Pfannkuchen mit Ahornsirup beträufelt servieren. Nach Wunsch ein kleines Stück Butter auf die Pfannkuchen geben und gebratenen Frühstücksspeck (Bacon) dazu reichen.

ERGIBT 20 PFANNKUCHEN · FÜR 1 PORTION (4 PFANNKUCHEN OHNE BUTTER UND SPECK) **430** KALORIEN // **16 g** FETT // **63 g** KOHLENHYDRATE // **3 g** BALLASTSTOFFE // **10 g** PROTEINE

DER PERFEKTE FRÜHSTÜCKSSPECK

Das Geheimnis für perfekt zubereiteten Frühstücksspeck: Vergiss die Pfanne, denn der Frühstücksspeck zieht sich bei Hitze gerne zusammen und wird dann nur unregelmäßig gebraten. Verteile stattdessen höchstens 250 g Frühstücksspeck in dünnen Scheiben auf einem tiefen Backblech und röste ihn 12–15 Minuten bei 180 °C im Backofen, bis er perfekt knusprig (aber nicht zu trocken) wird.

PROTEINBOOSTER *mit* HAFERFLOCKEN UND ROTEN BEEREN

Sport am frühen Morgen? Dann hat dieser Proteinbooster all die Nährstoffe, die du dafür brauchst. Haferflocken liefern schwer verdauliche Kohlenhydrate und die Extraportion Molkepulver stachelt den Muskelaufbau an.

75 g	**Haferflocken**
¼ l	**fettarme Milch**
75 g	**rote Beeren nach Geschmack (tiefgefroren oder frisch)**
1	**Prise Salz**
1	**Prise Zimt**
2 TL	**flüssiger Honig**
30 g	**Vanille-Molkepulver**

In einer mikrowellengeeigneten Schüssel die Haferflocken mit der Milch mischen und 1 Minute auf höchster Stufe in der Mikrowelle erhitzen. Danach umrühren und 1 weitere Minute erhitzen. Die Beeren, Salz, Zimt und Honig unterrühren. Die Haferflocken etwas abkühlen lassen und erst zum Schluss das Molkepulver untermischen (wird Molkepulver zu stark erhitzt, schmeckt es säuerlich und klumpt).

ERGIBT 1 PORTION · PRO PORTION **580** KALORIEN // **10 g** FETT // **81 g** KOHLENHYDRATE // **9 g** BALLASTSTOFFE // **43 g** PROTEINE

WEITERE BOOSTER

Folgende Zutaten (einzeln oder zusammen hinzugefügt) sorgen für eine Extradosis Nährstoffe:

2 EL Mandelblättchen
2 EL helle Rosinen
1 EL Erdnussbutter
½ Banane, in Scheiben geschnitten

WAFFELN MIT MANDELN *und* PEKANNÜSSEN

Dank des Mandelmehls schmecken diese Waffeln ausgesprochen nussig und enthalten keine raffinierten Kohlenhydrate aus Weizenmehl. Die klein gehackten Pekannüsse sorgen für zusätzlichen Biss. Reiche dazu Ahornsirup, Erdnussbutter oder frisches Obst.

150 g	**Mandelmehl**
30 g	**Pekannüsse, klein gehackt**
60 g	**Molkepulver**
1 TL	**Backpulver**
100 g	**Frischkäse, auf Raumtemperatur erwärmt**
4	**Eier**
50 g	**Konditorsahne (40 % Fett i. Tr.)**

1. Das Waffeleisen vorheizen.

2. In einer kleinen Schüssel das Mandelmehl, die Pekannüsse, das Molkepulver und Backpulver miteinander vermischen. In einer weiteren Schüssel den Frischkäse mit 2 Eiern glatt rühren. Nacheinander 2 weitere Eier und die Sahne unterrühren. Zum Schluss die trockenen Zutaten dazugeben und alles zu einem glatten Teig verrühren.

3. Jeweils eine Kelle Teig in das heiße Waffeleisen geben und etwa 3 Minuten goldbraun ausbacken. Diesen Vorgang mit dem restlichen Teig wiederholen, bis er aufgebraucht ist.

4. Noch heiß servieren. Abgekühlt und in Gefrierbeutel verpackt lassen sich die Waffeln auch gut einfrieren und dann nach Belieben einfach im Backofen wieder erwärmen.

ERGIBT 6 PORTIONEN · PRO PORTION **350** KALORIEN // **30 g** FETT // **5 g** KOHLENHYDRATE // **2 g** BALLASTSTOFFE // **17 g** PROTEINE

AVOCADO-SANDWICH *mit* EI *und* WÜRZIGER MAYONNAISE

Gekaufte Sandwiches haben meistens so viel Geschmack wie die fettige Tüte, in der sie eingepackt sind. Daher wurde hier eine gesunde und köstliche Alternative kreiert – die Avocado liefert dem Körper zu Tagesbeginn gesunde Fettsäuren und die würzige Mayonnaise bringt deine Geschmacksknospen auf Trab!

1	**Prise Cayennepfeffer**
1 TL	**Mayonnaise**
1	**Vollkorntoastie**
1 TL	**Olivenöl**
1	**Ei**
3–4	**Scheiben Avocado**

Den Cayennepfeffer in die Mayonnaise einrühren. Den Toastie halbieren, rösten und beide Hälften mit der würzigen Mayonnaise bestreichen. Das Öl in einer mittelgroßen Bratpfanne auf mittlere Temperatur erhitzen und das Ei darin nur so lange zum Spiegelei braten, dass das Eigelb in der Mitte immer noch ein wenig flüssig ist. Die untere Brothälfte mit dem Spiegelei belegen, die Avocadoscheiben darauf verteilen und mit der zweiten Toastiehälfte zudecken.

ERGIBT 1 SANDWICH · PRO PORTION **370** KALORIEN // **25 g** FETT // **23 g** KOHLENHYDRATE // **4 g** BALLASTSTOFFE // **11 g** PROTEINE

EIN SPIEGELEI PERFEKT WENDEN

DIE WAHL DER RICHTIGEN PFANNE

Am besten geeignet ist eine mittelgroße, antihaftbeschichtete Pfanne, da man zum Wenden mit dem Pfannenwender etwas Platz braucht. Eine größere Pfanne ist zu schwer, um sie mit Schwung hochzuheben.

DAS EI BRATEN

1 EL Butter bei mittlerer bis niedriger Temperatur in der Pfanne zerlassen und heiß werden lassen. Das Ei über der Pfanne aufschlagen und braten, bis das Eiweiß gestockt ist.

DIE PFANNE SCHWENKEN

Ein paar Tropfen Wasser in die Pfanne geben und die Pfanne behutsam schwenken. Durch die Feuchtigkeit löst sich das Ei leichter vom Pfannenboden.

DAS EI WENDEN

Die Pfanne im 45°-Winkel neigen und das Ei auf einen Pfannenwender gleiten lassen. Die Pfanne wieder gerade halten und gleichzeitig den Pfannenwender zur Pfanne hin drehen, um das Spiegelei zu wenden, ohne dass das Eigelb ausläuft oder das Eiweiß einreißt.

RÜHREI *und* GERÄUCHERTER LACHS AUF BROT

Geräucherter Lachs schmeckt angenehm salzig und ist reich an Omega-3-Fettsäuren, die Herzerkrankungen vorbeugen. Außerdem ist er die ideale Ergänzung zum Rührei. Eine Kombination, die man unbedingt probiert haben muss.

1	**Scheibe herzhaftes Bauern- oder Vollkornbrot**
2	**Eier**
	Salz und frisch gemahlener schwarzer Pfeffer
1 TL	**Olivenöl**
30 g	**geräucherter Lachs in Scheiben**
	in dünne Scheiben geschnittene rote Zwiebel, Kapern, klein gehackter, frischer Dill und/oder ein Zitronenviertel zum Servieren

Das Brot toasten. Währenddessen die Eier in einer Schüssel mit Salz und Pfeffer würzen und mit dem Schneebesen aufschlagen. Das Öl in einer antihaftbeschichteten Pfanne erhitzen und aus der Ei-Mischung ein Rührei zubereiten. Die getoastete Brotscheibe mit dem Lachs belegen und das Rührei darauf verteilen. Je nach Geschmack mit roten Zwiebeln, Kapern und Dill garnieren und/oder einen Spritzer vom Zitronenviertel dazugeben.

ERGIBT 1 PORTION · PRO PORTION **340** KALORIEN // **19 g** FETT // **21 g** KOHLENHYDRATE // **4 g** BALLASTSTOFFE // **23 g** PROTEINE

WOCHENEND-EXTRAS

GEFÜLLTER FRENCH TOAST

Ein supereinfaches und aus wenigen Zutaten schnell zubereitetes Rezept und dennoch ein guter Beweis, dass du es echt draufhast.

ALTBACKEN IST HIER RICHTIG

Die natürliche Feuchtigkeit frischen Brotes verhindert, dass sich das Brot gut mit der Milch-Ei-Mischung vollsaugen kann. Am besten geeignet ist daher Brot, das mindestens einen Tag alt ist, zum Beispiel dicke Scheiben Baguette, Stuten, Brioche, Vollkornbrot oder sogar aufgeschnittene Croissants. Dieses Rezept ist für 2 Personen ausgelegt. Man benötigt dafür entweder 4 Scheiben Brot oder 2 aufgeschnittene Croissants.

BELEGEN UND EINWEICHEN

2 Brotscheiben mit einer der unten genannten Kombinationsmöglichkeiten belegen und mit den 2 restlichen Brotscheiben abdecken. Mit einem Schneebesen 4 Eier, 2 EL Milch, 1 TL Zucker oder Ahornsirup und ¼ TL Zimt aufschlagen und in eine etwa 30 x 20 cm große Auflaufform gießen. Die Sandwiches 2 Minuten darin einlegen und nach der Hälfte der Zeit wenden.

AUSBACKEN

In einer mittelgroßen antihaftbeschichteten Pfanne bei mittlerer bis hoher Temperatur 1 EL Butter zerlassen und die Sandwiches darin von beiden Seiten goldbraun ausbacken. Mit Puderzucker bestreut servieren und dazu das Obst reichen, mit dem der Toast auch gefüllt ist.

KOMBINATION 1:
30 g Nutella
+
75 g Bananenscheiben

PRO FRENCH TOAST: 630 KALORIEN, 23 G FETT, 79 G KOHLENHYDRATE, 10 G BALLASTSTOFFE, 24 G PROTEINE

KOMBINATION 2:
30 g Frischkäse
+
75 g Himbeeren

PRO FRENCH TOAST: 560 KALORIEN, 21 G FETT, 65 G KOHLENHYDRATE, 11 G BALLASTSTOFFE, 25 G PROTEINE

KOMBINATION 3:
2 TL Ahornsirup
+
2 Speckscheiben
+
2 Apfelscheiben

PRO FRENCH TOAST: 650 KALORIEN, 28 G FETT, 74 G KOHLENHYDRATE, 8 G BALLASTSTOFFE, 24 G PROTEINE

MEISTERKLASSE

MÜSLI IN 4 VARIATIONEN

Eine 2011 im *New England Journal of Medicine* veröffentlichte Studie stellt eine Verbindung zwischen dem Genuss von ganzen Körnern und einer Gewichtsreduktion her. Was könnte also besser sein als ein Körner-Müsli? Mische dir eine gesunde, ballaststoffreiche Knuspermischung nach eigenem Gusto und kombiniere sie für die wichtige Proteinzufuhr mit einem Becher griechischen Joghurt.

DIE GRUNDLAGE

Den Backofen auf 160 °C vorheizen und ein tiefes Backblech mit Backpapier auslegen. 220 g Haferflocken darauf verteilen und etwa 20 Minuten im Ofen knusprig rösten.

DAS SÜSSEN

Einen großen Kaffeebecher zu einem Viertel mit Apfelsaft füllen und dann 3 EL Ahornsirup, 1 EL hellbraunen Zucker, 1 EL Pflanzenöl, ½ TL Vanilleextrakt und ¼ TL Salz untermischen.

DAS KARAMELLISIEREN

Die süße Mischung über die Haferflocken gießen und diese erneut 20 Minuten im Ofen backen, bis sie knusprig und braun sind. Die Granola-Mischung abkühlen lassen. Luftdicht verschlossen hält sie sich bis zu 2 Wochen.

ERGIBT 6 PORTIONEN · PRO PORTION **310** KALORIEN // **9 g** FETT // **43 g** KOHLENHYDRATE // **4 g** BALLASTSTOFFE // **10 g** PROTEINE

GRANOLA-MISCHUNGEN

Wer es nährstoffreicher und noch aromatischer mag, gibt nach den ersten 20 Minuten noch 50 g klein gehackte Haselnüsse mit auf das Backblech und mischt nach dem Backen 50–60 g getrocknete Früchte darunter. Hier ein paar Kombinationsmöglichkeiten:

klein gehackte Walnüsse
+
getrocknete Kirschen
+
¾ TL gemahlener Ingwer

PRO PORTION: 400 KALORIEN, 15 G FETT, 48 G KOHLENHYDRATE, 5 G BALLASTSTOFFE, 13 G PROTEINE

Kürbiskerne
+
klein gehackte getrocknete Apfelringe
+
½ TL zerkrümelter getrockneter Rosmarin

PRO PORTION: 380 KALORIEN, 13 G FETT, 48 G KOHLENHYDRATE, 5 G BALLASTSTOFFE, 13 G PROTEINE

Pistazien
+
klein gehackte getrocknete Aprikosen
+
½ TL Zimt
+
½ TL gemahlener Kardamom

PRO PORTION: 380 KALORIEN, 13G FETT, 48 G KOHLENHYDRATE, 6 G BALLASTSTOFFE, 13 G PROTEINE

Mandelblättchen
+
getrocknete Blaubeeren
+
¼ TL Piment
+
½ TL frisch gemahlener schwarzer Pfeffer

PRO PORTION: 376 KALORIEN, 15 G FETT, 48 G KOHLENHYDRATE, 5 G BALLASTSTOFFE, 13 G PROTEINE

GESUNDES FRÜHSTÜCK ÜBER NACHT

Die Schweizer nennen es Birchermüsli – eingeweichte Haferflocken mit Früchten und Nüssen. Wir nennen es eine köstliche Art, den Tag zu beginnen:

75 g	**Haferflocken**
¼ l	**Wasser**
1 TL	**Honig**
100 g	**getrocknete Kirschen oder Rosinen**
35 g	**klein gehackte Walnüsse oder Mandeln**
2 EL	**Sonnenblumenkerne**
2 TL	**Leinsamen**
1 TL	**Zimt**
1 TL	**Salz**
	Naturjoghurt zum Servieren

1. In einer Schüssel die Haferflocken mit dem Wasser und Honig verrühren und über Nacht im Kühlschrank ruhen lassen, damit die Haferflocken weich werden.

2. Am nächsten Morgen die getrockneten Früchte, Nüsse, Sonnenblumenkerne, Leinsamen, den Zimt und das Salz untermischen und mit einem Klacks Joghurt servieren.

ERGIBT 3 PORTIONEN

PRO PORTION: 380 KALORIEN, 16 G FETT, 47 G KOHLENHYDRATE, 6 G BALLASTSTOFFE, 11 G PROTEINE

SPIEGELEIER *auf* LAUCH *und* RUCOLA

Wer Alternativen zu einfachen Rühreiern oder Spiegeleiern sucht, wird dieses Rezept lieben. Es kombiniert Spiegeleier mit dem leichten Zwiebelgeschmack des Lauchs und dem kräftigen Aroma des ebenfalls weich gedünsteten Rucola.

2 EL	**Butter**
2	**Lauchstangen, in dünne Ringe geschnitten**
1	**Knoblauchzehe, fein gehackt**
	Salz
8	**Handvoll junger Rucola, geputzt**
3 EL	**Weißwein**
	frisch gemahlener schwarzer Pfeffer
4	**Eier**

1. Die Butter in einer großen tiefen Pfanne zerlassen und den Lauch darin kurz weich dünsten. Knoblauch und Salz dazugeben und dünsten, bis der Knoblauch duftet. Rucola und Weißwein hinzufügen und ebenfalls dünsten, bis die Salatblätter zusammengefallen sind. Mit Salz und Pfeffer abschmecken.

2. Die Eier über dem Gemüse aufschlagen, die Pfanne mit einem Deckel abdecken und so lange weitergaren lassen, bis die Eier gerade gestockt sind. Dazu schmeckt geröstetes Toastbrot.

ERGIBT 2 PORTIONEN · PRO PORTION (OHNE BROT) **290** KALORIEN // **23 g** FETT // **4 g** KOHLENHYDRATE // **1 g** BALLASTSTOFFE // **14 g** PROTEINE

BURRITOS *mit* GRÜNER FÜLLUNG

Dank der Füllung aus Rührei und Spinat eignen sich diese Burritos ideal als herzhaftes Frühstück. Noch grüner werden sie durch die Avocado und die Salsa Verde.

1 ½ EL	**Butter**
4	**Eier, verquirlt**
1 ½	**Handvoll Babyspinatblätter, geputzt**
	Salz und frisch gemahlener schwarzer Pfeffer
2	**Maistortillas**
3–4	**Scheiben Avocado**
	Salsa Verde (siehe Seite 150) oder Tomatensauce

In einer antihaftbeschichteten Pfanne die Butter bei mittlerer Temperatur zerlassen. Die Eier und den Spinat hineingeben, mit Salz und Pfeffer abschmecken und 2–4 Minuten rühren, bis das Ei wie beim Rührei leicht gestockt ist. Die Tortillas erwärmen. Die Spinatmischung in die vorgewärmten Tortillas füllen und mit Avocadoscheiben und Salsa Verde oder Tomatensauce garnieren.

ERGIBT 2 PORTIONEN · PRO PORTION **400** KALORIEN // **25 g** FETT // **26 g** KOHLENHYDRATE // **2 g** BALLASTSTOFFE // **18 g** PROTEINE

PERFEKTE BURRITOS ROLLEN

GO BIG

Tortillas mit einem Durchmesser von 30 cm eignen sich am besten für einen Burrito, denn so passt genug Füllung hinein und sie lassen sich trotzdem gut zusammenrollen. Wer mehr Ballaststoffe will und ein nussiges Aroma vorzieht, sollte Vollkorntortillas probieren.

TORTILLAS VORWÄRMEN

In der Mikrowelle werden Tortillas leicht zäh. Daher erwärmt man sie am besten ohne Zusatz von Fett in einer gusseisernen oder anithaftbeschichteten Pfanne von jeder Seite etwa 1 Minute.

DIE RICHTIGE REIHENFOLGE

Tortillas zunächst mit etwas gekochtem Reis belegen, damit dieser die Flüssigkeit der anderen Zutaten aufnimmt und die Tortillas nicht zu weich werden. Einen 7 cm großen Rand lassen und weitere Zutaten wie gegarte Bohnen und gebratenes Hackfleisch in senkrechten Streifen darauf verteilen.

WEITERE ZUTATEN

Längs der Zutaten etwas Sour Cream oder Guacamole geben und die losen Zutaten (Salatblätter, Koriander, Jalapeños-Ringe, grob geriebener Käse) darauf verteilen, damit sie Halt haben.

LET'S ROLL!

Den linken Rand der Tortilla über die Zutaten falten und den unteren Rand etwa 2,5 cm weit einschlagen. Das Burrito längs von links nach rechts zusammenrollen und das obere Ende offen lassen.

SCHNELLER HAPPEN

7 SUPERSCHNELLE FRÜHSTÜCKSIDEEN MIT EINER EXTRAPORTION PROTEINEN

Schnell muss nicht langweilig sein.

Probiere diese kreativen Tipps, um morgens das Haus mit vollem Magen zu verlassen.

1

ITALIENISCHER TOAST

Eine Scheibe Vollkorntoast mit Ricotta bestreichen und mit halbierten Kirschtomaten, grobem Salz und etwas Olivenöl garnieren.

2

SCHNELLES FARMER-FRÜHSTÜCK

Eier in der Lieblingssalsa köcheln, bis sie gestockt sind. Mit schwarzen Bohnen und Avocado garnieren.

3

MÜSLIBOOSTER

In einer Schüssel ballaststoffreiche Cerealien, griechischen Joghurt und frische rote Beeren übereinanderschichten und mit etwas Zimt bestäuben.

4

ITALIENISCHES RÜHREI

Klein gehacktes grünes Gemüse (Spinat, Grünkohl, Mangold) in Olivenöl und klein gehacktem Knoblauch andünsten. Eier darüber aufschlagen und mit geriebenem Parmesan bestreuen. Behutsam umrühren, bis die Eier gestockt sind.

5

ELVIS-SANDWICH

Eine Scheibe herzhaftes Vollkornbrot toasten und dann mit grober Erdnussbutter bestreichen. Anschließend mit 2 Scheiben knusprig gebratenem Frühstücksspeck und einer halben in Scheiben geschnittenen Banane belegen.

6

EI IM BROT

Aus einer Scheibe Vollkorn-Weizenbrot in der Mitte einen kleinen Kreis ausstechen und die Brotscheibe in einer Pfanne rösten. Ein Ei aufschlagen und in das Loch gießen und beides schließlich braten, bis das Eiweiß gestockt ist. Das Ei mit Salz, Pfeffer und ein paar Tropfen Tabasco würzen.

7

SPIEGELEIER MIT SPECK UND SPINAT

2–3 Scheiben Frühstücksspeck knusprig braten und auf Küchenpapier abtropfen lassen. 2–3 Eier in die Pfanne schlagen und mit Babyspinatblättern bedecken. So lange garen, bis die Eier gestockt sind und der Spinat zusammengefallen ist. Den knusprigen Speck dazu reichen.

MEXIKANISCHES BAUERNFRÜHSTÜCK

Die Grundlage dieses mexikanischen Frühstücks bilden vorgewärmte Tortillas. Das noch flüssige Eigelb der Spiegeleier läuft über die würzige Tomatensauce, die schwarzen Bohnen und die restlichen Zutaten und macht dieses Rezept zu einem absoluten Frühstücks-Highlight.

450 g	**geschälte Tomaten (aus der Dose)**
½	**kleine Zwiebel, fein gehackt**
1	**Knoblauchzehe**
1 EL	**rauchig eingelegte Chipotles-Chilischoten in Adobo-Sauce (Dose)**
20 g	**frische Korianderblätter**
	Saft von 1 Limette
	Salz und frisch gemahlener schwarzer Pfeffer
450 g	**schwarze Bohnen, abgetropft (aus der Dose)**
1	**Prise gemahlener Kreuzkümmel**
1 EL	**Öl**
8	**große Eier**
8	**Maistortillas, vorgewärmt**

1. Die Tomaten mit ihrem Saft, Zwiebel, Knoblauch, Chili, Koriander und die Hälfte des Limettensafts im Standmixer zu einer nicht ganz glatten Sauce pürieren. Mit Salz und Pfeffer abschmecken.

2. In einer Schüssel die Bohnen mit dem Kreuzkümmel und dem restlichen Limettensaft vermischen und mit Salz und Pfeffer abschmecken. Mit der Unterseite einer Gabel die Bohnen etwas zerdrücken und dabei eventuell ein wenig warmes Wasser hinzugeben, falls die Bohnen zu trocken sind.

3. In einer antihaftbeschichteten Pfanne das Öl auf mittlere Temperatur erhitzen. Die Eier darüber aufschlagen und braten, bis das Eiweiß gestockt und das Eigelb noch ein wenig flüssig ist. In einer weiteren Pfanne die Tortillas jeweils etwa 1 Minute von jeder Seite vorwärmen.

4. Die Tortillas mit den Bohnen bestreichen und mit den Spiegeleiern und der Sauce garnieren. Heiß servieren.

ERGIBT 4 PORTIONEN · PRO PORTION **530** KALORIEN // **19 g** FETT // **59 g** KOHLENHYDRATE // **5 g** BALLASTSTOFFE // **29 g** PROTEINE

MEISTERKLASSE

FILTERKAFFEE NACH ART DER BARISTA

Wer auch zu Hause aromatischen Kaffee genießen will, braucht dazu weder Portionskapseln noch digitale Touchscreens. »Eine Tasse Kaffee mit einem herkömmlichen Filter aufzubrühen ist der sicherste Weg, die Bohnen voll zur Geltung kommen zu lassen«, erklärt Michael Phillips, Barista-Weltmeister 2012. Hier ist seine Methode:

DIE BOHNEN

Kaffeebohnen verlieren unmittelbar nach dem Rösten schon an Aroma, also sollte man die frischesten Bohnen wählen, die man bekommen kann, erklärt Phillips. »Steht kein Röstdatum auf der Verpackung, dann ist das vom Hersteller vermutlich so gewollt.« Am besten sucht man sich einen lokalen Röster oder bestellt die Bohnen online bei einer traditionellen Rösterei. Kaffee-Aficionados bevorzugen häufig sortenreinen Kaffee, doch Mischungen bieten ein runderes Aroma. Indem der Röster Bohnen verschiedener Plantagen mischt, holt er das Beste aus jeder Bohne heraus.

DAS MAHLEN

Sind gemahlene Kaffeebohnen Sauerstoff ausgesetzt, werden die für das Aroma so wichtigen ätherischen Öle zerstört. Deshalb sollte man die Bohnen am besten selbst mahlen, und zwar erst unmittelbar vor ihrer Verwendung. In einer Gewürzmühle wird die Korngröße jedoch so unregelmäßig, dass sich das negativ auf die Intensität des Aromas auswirkt. Investiere daher am besten in eine kleine elektrische oder handbetriebene Kaffeemühle, die in vielen Läden preiswert zu bekommen ist.

DER FILTER

Phillips behauptet, dass man das beste Aroma mit einem einfachen, mit Filterpapier ausgelegten Keramikfilter erziele. Der Vorteil: Er lässt sich leicht reinigen und nimmt kaum Platz weg. Die Bohnen bewahrt man am besten bei Raumtemperatur licht- und luftgeschützt auf, dann halten sie sich bis zu 2 Wochen.

TIPPS VOM BARISTA

TIPP 1

DAS WASSER RICHTIG TEMPERIEREN

Kochendes Wasser kann das Kaffeepulver verderben, zu kaltes Wasser löst nicht das volle Aroma heraus. Die ideale Wassertemperatur liegt bei 93 °C plus/minus 1 °C. Dafür das Wasser im Wasserkocher aufkochen und dann 30–60 Sekunden abkühlen lassen.

TIPP 2

DEN FILTER VORBEREITEN

Etwas Wasser, das gerade gekocht hat, durch den Filter gießen, um lose Fasern auszuschwemmen, die den Kaffee säuerlich werden lassen könnten. Das Wasser vollständig aus dem Filter herausschütteln und ihn dann auf den Kaffeebecher setzen.

TIPP 3

DEN KAFFEE AUFBRÜHEN

Für einen normalen Kaffeebecher (250 ml) 2 gehäufte Esslöffel gemahlenes Kaffeepulver in den Filter füllen. Nur so viel Wasser darübergießen, dass das Pulver durchtränkt wird. 60–90 Sekunden warten, bis der gemahlene Kaffee »aufblüht«. Danach das Wasser in dünnem Strahl in die Filtermitte gießen und Kreise ziehen, bis es auch durch das Kaffeepulver am Rand sickert. Auf keinen Fall den Filter fluten.

3

ISS, UM ZU LEBEN. LEBE, UM ZU ESSEN.

LUNCH

Wurststulle war gestern!

DIE REGELN EINES GESUNDEN MITTAGESSENS

Mit 25 Jahren hat »Mann« durchschnittlich 9125 Mittagessen zu sich genommen. Mit 40 Jahren also entsprechend 14 600 Mittagessen. Und wie viele dieser Mahlzeiten waren es wert, dass man sich an sie erinnert? Im Zweifel nicht viele, oder? Mit den folgenden vier Regeln vermeidet man nicht nur den Gang zum Schnellimbiss, sondern kann Mahlzeiten zubereiten, die eine Mittagspause verdient haben.

REGEL NR.

1

FINDE DIE RICHTIGE BALANCE

GEGEN MITTAG fordert das Hirn als Ausgleich zum angestauten Stress und als Belohnung für harte Arbeit jede Menge Wohlfühl-Kohlenhydrate ein. Wer dem Kohlenhydrate-Rausch jedoch vorschnell nachgibt und sich eine riesige Pizza oder einen Haufen Sandwiches reinhaut, wird kurz nach dem Mittagessen einen absoluten Tiefpunkt erleiden. Ganz anders jedoch fühlt man sich nach einem gesunden, proteinreichen Mittagessen, das sich kaum auf den glykämischen Index auswirkt. Mit anderen Worten, die in der Mahlzeit enthaltenen Kohlenhydrate sollten nur wenig Einfluss auf den Blutzuckerspiegel haben, damit die Fettverbrennmaschinerie in Gang bleibt und einem nach dem Essen nicht die Augen zufallen. Wer ein Sandwich isst, sollte also darauf achten, dass jede Brotscheibe mindestens 3 g Ballaststoffe enthält. Das Gleiche gilt für Pasta und Pizza. Doch auch vollwertig sind diese kohlenhydratreichen Gerichte immer die schlechtere Wahl, wenn man auch proteinreiche Speisen wie Lachs mit einem Beilagensalat oder gegrillte Hühnerbrust mit Brokkoli wählen könnte.

REGEL NR. 2 — SCHLUCK'S NICHT EINFACH RUNTER

VERGISS DIE TRINKBAREN Eiweißshakes und die kalorienreichen Smoothies, die angeblich eine ganze Mahlzeit ersetzen. Nach einer holländischen Studie steigert man durch gründliches, genussvolles Kauen die sogenannten »orosensorischen Faktoren«. Diese senden Sättigungssignale an das Gehirn und man fühlt sich auch nach einer kleineren Portion schon satt. Probanden, die jeden Bissen 3 Sekunden länger kauten, aßen im Schnitt weniger.

REGEL NR. 3 — GREIFE AUF DIE RESTE VOM VORTAG ZURÜCK

AUS DEN MEISTEN Rezepten in diesem Buch lassen sich aus Resten noch gesunde Mittagessen zubereiten. Gegrilltes Fleisch oder Fisch kann man wunderbar unter einen Salat mischen. Gebratenes Gemüse schmeckt super auf einem Sandwich oder in einem Wrap. Chilis oder Eintöpfe harmonieren hervorragend mit Vollkornreis. Wer also nach dem Abendessen Reste übrig hat, sollte sie direkt fürs nächste Mittagessen portionieren. Die meisten gekochten Reste halten sich im Kühlschrank 3–4 Tage, danach riskiert man eine bakterielle Lebensmittelvergiftung und sollte lieber die Finger davon lassen. Bei mit Essig angemachten Salaten verhindert die Säure das Wachstum der Bakterien und damit wäre er theoretisch länger haltbar. Allerdings schmeckt ein bereits angemachter Salat häufig schon am nächsten Tag welk und aufgeweicht.

REGEL NR. 4 — LASS DICH NICHT ABLENKEN

WAS DU WÄHREND des Essens machst, spielt eine beinah genauso wichtige Rolle wie die zugeführte Nahrung. Im Magazin *Trends in Food Science & Technology* veröffentliche Studien zeigen, dass man deutlich mehr isst, wenn man sich vom Fernseher, von Musik oder vom Computer ablenken lässt. Die Ablenkung stört Gehirn-Bauch-Sättigungssignale und der Körper verliert den Überblick über die Menge der aufgenommenen Nahrung. Abgelenkt geht man zudem das Risiko ein, zu viel von den falschen Sachen zu essen – denke nur mal an deinen Popcornkonsum im Kino. Dies zu ändern ist denkbar einfach: Wenn du isst, dann setz dich dazu hin und iss. Konzentriere dich auf dein Essen. Gucke weder in deine E-Mails noch in die Zeitung. Konzentriere dich auf den Teller mit dem Essen vor dir, dann brauchst du vermutlich auch keinen Nachschlag.

Die Rezepte →

BUFFALO CHICKEN SANDWICH

Wer Lust auf ein würziges Hühnchengericht zum Mittagessen hat, sollte nicht zum Schnellimbiss eilen, sondern sich dieses leckere Sandwich lieber zu Hause zubereiten. Das Huhn kann in diesem Gericht auf die würzig frittierte Panade verzichten, denn die scharfe Sauce sorgt für das peppige Aroma.

100 g	**griechischer Naturjoghurt**
50 g	**Blauschimmelkäse, zerkrümelt**
	Saft von ½ Zitrone
	Salz und frisch gemahlener schwarzer Pfeffer
4	**Hähnchenbrustfilets (je 110–160 g)**
1 ½ TL	**Chilipulver**
1	**rote Zwiebel, in Spalten geschnitten**
2 EL	**Butter, 20 Sek. in der Mikrowelle zerlassen**
2 EL	**Chiliketchup**
4	**Romana-Salatblätter**
4	**weiche Sesambrötchen, getoastet**

1. Einen Gasgrill oder eine antihaftbeschichtete Grillpfanne vorheizen und in der Zwischenzeit den Joghurt, den Blauschimmelkäse und den Zitronensaft mit etwas Salz und Pfeffer zu einer Sauce verrühren und beiseitestellen.

2. Die Hähnchenbrustfilets nach Geschmack mit Chili, Salz und Pfeffer würzen und anschließend von jeder Seite 5–6 Minuten grillen.

3. Die Zwiebelspalten 4–5 Minuten mitgrillen. Das Fleisch und die Zwiebeln auf einen Teller legen.

4. In einer kleinen Schüssel die zerlassene Butter mit dem scharfen Ketchup verrühren und damit die Hähnchenbrustfilets bepinseln. Die unteren Brötchenhälften jeweils mit einem Salatblatt belegen, darauf je eine Hähnchenbrust legen und einen Löffel Käse-Joghurt-Sauce verteilen. Mit den gegrillten Zwiebeln garnieren und der zweiten Brötchenhälfte abdecken.

FÜR 4 PORTIONEN · PRO PORTION **410** KALORIEN // **16 g** FETT // **25 g** KOHLENHYDRATE // **4 g** BALLASTSTOFFE // **41 g** PROTEINE

SANDWICH *mit* GEGRILLTEM HÜHNCHEN *und* ANANAS

Gegrillt schmeckt Ananas noch süßer und passt wunderbar zum rauchigen Geschmack des gegrillten Hühnchens.

4	**Hähnchenbrustfilets (je 110–160 g)**
2 EL	**Teriyaki-Sauce**
4	**Scheiben Schweizer Käse (z. B. Emmentaler oder Appenzeller)**
4	**Scheiben Ananas (je 1,5 cm dick)**
4	**weiche Vollkornbrötchen**
½	**rote Zwiebel, in hauchdünne Scheiben geschnitten**
20 g	**eingelegte oder frische Jalapeños, in feine Streifen geschnitten**

1. Die Hähnchenbrustfilets in Teriyaki-Sauce eingelegen und in einen verschließbaren Gefrierbeutel geben. Das Fleisch mindestens 30 Minuten (oder bis zu 12 Stunden) im Kühlschrank marinieren lassen.

2. Einen Grill oder eine Grillpfanne so stark vorheizen, dass man die Hand nicht länger als 5 Sekunden darüberhalten kann. Das Fleisch aus der Tüte nehmen und überschüssige Marinade abtropfen lassen. Dann 4–5 Minuten auf einer Seite grillen, danach wenden und sofort mit je einer Scheibe Käse belegen. So lange grillen, bis der Käse geschmolzen ist und sich das dunkel gegrillte Fleisch fest anfühlt. Die überbackenen Hähnchenbrustfilets auf einen Teller legen.

3. Danach die Ananasscheiben und die aufgeschnittenen Brötchen auf den Grill legen. Die Brötchen kurz rösten und die Ananasscheiben so lange grillen, bis sie weich und leicht karamellisiert sind (etwa 2 Minuten von jeder Seite). Die unteren Brötchenhälften zunächst mit dem überbackenen Fleisch belegen und nach Geschmack mit etwas Teriyaki-Sauce aus der Flasche beträufeln. Mit Ananas, Zwiebeln und Jalapeños garnieren. Die obere Brötchenhälfte darauflegen.

ERGIBT 4 PORTIONEN · PRO PORTION **360** KALORIEN // **8 g** FETT // **29 g** KOHLENHYDRATE // **5 g** BALLASTSTOFFE // **42 g** PROTEINE

VIETNAMESISCHER STEAK-WRAP

Ein amerikanisch-asiatischer Crossover-Wrap: Rumpsteak einfach in Streifen schneiden, in Tortillas wickeln und in eine würzig-scharfe vietnamesische Chilisauce dippen. Klingt vielleicht verrückt, schmeckt aber himmlisch.

1	**Rumpsteak (250 g)**
	Salz und frisch gemahlener Pfeffer
4 EL	**Rapsöl**
2 EL	**Limettensaft**
1 TL	**scharfe Chilisauce (z. B. Sriracha)**
1 TL	**Fischsauce**
1	**Prise Zucker**
2	**aufgewärmte Weizenmehl-tortillas (Taco-Größe)**
2	**Handvoll junge Salatblätter**
2	**Scheiben rote Zwiebel**
½	**Avocado, in Scheiben geschnitten**
4	**Scheiben Tomate**

1. Eine gusseiserne oder beschichtete Grillpfanne auf mittlere Temperatur vorheizen. Den Fettrand des Rumpsteaks mehrmals einschneiden. Das Steak nach Geschmack mit Salz und Pfeffer würzen.

2. 2 EL Öl in die Pfanne geben und das Steak darin von jeder Seite etwa 4 Minuten medium braten.

3. In einer kleinen Schüssel den Limettensaft mit der Chilisauce, der Fischsauce, Zucker, etwas Salz und Pfeffer und den restlichen 2 EL Rapsöl verrühren. Die fertige Sauce beiseitestellen.

4. Das Steak in Streifen schneiden und auf die beiden Tortillas geben. Die Salatblätter, die Zwiebel-, Avocado- und Tomatenscheiben darauf verteilen und die Tortillas zu Wraps zusammenrollen. Die pikante Sauce als Dip dazu reichen.

RESTE LAGERN: Wraps und Sauce unbedingt separat lagern.

ERGIBT 2 PORTIONEN · PRO PORTION **620** KALORIEN // **38 g** FETT // **35 g** KOHLENHYDRATE // **3 g** BALLASTSTOFFE // **35 g** PROTEINE

ASIATISCHER RINDFLEISCHSALAT *mit* LIMETTEN-HONIG-DRESSING

Ertränke deinen Salat unter einem Sahnedressing und du wirst nicht nur den Bonus einer leichten Mahlzeit verspielen, sondern auch die Aromen der Salatblätter zerstören. Mix dir stattdessen lieber dein eigenes süßscharfes Dressing, um diesen Salat mit saftigen Rinderfiletstreifen anzumachen.

450 g	**Rinderfilet**
	Salz und frisch gemahlener schwarzer Pfeffer
	Saft von 1 Limette
2 TL	**Honig**
1 ½ TL	**salzarme Sojasauce**
1 TL	**scharfe Chilisauce**
70 ml	**Rapsöl**
1	**Buttersalat, geputzt**
1	**Rispe Kirschtomaten, halbiert**
1	**kleine rote Zwiebel, in hauchdünne Scheiben geschnitten**
1	**Avocado, gewürfelt**
½	**Salatgurke, in dünne Scheiben geschnitten**
1	**Handvoll Korianderblätter**

1. Einen Grill, eine Grillpfanne oder eine gusseiserne Pfanne auf mittlere Temperatur erhitzen. Das Rinderfilet mit Salz und Pfeffer würzen und von jeder Seite 3–4 Minuten medium-rare grillen. Das Fleisch noch mindestens 5 Minuten ruhen lassen.

2. In einer kleinen Schüssel den Limettensaft, den Honig, Sojasauce, Chilisauce und eine Prise Pfeffer mit dem Schneebesen aufschlagen und dann nach und nach das Öl unterrühren.

3. Das Fleisch quer zur Faserrichtung in möglichst dünne Streifen schneiden. In einer Salatschüssel die Filetstreifen, die Salatblätter, das Gemüse und den Koriander mischen und mit dem Dressing anmachen.

RESTE LAGERN: Salat und Sauce separat aufbewahren und den Salat erst unmittelbar vor dem Servieren anmachen.

ERGIBT 4 PORTIONEN · PRO PORTION **380** KALORIEN // **27 g** FETT // **8 g** KOHLENHYDRATE // **3 g** BALLASTSTOFFE // **29 g** PROTEINE

KALORIENARM

SCHNELLE SCHNITTCHEN

Belegte Brote sind eine gute Alternative zum klassischen Sandwich. Ohne Deckel sehen diese Schnitten nicht nur gut aus, man spart auch Kalorien und Kohlenhydrate, ohne Abstriche beim Geschmack machen zu müssen. Eine Scheibe Knäckebrot hat nur 7 g Kohlenhydrate, eine normale Scheibe Brot hingegen 21 g. Und es gibt Knäckebrot in zahlreichen Variationen, von luftig-leicht, bis knusprig-vollwertig. Eine Scheibe Roggenknäckebrot hat sechs Mal weniger Kalorien als eine normale Scheibe Brot. Für Lunchpakete sollte man das Knäckebrot und den Belag immer separat verpacken, damit das Brot nicht weich wird.

PROSCIUTTO UND ANTIPASTI AUF KNÄCKEBROT

Frische Tomaten, roher Schinken, saftiger Mozzarella – allein der Anblick dieses Belags ist so köstlich, dass man auf herkömmliche Sandwiches gut verzichten kann.

Eine Scheibe Roggenknäckebrot mit 3 dünnen Scheiben Schinken, ein paar Rucolablättern und geviertelten Kirschtomaten belegen. Darauf eine Scheibe Mozzarella legen und mit ein paar Tropfen Olivenöl beträufeln.

PRO PORTION: 190 KALORIEN, 11 G FETT, 9 G KOHLENHYDRATE, 2 G BALLASTSTOFFE, 13 G PROTEINE

CURRYHUHN-SALAT AUF KNÄCKEBROT

Curry verleiht diesem cremigen Geflügelsalat den besonderen Kick. Einfach eine Scheibe Knäckebrot mit dem Salat bestreichen und genießen.

50 g klein gehacktes, gekochtes Hühnerfleisch mit 1 EL Mayonnaise, ½ Stange Staudensellerie (klein gehackt), ½ TL Currypulver und 1 EL helle Rosinen mischen und das Knäckebrot damit bestreichen.

PRO PORTION: 240KALORIEN, 14 G FETT, 15 G KOHLENHYDRATE, 2 G BALLASTSTOFFE, 13 G PROTEINE

ROASTBEEF MIT GORGONZOLA

Enthält viele Proteine und Ballaststoffe, aber wenig Kalorien, daher ist dieser Brotbelag ideal für alle, die auf ihre Figur achten möchten.

1 Scheibe Vollkornbrot mit hauchdünnen roten Zwiebelscheiben, 3 Scheiben Roastbeef, etwas Brunnenkresse und 2 EL cremigem Gorgonzola belegen.

PRO PORTION: 250 KALORIEN, 9 G FETT, 21 G KOHLENHYDRATE, 4 G BALLASTSTOFFE, 21 G PROTEINE

MUSKEL-AUFBAU-SALATE

Wer täglich eine Portion Salat isst, muss sich um lebenswichtige Vitamine und Nährstoffe keine Sorgen machen. Doch viele Salate beinhalten zu wenig Proteine und Ballaststoffe, um ein lang anhaltendes Sättigungsgefühl zu sichern und das Muskelwachstum anzukurbeln. Der Ernährungswissenschaftler Matthew Kadey behauptet sogar, dass viele Salatbüfetts mehr Fettbomben enthalten als ein Grillteller. Die folgenden superschnellen Salatrezepte – alle unter 550 Kalorien – sind eine ausgewogene, fettarme und vollwertige Alternative. Die Salate schmecken am besten mit einer einfachen Vinaigrette oder einem der Dressings auf den folgenden Seiten.

NEUN TOLLE SALAT-KOMBINATIONEN

PROTEINE

HARTGEKOCHTE EIER +

(2 GROSSE EIER, IN SCHEIBEN GESCHNITTEN)

BRATHÜHNCHEN +

(85 g, KLEIN GEHACKT)

WEISSER THUNFISCH +

(85 g AUS DER DOSE, ABGETROPFT UND ZERKLEINERT)

	KOMBI 1	KOMBI 2	KOMBI 3
SALAT	½ Kopf Endiviensalat, geputzt und klein gehackt	2 Handvoll Rucola	2 Handvoll Babyspinat
AROMA	75 g Mandarinen (aus der Dose), abgetropft	50 g getrocknete Kirschen	100 g frische Heidelbeeren
BALLAST-STOFFE	90 g halbierte Brokkoliröschen	½ rote Paprika, in Streifen geschnitten	75 g Linsen (aus der Dose), abgetropft
BISS	30 g Pekannüsse	30 g Ziegenkäse, zerkrümelt	30 g Walnüsse

SALAT	2 Handvoll Brunnenkresse, ohne Stiele	2 Handvoll Babyspinat	½ Kopf Romanasalat, Blätter zerpflückt
AROMA	½ Pfirsich, in feine Scheiben geschnitten	100 g Salsa aus dem Glas	½ roter Apfel, gewürfelt
BALLAST-STOFFE	90 g Zuckerschoten, halbiert	100 g schwarze Bohnen (aus der Dose)	1 Stange Staudensellerie, in dünne Scheiben geschnitten
BISS	30g Blauschimmelkäse, zerkrümelt	½ Avocado, in dünne Scheiben geschnitten	35 g gehackte Mandeln

SALAT	½ Kopf Kopfsalat, geschnitten	2 Handvoll fein geschnittener Grünkohl, ohne Strunk	2 Handvoll gemischter Schnittsalat
AROMA	50 g Niçoise-Oliven	1 EL Kapern	75 g in Öl eingelegte Paprikastreifen
BALLAST-STOFFE	75 g Kichererbsen (aus der Dose), abgetropft	75 g Cannellinibohnen (aus der Dose), abgetropft	75 g Artischockenherzen aus dem Glas
BISS	30 g geräucherter Mozzarella, gewürfelt	30 g Feta, zerkrümelt	½ Avocado, in Scheiben geschnitten

KALORIENARM

DO-IT-YOURSELF-DRESSINGS

Finger weg von fertigen Salatsaucen! Der Grund steht hinten auf der Flasche, schaue einfach mal auf die Zutatenliste. Meist enthalten sie minderwertige Fette, Verdickungsmittel, Bindemittel oder Konservierungsstoffe – also einem Chemikaliengemisch mit öliger Konsistenz, das auch außerhalb des Kühlschranks monatelang überlebt. Lecker! Selbst gemachte Dressings sind da wesentlich gesünder und schmecken besser. Es dauert nicht mal 5 Minuten, eine aromatische, gesunde und kalorienbewusste Salatsauce selbst zuzubereiten. Ach ja, und es ist auch noch günstiger.

KEIN DRESSING OHNE FETT

Natürlich könnte man fettarme Mayonnaise oder fettarmen Joghurt für das selbst gemachte Dressing verwenden, um zusätzliche Kalorien zu sparen, doch das wäre ein Fehler. Wissenschaftler der Ohio State University haben herausgefunden, dass Fett dem Körper hilft, wichtige Nährstoffe zu absorbieren. Nur eine kleine Menge Fett reicht aus, um 400 Prozent mehr Betacarotin und Lutein aufnehmen zu können.

DREI SCHNELLE SALATDRESSINGS:
Jeweils sämtliche Zutaten in einer mittelgroßen Schüssel miteinander verrühren. Die Mengenangaben reichen für je 6 Portionen Salat.

BLAUSCHIMMEL-KÄSE

50 g fettarmer griechischer Naturjoghurt (0,2 % Fett i. Tr.)

2 EL Mayonnaise mit Olivenöl

2 EL Wasser

1 EL Weißweinessig

¼ TL frisch gemahlener schwarzer Pfeffer

1 Prise Cayennepfeffer

30 g Blauschimmelkäse, zerkrümelt

Hält sich im Kühlschrank bis zu 2 Wochen.

PASST ZU:

SALAT: Romana- oder Eisbergsalat

MIT: Kirschtomaten, Möhren und Sellerie

PRO 2 EL DRESSING: 100 KALORIEN, 10 G FETT, 1 G KOHLENHYDRATE, 0 G BALLASTSTOFFE, 2 G PROTEINE

HONIG-SENF

80 g Dijonsenf

2 EL Honig

1 EL Wasser

2 TL Zitronensaft

2 TL Olivenöl

Hält sich im Kühlschrank bis zu 3 Monate.

PASST ZU:

SALAT: gehacktem Kohl oder Kopfsalat

MIT: Möhren, Brokkoli und Zuckerschoten

PRO 2 EL DRESSING: 60 KALORIEN, 3 G FETT, 7 G KOHLENHYDRATE, 0 G BALLASTSTOFFE, 1 G PROTEINE

CAESAR

6 EL Mayonnaise mit Olivenöl

3 EL Zitronensaft

2 EL Wasser

6 Anchovis-Filets, zerdrückt, oder 2 TL Anchovis-Paste

40 g geriebener Parmesan

Hält sich im Kühlschrank bis zu 1 Monat.

PASST ZU:

SALAT: Romanasalat oder Radicchio

MIT: geschnittenen Pilzen und Spargel

PRO 2 EL DRESSING: 170 KALORIEN, 18 G FETT, 1 G KOHLENHYDRATE, 0 G BALLASTSTOFFE, 2 G PROTEINE

KNOW-HOW

BESUCH AUF DEM WOCHENMARKT

Frisches Obst und Gemüse gibt's direkt vor der Haustür.

Wochenmärkte gibt es fast überall, sowohl auf dem Land wie in der Großstadt. Hier findest du einige Tipps für einen effizienten Einkauf:

1

STELLE DEN WECKER

Die süßesten Erdbeeren, die knackigsten Gurken und der grünste Salat sind schnell verkauft, daher lohnt es sich, den Marktbesuch zeitig zu beginnen. Außerdem sind die Händler frühmorgens häufig noch gesprächiger und können genaue Auskunft zu ihren Produkten geben.

2

SUCHE DIR DEN REGENBOGEN

Um möglichst viele verschiedene, das Immunsystem stärkende Antioxidantien zu kaufen, wähle möglichst viele verschiedene, bunte Obst- und Gemüsesorten aus, denn die Antioxidantien sind für die leuchtende Farbe der Früchte und Gemüse verantwortlich. Am besten Obst und Gemüse nicht nur in Hülle und Fülle kaufen, sondern auch viele verschiedene Sorten wählen.

3

PROBIERE MAL VIOLETTE MÖHREN, GELBE KIWIS UND CO.

Einige der eher ungewöhnlichen Früchte und Gemüse sind besonders reich an Vitalstoffen und schmecken äußerst aromatisch. Meistens werden solche Produkte auf Wochenmärkten günstiger angeboten als in den edlen Feinkostgeschäften. Wer also violette Möhren, gelbe Kiwis, blaue Kohlrabi oder bunten Mangold entdeckt, sollte nicht einfach daran vorbeigehen, sondern den Verkäufer fragen, wie man die unbekannten Produkte am besten zubereitet, und dann zu Hause loslegen.

4

NIMM DICH DES HÄSSLICHEN ENTLEINS AN

Auf großen Plantagen wird nach Optik und Uniformität, nicht nach Geschmack gezüchtet. Skurril geformte Tomaten oder schrumpelige Pflaumen schmecken jedoch oft besser als ihre hübschen Verwandten und sind auch noch preisgünstiger.

5

SEI NICHT SCHÜCHTERN

Wer Obst und Gemüse kaufen will, das frei von Pestiziden ist, sollte dem Verkäufer bei der Frage nach seinen Anbaumethoden in die Augen schauen. Viele kleine Bauern bauen biologisch an, scheuen aber den langwierigen bürokratischen Weg, sich dies zertifizieren zu lassen.

6

NIMM DIR ZEIT

Da an vielen Marktständen die gleichen Produkte angeboten werden, sollte man sich erst gründlich umsehen, die Waren genau in Augenschein nehmen und Preise vergleichen, bevor man etwas kauft. So findet man auch schnell seine Lieblingshändler.

7

KAUFE SAISONAL UND FRIERE EIN

Wenn gerade Himbeerzeit ist, die Pfirsiche reif sind oder der Kohl auf den Feldern vor der Haustür wächst, sollte man schon allein wegen der günstigeren Preise unbedingt zuschlagen und größere Mengen davon einfrieren. Dann ist man zudem nicht auf das magere und überteuerte Angebot der Supermärkte angewiesen, wenn man zum Beispiel im Winter Erdbeeren essen möchte.

GAZPACHO-SALAT *mit* TOMATEN, PAPRIKA *und* GURKE

Eine leichte Salatvariation der wohl berühmtesten kalten Gemüsesuppe der Welt. Frisches Gemüse, aromatische Kräuter und Gewürze, dazu reichlich saftige Tomaten – das sorgt für so viel sommerliches Aroma, dass am Dressing ruhig gespart werden kann.

750 g	**Tomaten, klein gehackt**
250 g	**rote oder gelbe Paprika, klein gehackt**
250 g	**grüne Paprika, klein gehackt**
250 g	**Gurke, geschält, entkernt und klein gehackt**
1	**mittelgroße Zwiebel, klein gehackt**
2	**Frühlingszwiebeln, klein gehackt**
1/3	**Bund frische Petersilie, klein gehackt**
4	**Zweige frisches Basilikum, klein gehackt**
1 EL	**Limetten- oder Zitronensaft**
2 EL	**Aceto Balsamico**
1 EL	**flüssiger Honig**
3	**Knoblauchzehen, fein gehackt**
¼ TL	**getrockneter Estragon**
3	**Handvoll grüner Pflücksalat**
¼ TL	**Salz**
¼ TL	**frisch gemahlener schwarzer Pfeffer**

1. In einer großen Schüssel das klein gehackte Gemüse mit der Petersilie und dem Basilikum mischen.

2. In einer kleinen Schale den Limetten- oder Zitronensaft, den Essig, Honig, Knoblauch und Estragon zu einem Dressing verrühren und über das Gemüse gießen.

3. Die Schüssel mit Klarsichtfolie abdecken und 1 Stunde im Kühlschrank durchziehen lassen. Unmittelbar vor dem Servieren die Salatblätter untermischen und mit Salz und Pfeffer würzen.

ERGIBT 4 PORTIONEN · PRO PORTION **90** KALORIEN // **1 g** FETT // **16 g** KOHLENHYDRATE // **6 g** BALLASTSTOFFE // **4 g** PROTEINE

4

ISS, UM ZU LEBEN. LEBE, UM ZU ESSEN.

MUSKEL-SNACKS

Tanke zwischen den Mahlzeiten auf, um Körper und Geist auf Trab zu halten und die Fettverbrennung anzuregen.

S. 66 MH COOKING Kapitel 04

GIB DEINEN SNACKS MEHR GEHALT

Die luftigen Erdnussflips dienen einzig und allein dazu, deine Fingerspitzen fettig und dich durstig zu machen. Wenn du gerade Heißhunger auf etwas Knuspriges und Orangefarbenes hast, dann iss besser Popcorn und trag dabei eine getönte Sonnenbrille. Snacks sollten natürlich schmackhaft sein, aber mit den folgenden Regeln bekommen deine Snacks auch einen ganz anderen Wert.

REGEL NR.

1

MANAGE DEIN HUNGERGEFÜHL

SNACKS LASSEN SICH wunderbar zur Gewichtsreduktion einsetzen, wenn man sie als Brücken zwischen den Hauptmahlzeiten platziert. Mit der richtigen Wahl können Snacks den Blutzuckerspiegel regulieren, wodurch Leistungstiefs im Zaum halten werden und man sich zu den Hauptmahlzeiten nicht heißhungrig an den Tisch setzt und zu viele Kalorien zu sich nimmt. Das Problem ist nur, dass die meisten gekauften Snacks dafür nicht taugen, denn sie stecken voller leerer Kalorien und ungesunder Zusätze, die nichts tun, außer dein Hungergefühl weiter anzustacheln. Behalt die Zügel in der Hand, indem du deine eigenen Snacks zubereitest und sie mit sättigenden Proteinen, Ballaststoffen und schwer verbrennbaren Kohlenhydraten – zum Beispiel aus Obst, Gemüse und Körnern – anreicherst.

REGEL NR.

2

UNTERSTÜTZE DEIN FITNESS-PROGRAMM MIT PROTEINEN

JEDES MAL, WENN DU Ausdauersport treibst, verbrennt der Körper Proteine und holt sich seinen Nachschub aus der Muskulatur. Wer also Muskelaufbau betreiben möchte, sollte vor allem vor und nach dem Workout reichlich Proteine zu sich nehmen. Mit dem frischen Nachschub an Aminosäuren wird der Muskelabbau verhindert und gleichzeitig der Muskelaufbau angeregt. Iss zum Beispiel vor dem Sport ein Truthahn- oder Schinken-Sandwich und gönn dir später einen Smoothie mit Molkepulver (Rezepte ab Seite 84), um ordentlich Proteine und Kohlenhydrate in deine Muskeln zu pumpen.

REGEL NR.

3

SNACKE AUF DER ARBEIT SMART

SNACKS SIND PRAKTISCH und gut transportabel, daher sind sie die perfekte Zwischenmahlzeit im Büro oder auf der Arbeit. Statt zum Süßigkeitenautomaten zu rennen, sollte man jedoch lieber in seine Schreibtischschublade greifen und ein paar rohe Mandeln, einen Apfel oder eine Banane mit Erdnussbutter essen. In einer kleinen Kühltasche lässt sich wunderbar Putenbrustaufschnitt transportieren, der um einen fettarmen Käsestick gewickelt der perfekte kleine Imbiss ist. Ideal sind 10–20 Gramm Proteine und etwas Fett, um bis zum Mittagessen keinen Heißhunger zu verspüren.

Die Rezepte →

SCHNELLE SNACKS

SCHWEIZER KÄSERÖLLCHEN *mit* ROASTBEEF *und* GUACAMOLE

In Eile? Dann ist dieser superschnelle, kohlenhydratfreie Snack genau das Richtige für dich. Aromatischer wird es natürlich, wenn man die Guacamole selbst zubereitet, statt sie fertig zu kaufen. Das Rezept gibt es auf Seite 149.

Einfach 1 Scheibe Roastbeef mit Guacamole bestreichen, das Roastbeef in 1 Scheibe Schweizer Käse (z. B. Emmentaler) einrollen und mit einem Zahnstocher feststecken. Wer gleich ein paar mehr davon macht, hat einen wunderbaren kleinen Snack für den Männer-Fußballabend.

PRO RÖLLCHEN: 110 KALORIEN,7 G FETT, 0 G KOHLENHYDRATE, 0 G BALLASTSTOFFE, 11 G PROTEINE

MEDITERRANE ANTIPASTI-PLATTE

Diese Auswahl an mediterranen Zutaten mit einem guten Stück Parmesan ist ein wunderbarer kleiner Snack am Abend – nicht zu kalorienreich, aber herrlich aromatisch.

Eingelegte Artischockenherzen, gegrillte und eingelegte rote Paprikastreifen und saftige Oliven um ein Stück hochwertigen Parmesan (oder Manchego oder Gruyère) und eine Scheibe rohen Schinken herum arrangieren.

PRO 2 ARTISCHOCKENHERZEN, 2 PAPRIKASTREIFEN, 2 KÄSESTÜCKE, 4 OLIVEN UND 1 SCHEIBE SCHINKEN: 180 KALORIEN,12 G FETT, 2 G KOHLENHYDRATE, 6 G BALLASTSTOFFE, 14 G PROTEINE

SPIESSE MIT WASSERMELONE, KIRSCHTOMATEN, MOZZARELLA *und* BASILIKUM

Dieser ungewöhnliche, aber köstliche kleine Snack schmeckt am besten im Spätsommer, wenn Wassermelonen und Kirschtomaten besonders reif sind.

Einfach abwechselnd Wassermelonenstücke, Kirschtomaten, kleine Mozzarellakugeln und Basilikumblätter auf Holzspieße stecken.

PRO 2 KIRSCHTOMATEN, 2 STÜCKE MELONE UND 1 KLEINE MOZZARELLAKUGEL: 60 KALORIEN, 3 G FETT, 3 G KOHLENHYDRATE, 1 G BALLASTSTOFFE, 3 G PROTEINE

SCHNELLE SNACKS

BABA GHANOUSH *mit* PITA-ECKEN

Wer Hummus liebt, wird auch diesen cremigen Dip aus gegrillten Auberginen lieben. Pitabrot rösten, in kleine Ecken schneiden und hineintunken.

PRO 8 ECKEN: 210 KALORIEN, 5 G FETT, 35 G KOHLENHYDRATE, 4 G BALLASTSTOFFE, 8 G PROTEINE

SALAT-WRAP *mit* EIERSALAT

Wer das Brot weglässt, verzichtet auf Kohlenhydrate. Die Salatblätter sollten dafür möglichst fest sein, damit sie mit der Eiersalatfüllung nicht einreißen.

2 hartgekochte Eier klein hacken und mit klein gewürfelten sauren Gürkchen, 1 EL Mayonnaise auf Olivenölbasis, körnigem Senf und einer Prise Cayennepfeffer vermischen. Jeweils einen Löffel auf ein Romanasalatblatt oder ein Kopfsalatblatt geben, zusammenrollen und wie einen Burrito essen.

PRO 2 EIER: 340 KALORIEN,31 G FETT, 3 G KOHLENHYDRATE, 0 G BALLASTSTOFFE, 13 G PROTEINE

GRIECHISCHER JOGHURT *mit* HONIG *und* FEIGEN

Griechischer Joghurt schmeckt von Natur aus leicht säuerlich, doch leicht gesüßt zergeht er auf der Zunge. Ein perfekter Protein-Snack nach sportlicher Betätigung oder ein schnell gemachtes Dessert.

1 TL Honig über 220 g fettarmen griechischen Joghurt (0,2 % Fett i. Tr.) träufeln und dazu eine Feige essen.

PRO PORTION: 200 KALORIEN, 1 G FETT, 23 G KOHLENHYDRATE,1 G BALLASTSTOFFE, 24 G PROTEINE

MELONE IN SCHINKEN

Diese süßsalzige Mischung ist der perfekte Sommersnack oder ein gutes Mitbringsel für eine Grillparty.

Ein Stück Honig- oder Netzmelone mit einer Scheibe Prosciutto oder gutem spanischem Schinken umwickeln und mit etwas frisch gemahlenem schwarzem Pfeffer bestreuen.

PRO UMMANTELTEM STÜCK: 80 KALORIEN,3 G FETT, 8 G KOHLENHYDRATE, 0 G BALLASTSTOFFE, 5 G PROTEINE

PIZZA-TOASTIES

Mit diesen schnell zubereiteten Pizza-Toasties stillt man seine Lust auf Pizza, ohne allzu viele Kohlenhydrate zu sich zu nehmen. Daher eigenen sie sich auch wunderbar für den Fall, dass einen noch spätabends der Hunger überkommt. Dieses Rezept ist für 4 Toastiehälften gedacht, aber die Reste lassen sich gut verwahren und erneut aufwärmen.

Den Backofen auf 200 °C vorheizen und 2 Toasties halbieren. Die Hälften mit Pesto bestreichen. 2 EL klein gehackte grüne oder Kalamata-Oliven, 4 in Wasser eingelegte, geviertelte Artischockenherzen und 4 EL geraspelten Ziegenkäse auf die Toastiehälften verteilen. Die Hälften auf einem Backblech etwa 5 Minuten im Ofen backen, bis der Käse geschmolzen ist und die Toasties von unten leicht geröstet sind.

PRO TOASTIEHÄLFTE: 140 KALORIEN, 8 G FETT, 11 G KOHLENHYDRATE, 4 G BALLASTSTOFFE, 6 G PROTEINE

WÜRZIG GERÖSTETE KICHERERBSEN

Im Ofen gebackene Kichererbsen sind wunderbar knusprig und daher der perfekte Knabberspaß für zwischendurch, vor allem, wenn sie wie hier durch verschiedene Gewürzmischungen veredelt werden.

½ TL	**gemahlener Kreuzkümmel**
½ TL	**gemahlener Koriander**
¼ TL	**Cayennepfeffer**
¼ TL	**frisch gemahlener schwarzer Pfeffer**
1 ½ TL	**extra natives Olivenöl**
300 g	**Kichererbsen (aus der Dose), abgespült und abgetropft**

1. Den Backofen auf 200 °C vorheizen. Ein antihaftbeschichtetes Backblech dünn mit Öl bepinseln oder Backspray verwenden und beiseitestellen.

2. In einer kleinen Schüssel die Gewürze mit dem Öl vermischen und die Kichererbsen darin wälzen.

3. Die Kichererbsen nebeneinander auf dem Backblech verteilen und ca. 30 Minuten im Ofen knusprig-goldbraun rösten.

ERGIBT 8 PORTIONEN · PRO PORTION **60** KALORIEN // **2 g** FETT // **2 g** KOHLENHYDRATE // **2 g** BALLASTSTOFFE // **3 g** PROTEINE

ES GEHT NOCH SCHÄRFER

1 **Chili-Kichererbsen**
Einfach den gemahlenen Koriander durch Chilipulver ersetzen.

2 **Kreolische Kichererbsen**
Kreuzkümmel, Koriander, Cayennepfeffer und schwarzen Pfeffer durch 1 Teelöffel Cajun-Sauce ersetzen.

WÜRZIGE BACKOFEN-FRITTEN

Pack die Fritteuse weg, denn diese gebackenen Fritten sind viel gesünder und schmecken himmlisch.

4	**große Grillkartoffeln (festkochende Sorte), jeweils längs in 12 Stäbchen geschnitten**
2	**Eiweiß, leicht verquirlt**
1 TL	**Chilipulver**
1 TL	**gemahlener Kreuzkümmel**
1 TL	**Paprikapulver**
1 TL	**getrockneter Oregano**
¼ TL	**getrockneter Thymian**
1 TL	**Salz**
⅛ TL	**Cayennepfeffer**

1. Den Backofen auf 230 °C vorheizen und ein Backblech dünn mit Öl bepinseln oder Backspray verwenden. Die Kartoffelstäbchen ins Eiweiß tauchen und in eine Schüssel geben. Die restlichen Zutaten vermischen und über die Kartoffeln streuen. Die Kartoffeln vorsichtig umrühren, bis sie von den Gewürzen überzogen sind.

2. Die Kartoffeln auf dem Backblech verteilen und 20 Minuten im Ofen backen. Anschließend wenden und weitere 15 Minuten backen, bis sie schön knusprig sind.

ERGIBT 4 PORTIONEN · PRO PORTION **180** KALORIEN // **0 g** FETT // **38 g** KOHLENHYDRATE // **3 g** BALLASTSTOFFE // **6 g** PROTEINE

GRÜNKOHL-CHIPS *mit* GERÄUCHERTEM PAPRIKA

Durch das Backen wird den Kohlblättern das Wasser entzogen und sie werden wunderbar knusprig. Daher ist dieser salzig-würzige Snack ein hervorragender Ersatz für fettige Kartoffelchips.

1	**großer Bund Grünkohl**
50 ml	**Olivenöl**
1 EL	**geräuchertes Paprikapulver**
½ TL	**Meersalz**

1. Den Backofen auf 200 °C vorheizen. Die Kohlblätter vom harten Strunk befreien, waschen, abtropfen lassen und in große Stücke reißen. In einer großen Schüssel die Kohlblätter im Öl und Paprikapulver wälzen.

2. Ein Backblech mit Backpapier auslegen, die Kohlblätter darauf verteilen und etwa 30 Minuten im Backofen backen, bis sie trocken und knusprig sind. Zwischendurch etwa alle 10 Minuten wenden, damit sie gleichmäßig geröstet werden. Mit Meersalz bestreuen und servieren.

ERGIBT 6 PORTIONEN · PRO PORTION **140** KALORIEN // **10 g** FETT // **5 g** KOHLENHYDRATE // **8 g** BALLASTSTOFFE // **8 g** PROTEINE

GESUNDE WEGZEHRUNG

Auf langen Wanderungen sollte man eine ausgewogene und energiereiche Verpflegung dabeihaben, die aber auch nicht zu gehaltvoll sein darf, um ein unangenehmes Völlegefühl zu verhindern. Vergiss die viel zu süßen Müsliriegel aus dem Supermarktregal und mixe dir nach dem folgenden Rezept deinen eigenen Proviant.

GIB DIE FOLGENDEN ZUTATEN IN EINEN PLASTIKBEUTEL UND SCHÜTTLE:

200 G POPCORN

Komplexe Kohlenhydrate liefern hochwertige Energie, Ballaststoffe machen satt.

65 G ROSINEN

Ihr Eisengehalt erleichtert den Sauerstofftransport.

3 EL MANDELSTIFTE

Einfach ungesättigte Fettsäuren liefern lang anhaltend Energie.

65 G GETROCKNETE CRANBERRIES

Sie sind reich an Antioxidantien und wirken antibakteriell.

3 EL ERDNÜSSE

Erdnüsse steuern Proteine, gesunde Fettsäuren und die Aminosäure L-Arginin zur Unterstützung des Blutflusses bei.

ZIMTPULVER NACH GESCHMACK

Zimt sorgt für ein würziges Aroma, entzieht dem Körper aber kein Wasser.

ERGIBT 4 PORTIONEN · PRO PORTION **420** KALORIEN // **14 g** FETT // **59 g** KOHLENHYDRATE // **9 g** BALLASTSTOFFE // **13 g** PROTEINE

5 x GEBALLTE PROTEINE FÜR SPORTLER

1

PUTENBRUST ODER TRUTHAHN-AUFSCHNITT ODER THUNFISCH AUS DER DOSE

(85 g)

14–22 g Proteine, 66–100 Kalorien

Pack dir eine der drei Alternativen zwischen 2 Scheiben Vollkornbrot. 4 Scheiben Putenbrust oder Truthahn enthalten 14 g Proteine, eine halbe Dose Thunfisch sogar 22 g.

2

EIER

(3)

19 g Proteine, 232 Kalorien

Hart gekochte Eier sind einfach praktisch. Fast genauso einfach ist es, morgens schnell ein Rührei zuzubereiten und es für unterwegs in einen mikrowellengeeigneten Behälter zu packen. Die Fette sind gesund und sättigend.

3

FETTARMER KAKAO

(450 ml)

17 g Proteine 333 Kalorien

Erfrischung und Energiezufuhr in einem. Einer Studie des *Journal of the American College of Nutrition* zufolge ist Kakao das ideale Getränk, um nach dem Workout den Muskelaufbau wieder anzukurbeln.

4

SHAKE AUS EIWEISS-PULVER

(30 g Molke- oder Eiweißpulver)

25 g Proteine 120 Kalorien

Wer den Proteingehalt erhöhen will, rührt das Pulver mit Milch statt mit Wasser an. Molkepulver enthält Isoleucin, das für eine schnelle Verwertung sorgt, sowie Kasein, das eine langsame Verdauung begünstigt. Mit anderen Worten: Es fördert Muskelwachstum an zwei Fronten.

5

FETTARMER GRIECHISCHER JOGHURT (0,2 % FETT i. TR.)

(170 g)

17 g Proteine 100 Kalorien

Joghurt ist ideal zum Mitnehmen und gleichzeitig ein super Eiweißlieferant, allerdings sollte man Joghurts mit Früchten und Zucker meiden und den Naturjoghurt lieber mit ein paar Beeren oder Nüssen bereichern.

ÜBERSPRINGE DIE WERBEBLOCKS

Dein DVD-Spieler kann dir beim Abnehmen helfen. Wissenschaftler der Yale University fanden heraus, dass Menschen, nachdem sie Werbespots für Snacks und Süßigkeiten gesehen hatten, mehr Chips und Kekse aßen, als Probanden, die andere Werbespots geschaut hatten.

ROSMARIN-NÜSSE *als* KNABBER-SPASS

Verdammt verführerisch, diese salzigen Nüsse zum Bier, nicht wahr? Am besten, du machst ein paar auf Vorrat für die nächste Männerrunde und reichst dazu – na was schon – ein kaltes Bier.

2	**Eiweiß**
3 ½ EL	**brauner Zucker**
¼ TL	**Salz**
⅛ TL	**Cayennepfeffer**
	Nadeln von einem großen Rosmarinzweig, klein gehackt
250 g	**gemischte Nüsse**

1. Den Backofen auf 150 °C vorheizen. In einer großen Schüssel die Eiweiße, den Zucker, Salz, Cayennepfeffer und Rosmarin zu einer dicklichen Paste vermischen. Die Nüsse dazugeben und untermischen, bis sie ganz von der Paste ummantelt sind.

2. Die Nüsse auf einem mit Backpapier ausgelegten Backblech verteilen und etwa 20 Minuten im Backofen rösten. Dabei alle 5 Minuten wenden. Anschließend auf einem großen Teller abkühlen lassen. Luftdicht verpackt halten sie sich bei Raumtemperatur bis zu einer Woche.

ERGIBT 8 PORTIONEN · PRO PORTION **240** KALORIEN // **20 g** FETT // **10 g** KOHLENHYDRATE // **2 g** BALLASTSTOFFE // **6 g** PROTEINE

MAXI-SALZ-STANGEN *mit* SCHOKO-LADEN-ÜBERZUG

Wer gerade den Heißhunger auf einen salzig-süßen Snack befriedigen muss, dem kommen diese superschnell zubereiteten Salzstangen genau recht.

2 EL	**zartbittere Schokodrops oder zerstoßene Schokolade**
2 EL	**Cashewnüsse, zerstoßen**
3	**Maxi-Salzstangen**

Die Schokodrops in eine flache Schale geben und in der Mikrowelle schmelzen. Die zerstoßenen Cashewnüsse auf einen weiteren tiefen Teller geben und ein Ende einer Maxi-Salzstange zunächst in der Schokolade und dann in den Nüssen wenden. Kurz abkühlen lassen, bis die Schokolade fest ist.

ERGIBT 1 PORTION · PRO PORTION **350** KALORIEN // **18 g** FETT // **38 g** KOHLENHYDRATE // **3 g** BALLASTSTOFFE // **10 g** PROTEINE

WÜRZIGES RINDERDÖRRFLEISCH

»Jerky« ist das amerikanische Wort für Trockenfleisch, und das ist ein praktischer Snack für unterwegs. Gekauft ist Jerky aber meist viel zu salzig und enthält vor allem zu viele Zusatzstoffe. Die gesunde Alternative ist ganz einfach selbst zu machen.

1,5 kg	**Roastbeef, Fettränder entfernt**
5 EL	**dunkelbrauner Zucker**
4	**Knoblauchzehen, fein gehackt**
2 EL	**Reisessig**
3 EL	**Austernsauce**
3 EL	**Sojasauce**
1 EL	**gemahlener Koriander**
1 ½ TL	**Currypulver**
	Saft von 1 Limette
	einige Korianderblätter, klein gehackt

1. Das Fleisch 3 Minuten ins Gefrierfach legen, damit es sich einfacher schneiden lässt.

2. Das Roastbeef mit einem langen scharfen Messer einmal längs und einmal quer halbieren und die Viertel längs in ganz dünne Streifen schneiden. Die Streifen mit einem Fleischklopfer behutsam bearbeiten, bis sie etwa 3 mm dünn sind.

3. Für die Marinade in einer mittelgroßen Schüssel den Zucker, den Knoblauch, Reisessig, Austernsauce, Sojasauce, Gewürze, Limettensaft und Koriander miteinander verrühren und die Fleischstreifen mit der Marinade in einen großen wiederverschließbaren Gefrierbeutel füllen und mindestens 4–12 Stunden im Kühlschrank ziehen lassen.

4. Den Backofen auf 95 °C vorheizen, die Fleischstreifen auf einem Backrost verteilen und etwa 45 Minuten im Ofen dörren, bis sie ganz trocken sind.

FÜR 8 PORTIONEN · PRO PORTION **310** KALORIEN // **9 g** FETT // **13 g** KOHLENHYDRATE // **0 g** BALLASTSTOFFE // **43 g** PROTEINE

MEISTERKLASSE

KÖRNER HERZLICH WILLKOMMEN!

Popcorn enthält einer Studie der University of Scranton zufolge 15 Mal so viel entzündungshemmende und krebsvorbeugende Polyphenole wie vollwertige Tortilla-Chips, denn der in ihnen noch enthaltene Kern des Maiskorns ist besonders nährstoffreich. Popcorn schmeckt aromatischer, wenn es auf dem Herd und nicht in der Mikrowelle gemacht wird. Außerdem platzen dann mehr Maiskörner auf.

1 BEREITE DEN TOPF VOR

In einem großen Kochtopf 2 EL Rapsöl auf mittlere Temperatur erhitzen und ein paar Maiskörner hineingeben. Sobald die Maiskörner aufplatzen, ist das Öl heiß genug. Den Topf vom Herd nehmen und 30 g Maiskörner und einen ½ TL Salz hineingeben. Den Topfdeckel aufsetzen und bis 20 zählen, damit Öl und Maiskörner die gleiche Temperatur bekommen, da die Maiskörner sonst leicht verbrennen.

2 LASSE ES POPPEN

Den Topf auf die Herdplatte zurückstellen und mit der einen Hand immer wieder leicht hin und her rütteln. Mit der anderen Hand den Deckel ein wenig lüften, aber wie ein Schutzschild über den Topf halten, damit der Dampf entweichen kann, ohne dass das Popcorn durch die Küche hüpft. Die Maiskörner etwa 3 Minuten lang erhitzen, zwischen dem Aufplatzen der letzten Körner vergehen mehrere Sekunden.

3 AROMATISIERE

In einer kleinen Schüssel 2 EL ungesalzene Butter zerlassen und nach Geschmack verschiedene Gewürze hinzufügen. Das Popcorn in eine große Schüssel geben, die Butter darübergießen, die Schüssel mit einem großen Teller abdecken und schütteln, bis das Popcorn von der Butter ummantelt ist. Sofort servieren.

ERGIBT 3 PORTIONEN · PRO PORTION **170** KALORIEN // **15 g** FETT // **6 g** KOHLENHYDRATE // **1 g** BALLASTSTOFFE // **1 g** PROTEINE

LECKER WÜRZE

SWEET BOMBAY

2 TL Madras-Currypulver
+
2 TL Zucker
+
60 g ungesüßte Kokosflocken

MARGARITA SPEZIAL

1 EL Tequila
+
2 TL klein gehackte, eingelegte Jalapeños
+
1 klein gehackte Knoblauchzehe
+
fein geriebene Schale und Saft von 1 Limette

CAESAR-SALAT-AROMA

60 g geriebener Parmesan
+
1 TL frische Thymianblätter
+
1 klein gehackte Knoblauchzehe
+
½ TL frisch gemahlener schwarzer Pfeffer

SNACK-ÜBERSICHT

Light-Snacks sind zwar total in und erleichtern eine gewisse Übersicht über die Kalorienzufuhr, aber beinah alle enthalten viel zu viele ungesunde Zusatzstoffe. Daher gilt auch hier das Motto: Selbst ist der Mann.

SCHLÜSSEL:

- ■ (rot) BALLASTSTOFFE
- ■ (blau) PROTEINE
- ■ (orange) GESUNDE FETTE

	FETTARMER MOZZARELLA (40 g)	GUACAMOLE (60 g)	SALSA (so viel du willst)
APFELSCHEIBEN (1 mittelgroßer Apfel)	Ballaststoffe, Proteine	Ballaststoffe, Gesunde Fette	–
BABY-MÖHREN (so viel du willst)	Ballaststoffe, Proteine	Ballaststoffe, Gesunde Fette	Ballaststoffe
VOLLKORN-CRACKER (5 Stück)	Ballaststoffe, Proteine	Ballaststoffe, Gesunde Fette	Ballaststoffe
BIRNENSCHEIBEN (1 mittelgroße Birne)	Ballaststoffe, Proteine	Ballaststoffe, Gesunde Fette	–
SALZSTANGEN (30 g)	Proteine	Gesunde Fette	Ballaststoffe
VOLLKORN-PITABROT (1 mittelgroßes Pita)	Ballaststoffe, Proteine	Ballaststoffe, Gesunde Fette	Ballaststoffe
SELLERIESTICKS (so viel du willst)	Ballaststoffe, Proteine	Ballaststoffe, Gesunde Fette	Ballaststoffe

Jede Komponente hat 100 Kalorien. Das ist ideal, denn zwei 200-Kalorien-Snacks richtig über den Tag verteilt sind genau das, was dein Körper braucht, um den Stoffwechsel zu maximieren und rund um die Uhr Kalorien zu verbrennen. Und nichts ist leichter, als sich die passenden Kombinationen nach eigenem Geschmack zusammenzustellen und dabei einige Grundpfeiler eines gesunden Imbiss zu beachten: Ballaststoffe, Eiweiß, gesunde Fettsäuren, Nährstoffe und Vitamine. Am besten ist natürlich die Kombination aller wichtigen Bestandteile. Sind die Kästchen nicht farbig hinterlegt, dann passen die Zutaten nicht gut zueinander.

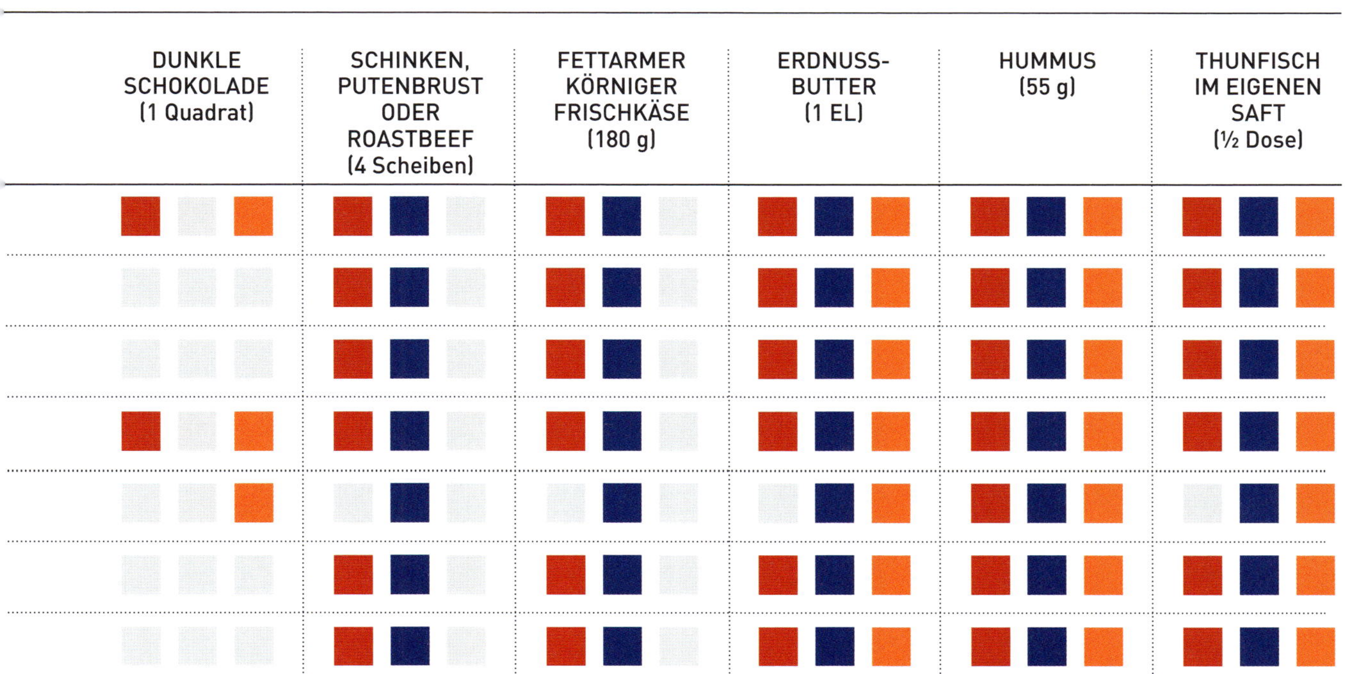

MEISTERKLASSE

Mixe dir die ultimativen Pickles

Vergiss die gummiartigen Gewürzgurken aus dem Supermarktregal. Lege sie lieber selbst ein, damit du immer einen köstlichen Snack parat hast. Wenn du Heißhunger auf etwas Salziges hast, dann greife als kalorienbewusstere Wahl beim nächsten Mal lieber ins Glas als in die Chipstüte.

SCHNELLE DILLGURKEN

Perfekt für Hamburger und Sandwiches

- **8** **kleine Einlegegurken**
- **360 ml** **Weißweinessig**
- **3** **Knoblauchzehen, abgezogen und zerdrückt**
- **1 EL** **Salz**
- **1 ½ EL** **Zucker**
- **1 ½ EL** **Gurken-Gewürzmischung**
- **15** **schwarze Pfefferkörner**
- **5** **Dillzweige**

Die Gurken schälen, längs vierteln und in ein nicht zu großes Einmachglas füllen. In einem mittelgroßen Topf den Essig, den Knoblauch, Salz, Zucker, Gewürzmischung und Pfefferkörner aufkochen. Die Gurken mit der heißen Salzlake übergießen und die Dillzweige untermischen. Das Glas fest verschießen, die Gurken auf Raumtemperatur abkühlen lassen und über Nacht in den Kühlschrank stellen, damit sich die Aromen gut entfalten. Diese selbst gemachten Gewürzgurken halten sich im Kühlschrank mindestens 2 Wochen.

FÜR 16 PORTIONEN · PRO PORTION **20** KALORIEN // **0 g** FETT // **4 g** KOHLENHYDRATE // **1 g** BALLASTSTOFFE // **1 g** PROTEINE

WILLST DU ABWECHSLUNG? LASS DEN DILL BEISEITE UND PROBIER MAL EINE DER FOLGENDEN GEWÜRZMISCHUNGEN.

MEXIKANISCHE PICKLES

Perfekt zu Tacos

- **2 TL** **gemahlener Kreuzkümmel**
- **2–3** **Jalapeños, in dünne Scheiben geschnitten**
- **1** **rote Zwiebel, in dünne Streifen geschnitten**
- **1** **TL Salz**

KOREANISCHE PICKLES

Perfekt zu asiatischem Barbecue oder asiatischen Nudelsalaten

- **2–4 TL** **Chiliflocken**
- **2** **Knoblauchzehen, fein gehackt (zusätzlich zum Knoblauch im Grundrezept)**
- **2** **Frühlingszwiebeln, in dünne Scheiben geschnitten**
- **2 TL** **Zucker**
- **1 EL** **gerösteter Sesam (vorm Servieren darüberstreuen)**

SMOOTHIE-VARIATIONEN

Nicht alle Snacks muss man kauen. Smoothies sind die perfekte Wahl, wenn du nach einer kleinen Zwischenmahlzeit suchst – vor allem, wenn sie mit sättigendem und proteinhaltigem Molkepulver zubereitet werden, das Muskeln wachsen lässt. Egal ob man sein Frühstück lieber trinkt oder eine geballte Ladung Eiweiß vor oder nach dem Sport braucht – hier findest du das richtige Smoothie-Rezept. Einfach die angegebenen Zutaten im Standmixer zu einem glatten Drink pürieren und genießen.

GRÜNES MONSTER

Die Kombination von Grünkohl und Obst ist eine absolute Nährstoff-Vitaminbombe und schmeckt auch noch fantastisch.

1 TL Molkeeiweißpulver
120 g Naturjoghurt
1/8 l fettarme Milch (1,5 % Fett i. Tr.) oder Mandelmilch
225 g Erdbeeren und Bananen
110 g klein gehackter Grünkohl (Strünke vorher entfernen)
4 Eiswürfel

FÜR 1 SMOOTHIE · PRO PORTION **276** KALORIEN // **9 g** FETT // **27 g** KOHLENHYDRATE // **9 g** BALLASTSTOFFE // **20 g** PROTEINE

SMOOTHIE-VARIATIONEN

Orangen-Smoothie

¼ l fettarme Milch (1,5 % Fett i. Tr.)

⅛ l Orangensaft

2 EL fettarmer Naturjoghurt

1 Banane

2 TL Molkeeiweißpulver

6 Eiswürfel

FÜR 2 SMOOTHIES · PRO PORTION **160** KALORIEN // **3 g** FETT // **21 g** KOHLENHYDRATE // **2 g** BALLASTSTOFFE // **10 g** PROTEINE

Müsli-Smoothie

60 g Haferflocken, in Wasser eingeweicht

60 ml fettarme Milch (1,5 % Fett i. Tr.)

1 EL Erdnussbutter

2 TL Molkeeiweißpulver

1 TL Honig

1 TL gemahlener Leinsamen

6 Eiswürfel

FÜR 1 SMOOTHIE · PRO PORTION **460** KALORIEN // **16 g** FETT // **54 g** KOHLENHYDRATE // **9 g** BALLASTSTOFFE // **24 g** PROTEINE

Bananen-Mandel-Smoothie

120 g fettarmer Naturjoghurt

1 Banane

1 EL Mandelbutter

180 ml Orangensaft

1 gute Prise Zimt

FÜR 1 SMOOTHIE · PRO PORTION **299** KALORIEN // **9 g** FETT // **41 g** KOHLENHYDRATE // **3 g** BALLASTSTOFFE // **10 g** PROTEINE

Blaubeer-Killer

40 g Vollkornflocken

¼ l fettarme Milch (1,5 % Fett i. Tr.)

70 g Blaubeeren

1 EL Honig

2 TL Molkeeiweißpulver

6 Eiswürfel

FÜR 2 SMOOTHIES · PRO PORTION **200** KALORIEN // **3 g** FETT // **32 g** KOHLENHYDRATE // **4 g** BALLASTSTOFFE // **11 g** PROTEINE

Himbeer-Bananen-Smoothie

¼ l fettarme Milch (1,5 % Fett i. Tr.)

1 Banane

70 g Himbeeren

120 g fettarmer Naturjoghurt

1 EL Erdnussbutter

FÜR 1 SMOOTHIE · PRO PORTION **365** KALORIEN // **13 g** FETT // **41 g** KOHLENHYDRATE // **6 g** BALLASTSTOFFE // **18 g** PROTEINE

Neapolitaner

180 ml fettarmer Kakao (1,5 % Fett i. Tr.)

120 g fettarmer Vanillejoghurt

120 g Erdbeeren, in Scheiben geschnitten

1 TL gemahlener Leinsamen

2 TL Vanille-Molkeeiweißpulver

3 Eiswürfel

FÜR 2 SMOOTHIES · PRO PORTION **150** KALORIEN // **4 g** FETT // **18 g** KOHLENHYDRATE // **2 g** BALLASTSTOFFE // **11 g** PROTEINE

Mandel-Muntermacher

1/8 l fettarme Milch (1,5 % Fett i. Tr.)

120 g fettarmer Vanillejoghurt

50 g gestiftelte Mandeln

1 TL Honig

1 TL gemahlener Leinsamen

2 TL Schoko-Molkeeiweißpulver

6 Eiswürfel

FÜR 2 SMOOTHIES · PRO PORTION **260** KALORIEN // **16 g** FETT // **13 g** KOHLENHYDRATE // **3 g** BALLASTSTOFFE // **15 g** PROTEINE

Erdnussbutter-Haferflocken-Smoothie

¼ l fettarme Milch (1,5 % Fett i. Tr.)

2 EL fettarmer Vanillejoghurt

60 g Haferflocken, in Wasser eingeweicht

2 TL Erdnussbutter

2 TL Schoko-Molkeeiweißpulver

6 Eiswürfel

FÜR 2 SMOOTHIES · PRO PORTION **260** KALORIEN // **9 g** FETT // **27 g** KOHLENHYDRATE // **3 g** BALLASTSTOFFE // **16 g** PROTEINE

Erdbeer-Smoothie

¼ l fettarme Milch (1,5 % Fett i. Tr.)

120 g fettarmer Vanillejoghurt

2 TL Erdnussbutter

140 g ungesüßte Erdbeeren, tiefgefroren

2 TL Molkeeiweißpulver

6 Eiswürfel

FÜR 2 SMOOTHIES · PRO PORTION **190** KALORIEN // **8 g** FETT // **15 g** KOHLENHYDRATE // **2 g** BALLASTSTOFFE // **13 g** PROTEINE

Erdnussbutter-Erdbeer-Mix

180 ml fettarme Milch (1,5 % Fett i. Tr.)

180 g fettarmer Vanillejoghurt

2 TL Erdnussbutter

1 Banane

140 g ungesüßte Erdbeeren, tiefgefroren

2 TL Molkeeiweißpulver

4 Eiswürfel

FÜR 2 SMOOTHIES · PRO PORTION **225** KALORIEN // **8 g** FETT // **23 g** KOHLENHYDRATE // **6 g** BALLASTSTOFFE // **14 g** PROTEINE

ERNÄHRUNG

»UNGESUNDE« SACHEN, DIE DEINEM KÖRPER DENNOCH GUTTUN

Wusstest du, dass es mehr als 15 verschiedene Typen gesättigter Fettsäuren gibt? Und obwohl Ernährungsexperten sie alle jahrelang als ungesund verdammt haben, schützen einige sogar vor koronaren Herzerkrankungen. Das sind doch gute Neuigkeiten, oder? Meist schmecken fettreiche Gerichte ja am besten.

Doch einen schlechten Ruf wird man so schnell nicht wieder los. Gesättigte Fettsäuren mögen vielleicht das augenfälligste Beispiel dafür sein, wie manchmal gesunde Bestandteile als generell ungesund abgestempelt werden, aber es gibt noch andere. Wir haben recherchiert und herausgefunden, welche fälschlich verurteilten Lebensmittel unschuldig sind. Hier sind sechs weitere Beispiele für Nahrungsmittel und Getränke, die sofort von der Liste ungesunder Genussmittel gestrichen werden sollten.

SCHWEINEKRUSTEN

NEGATIVES IMAGE:
Schweinekrusten werden aus Schweineschwarte gemacht und dann frittiert.

WARUM SIE TROTZDEM NICHT UNGESUND SIND:
30 g knusprige Schweinekrusten enthalten 0 g Kohlenhydrate, 17 g Proteine und 9 g Fett. Mit anderen Worten 9 Mal so viel Proteine und weniger Fett als die zusätzlich noch sehr kohlenhydrathaltigen Kartoffelchips. Und es kommt noch besser: Beim Fettgehalt der Schweinekrusten handelt es sich zu 43 % um ungesättigte Fette, nämlich vor allem um die auch im Olivenöl enthaltene Ölsäure. Weitere 13 % des Fetts bestehen aus der gesättigten Fettsäure Stearin, die als harmlos gilt, weil sie den Cholesterinwert nicht erhöht.

ISS DIES:
Probier doch mal fettarme Schweinekrusten (es gibt sie auch geröstet und nicht frittiert). Sie enthalten meist nur die Hälfte der üblichen Fettmenge.

ALKOHOL

NEGATIVES IMAGE:
Alkohol enthält praktisch keine gesunden Nährstoffe und wir assoziieren damit den »Bierbauch«.

WARUM ER TROTZDEM IN MASSEN NICHT UNGESUND IST:
In einer Harvard-Studie an mehr als 18 000 Männern fanden Wissenschaftler heraus, dass Menschen, die 5–7 Mal pro Woche durchschnittlich zwei Drinks pro Tag zu sich nahmen, am seltensten einen Herzinfarkt erlitten. Und Wissenschaftler der Buffalo University fanden heraus, das Menschen, die täglich die gleiche Menge Alkohol zu sich nahmen, weniger Bauchfett ansetzten als Menschen, die nur ein- bis zweimal alle 14 Tage Alkohol tranken, dafür aber jedes Mal mehr als 4 Drinks.

TRINK DIES:
Pinot Noir. Dieser Rotwein enthält mehr Antioxidantien als jedes andere alkoholische Getränk. Und Antioxidantien stärken unser Abwehrsystem und können daher Krankheiten vermindern.

BEEF JERKY/ TROCKENFLEISCH

NEGATIVES IMAGE:
Der beliebte Trockenfleisch-Snack ist ungesund, weil er viele Binde- und Konservierungsstoffe enthält.

WARUM ES TROTZDEM NICHT UNGESUND IST:
Beef Jerky enthält jede Menge Proteine und verhindert das Ansteigen des Insulinspiegels. (Insulin ist ein Hormon, das u. a. für die Fettspeicherung verantwortlich ist.) Das Trockenfleisch ist daher der ideale Snack für Zwischendurch, wenn man sein Gewicht reduzieren möchte. Da manche Trockenfleischprodukte jedoch einen hohen Natriumgehalt haben, sollte man – vor allem, wenn man unter Bluthochdruck leidet – die Zutatenliste studieren und Produkte wählen, die frei von chemischen Zusätzen sind und einen geringen Natriumgehalt haben.

ISS DIES:
Entscheide dich für Bioprodukte, die keine Konservierungsstoffe enthalten und deren Rindfleisch von Rindern aus Weidehaltung stammt. Das Fleisch dieser Tiere enthält ähnlich viele gesunde Omega-3-Fettsäuren wie Fisch.

SOUR CREAM

NEGATIVES IMAGE:
Sour Cream, auch Schmand oder saure Sahne genannt, ist aufgrund ihres hohen Fettgehalts sehr kalorienreich und das Fett besteht zum größten Teil aus gesättigten Fettsäuren.

WARUM SIE TROTZDEM NICHT UNGESUND IST:
Der Fettgehalt an sich ist zwar hoch, nicht jedoch in der üblichen Verzehrmenge, denn meist isst man davon nur 2 Esslöffel und die wiederum enthalten nur 52 Kalorien. Im Gegensatz dazu stecken in 1 Esslöffel Mayonnaise genau doppelt so viele Kalorien. Außerdem enthalten 2 Esslöffel Sour Cream weniger gesättigte Fettsäuren als ein Glas fettarme Milch.

ISS DIES:
Iss ruhig Sour Cream mit normalem Fettgehalt, es sei denn dir schmecken die fettarmen Produkte tatsächlich besser. Sour Cream mit vollem Fettgehalt schmeckt aromatischer und sorgt für ein länger anhaltendes Sättigungsgefühl.

KOKOSNUSS

NEGATIVES IMAGE:
Kokosnuss enthält deutlich mehr gesättigte Fettsäuren als Butter. Daher warnen Experten davor, dass Kokosnussfett die Arterien verstopft.

WARUM SIE TROTZDEM NICHT UNGESUND IST:
Auch wenn Kokosnuss reich an gesättigten Fettsäuren ist, mindert sie Experten zufolge das Risiko von Herzerkrankungen. Der Grund: In mehr als 50 % ihrer gesättigten Fettsäuren ist Laurinsäure enthalten. Dies führt dazu, dass die Fettsäuren vom Körper sofort und ohne Umwege in Energie umgewandelt werden können. Wissenschaftlich bestätigt ist außerdem die antimikrobielle Wirkung der Laurinsäure, weswegen Kokosöl auch als ein natürliches Antibiotikum bezeichnet wird.

ISS DIES:
Ungesüßte Kokosnussraspel. Ein wunderbarer Snack für zwischendurch, den man direkt aus der Packung essen kann (in Maßen, denn sie enthalten viele Kalorien). Kokosnussraspel sind sättigend, ohne den Blutzuckerspiegel in die Höhe zu treiben.

SCHOKOLADE

NEGATIVES IMAGE:
Schokolade besteht vor allem aus Zucker und Fett.

WARUM SIE TROTZDEM NICHT UNGESUND IST:
Kakao ist reich an Flavanoiden – sekundäre Pflanzenstoffe, die Herz-Kreislauf-Erkrankungen vorbeugen (und die auch in Rotwein und grünem Tee vorkommen). Vor allem dunkle Schokolade ist reich an diesen Antioxidantien. Griechische Wissenschaftler haben nachgewiesen, dass 100 mg Flavonoide eine gefäßerweiternde Wirkung haben und den Blutfluss zum Herz begünstigen. Und das Fett? Das besteht hauptsächlich aus Stearin- und Ölsäure.

ISS DIES:
Greife künftig zur dunklen Schokolade mit einem Kakaoanteil von 85 %. Das Aroma dieser dunklen Schokolade ist so intensiv, dass man nicht gleich die ganze Tafel verschlingt, sondern sie in kleinen Stücken genießt.

5

ISS, UM ZU LEBEN. LEBE, UM ZU ESSEN.

SCHNELLE FEIERABEND-MAHLZEITEN

*Müde und hungrig nach der Arbeit?
Hier gibt's proteinreiche, gesunde Alternativen
zu Fast Food und Fertiggerichten.*

5 REGELN FÜR SCHNELLES KOCHEN

Bist auch du der Ansicht, dass man nur am Wochenende richtig kochen kann, weil man nur dann die nötige Zeit und Energie hat, sich an den Herd zu stellen? Veto: Mit der richtigen Strategie lässt sich die eigene Küche in ein Schnellrestaurant verwandeln.

REGEL NR.

1

KAUFE GLEICH FÜR DIE GANZE WOCHE EIN

AM BESTEN, DU PLANST im Voraus, was du während der Arbeitswoche essen willst, und schreibst eine große Einkaufsliste. Gehe am besten samstagmorgens zeitig einkaufen, um nicht dann einkaufen zu müssen, wenn die anderen nach der Arbeit in den Supermarkt einfallen.

REGEL NR. 2

LIES GRÜNDLICH

DAS KLINGT BANAL, aber kaum jemand liest sich vor dem Kochen die Rezepte wirklich gründlich durch. Also, bevor du die Zutaten überhaupt zur Hand nimmst, lies das Rezept Schritt für Schritt durch und mach dir im Geiste einen Plan. Das schützt dich vor unangenehmen Überraschungen und Kochpleiten.

REGEL NR. 3

LEGE ALLES BEREIT, WAS DU BENÖTIGST

SUCHE DIR VOR DEM KOCHEN sämtliche Zutaten und Kochutensilien zusammen. In der Küchensprache heißt das »mise en place«, aber bedeutet nichts anderes als sich zu organisieren, bevor man mit dem Kochen loslegt. Auf diese Weise läufst du nicht hektisch auf der Suche nach einer Zutat in der Küche herum, während du eigentlich dein Essen im Blick haben solltest.

REGEL NR. 4

SCHÄRFE DIE MESSER

EIN STUMPFES MESSER erschwert das Schneiden, Hacken und Würfeln völlig unnötig und ist zudem gefährlich. Lerne, deine eigenen Messer zu schärfen (siehe dazu Seite 16), und lege ein feuchtes Geschirrtuch oder einen feuchten Lappen unter das Schneidebrett, damit es nicht hin und her rutscht.

REGEL NR. 5

HEIZE VOR

WENN EIN REZEPT einen großen Topf Wasser oder eine heiße Pfanne erfordert, dann heize diese schon vor, bevor du mit der Zubereitung beginnst. Wasser kocht schneller, wenn man warmes Wasser verwendet und einen Deckel benutzt. Beim Braten zunächst die Pfanne vorwärmen und dann das Fett hineingeben.

Die Rezepte →

CHILI-MANGO-HUHN

Dieses besondere Gericht findest du in keinem China-Restaurant. Die frische Mango mildert in diesem ungewöhnlichen asiatisch inspirierten Gericht die Schärfe der Chilisauce. Am besten passt Vollkornreis dazu.

1 EL	**Maisstärke**
1 EL	**salzarme Sojasauce**
1 ½ TL	**Sesamöl**
450 g	**entbeinte Hühnerschenkel, in 1,5 cm große Stücke geschnitten**
1 ½ TL	**Erdnuss- oder Rapsöl**
1	**rote Zwiebel, klein gehackt**
1 EL	**frischer Ingwer, gerieben oder fein gehackt**
230 g	**Zuckerschoten, geputzt**
1	**Mango, gewürfelt (siehe unten)**
1 EL	**scharfe Chilisauce**
	frisch gemahlener schwarzer Pfeffer

1. In einer großen Schüssel die Maisstärke, die Sojasauce und das Sesamöl miteinander vermischen und das Hühnerfleisch darin 10 Minuten marinieren.

2. Das Erdnuss- oder Rapsöl in einem Wok oder in einer großen Pfanne stark erhitzen. Die Zwiebel und den Ingwer hineingeben und unter ständigem Rühren 1–2 Minuten andünsten, bis die Zwiebel glasig ist. Die Zuckerschoten dazugeben und unter ständigem Rühren 1 Minute mitdünsten. Das Fleisch mit der Marinade dazugeben und etwa weitere 2 Minuten rühren, bis das Fleisch Farbe bekommt.

3. Die Mango, Chilisauce und schwarzen Pfeffer nach Geschmack dazugeben und etwa 1 Minute miterhitzen, bis das Fleisch gar und die Mango ganz weich ist.

ERGIBT 4 PORTIONEN · PRO PORTION **330** KALORIEN // **17 g** FETT // **24 g** KOHLENHYDRATE // **5 g** BALLASTSTOFFE // **24 g** PROTEINE

MANGOS RICHTIG SCHNEIDEN

SCHRITT 1:
Die Mango auf die Spitze stellen. Das Messer etwa 1 cm neben der Mitte ansetzen und die Mango längs durchschneiden, um die Seitenhälten abzuschneiden und den Kern dabei auszusparen. Danach die Reste vom Kern schneiden.

SCHRITT 2:
Mit einem Gemüsemesser oder der Spitze des Kochmessers das Fruchtfleisch kreuzweise einschneiden, ohne dabei die Schale zu beschädigen.

SCHRITT 3:
Die Schale umstülpen, sodass das Fruchtfleisch in Würfeln hervorragt. Zum Schluss die Würfel von der Schale schneiden.

BUNTE WOKPFANNE

Dieses Rezept basiert auf frischem Gemüse, magerem, proteinreichen Fleisch und einem superheißen Wok. Es empfiehlt sich, das Gemüse und Fleisch während des Bratens mit einem Edelstahlpfannenwender ständig zu wenden, damit alles gleichmäßig gart.

1 EL	**Sesamöl**
1	**Knoblauchzehe, klein gehackt**
1 EL	**frischer Ingwer, klein gehackt**
110 g	**Hähnchenbrustfilet oder Schweinefilet, in dünne Streifen geschnitten, oder geschälte Garnelen (Darm entfernt)**
220 g	**frisches Gemüse, in mundgerechte Stücke geschnitten (zum Beispiel grüner Spargel, Pilze, Paprika, Brokkoli, Zwiebeln)**
1 EL	**salzarme Sojasauce**
1 EL	**Reisweinessig**
1 EL	**brauner Zucker**

1. Einen Wok (oder alternativ eine große Edelstahlbratpfanne) sehr stark erhitzen und so viel Öl hineingeben, dass der Boden bedeckt ist.

2. Wenn das Öl heiß ist, den Knoblauch und Ingwer hineingeben und kurz anbraten, bis sie etwas Farbe bekommen. Fleisch oder Garnelen und Gemüse zugeben und unter ständigem Rühren etwa 8 Minuten braten, bis das Fleisch gar ist und das Gemüse langsam weich wird.

3. In einer kleinen Schüssel die Sojasauce, den Essig und Zucker verrühren und diese Mischung mit in den Wok geben. Alles weitere 2 Minuten unter ständigem Rühren braten, bis die Sauce etwas eingedickt ist. Als Variation andere Saucen verwenden, zum Beispiel eine scharfe Chilisauce oder eine Schwarze-Bohnen-Sauce.

ERGIBT 1 PORTION · PRO PORTION **330** KALORIEN // **12 g** FETT // **24 g** KOHLENHYDRATE // **4 g** BALLASTSTOFFE // **31 g** PROTEINE

SÜSSSAURES SCHWEINEFLEISCH

Das wohl beliebteste Gericht auf der Speisekarte chinesischer Restaurants lässt sich zu Hause schmackhafter und kalorienbewusster zubereiten, indem man auf eine dicke Panade und das Frittieren verzichtet und stattdessen das Fleisch lediglich in etwas Maisstärke wälzt.

450 g	**mageres Schweinefleisch, in 1,5 cm große Würfel geschnitten**
2 EL	**Maisstärke**
2 EL	**salzarme Sojasauce**
50 g	**Ketchup**
3 EL	**Apfelessig**
3 EL	**Zucker**
225 g	**Ananasstücke (aus der Dose), abtropfen lassen + Saft auffangen**
5 TL	**Sonnenblumenöl**
4 TL	**Ingwer, frisch gerieben**
1	**Knoblauchzehe, fein gehackt**
1	**kleine rote Paprika, klein gehackt**
1	**kleine grüne Paprika, klein gehackt**
1	**mittelgroße Zwiebel, klein gehackt**
400 g	**gegarter Vollkornreis**

1. Das Schweinefleisch, 1 EL Maisstärke und 1 EL Sojasauce in einer großen Schüssel gründlich vermischen.

2. In einer weiteren Schüssel das Ketchup, den Essig, Zucker, Ananassaft,1 EL Maisstärke und 1 EL Sojasauce miteinander verrühren.

3. In einer großen, antihaftbeschichteten Pfanne das Öl auf mittlere Temperatur erhitzen und das Schweinefleisch darin 3–4 Minuten von allen Seiten anbraten, bis es nicht mehr rosa ist. Den Ingwer und den Knoblauch hinzufügen und etwa 30 Sekunden mitbraten, bis sie aromatisch duften. Die Paprika, die Zwiebel und Ananasstücke 4–5 Minuten unterrühren, bis das Gemüse zwar weicher ist, aber noch genügend Biss hat. Den Ketchup-Mix untermischen.

4. Alles aufkochen und etwa 1 Minute einkochen lassen. Dazu dampfend heißen Reis reichen.

ERGIBT 4 PORTIONEN · PRO PORTION **530** KALORIEN // **10 g** FETT // **76 g** KOHLENHYDRATE // **4 g** BALLASTSTOFFE // **31 g** PROTEINE

LACHS-TERIYAKI *mit* GRÜNEM SPARGEL

Mit dieser Fischpfanne wird die Fischzubereitung leicht gemacht, denn der Fisch wird einfach und schnell angebraten. In der Kombination mit dem zarten grünen Spargel ist es die perfekte Art, reichlich Omega-3-Fettsäuren zu genießen.

2 EL	**salzarme Sojasauce**
2 EL	**Mirin (süßer Reiswein)**
1 EL	**Honig**
1 EL	**Chilisauce**
1 TL	**Maisstärke**
1 TL	**Sesamöl**
1 EL	**frischer Ingwer, klein gehackt**
2	**Knoblauchzehen, fein gehackt**
1 EL	**Pflanzenöl (am besten Erdnussöl)**
450 g	**Wildlachsfilet ohne Haut, in 2,5 cm große Würfel geschnitten**
1	**Bund grüner Spargel, die Stangen jeweils in 3 Stücke geschnitten**
1 EL	**Sesam zum Garnieren**

1. In einer kleinen Schüssel Sojasauce, Mirin, Honig, Chilisauce, Maisstärke, Sesamöl, Ingwer und Knoblauch miteinander verrühren und dann beiseitestellen.

2. Einen Wok oder eine mittelgroße Bratpfanne auf mittlere Temperatur erhitzen. Das Pflanzenöl hineingeben und die Pfanne schwenken, damit Boden und Rand vom Öl überzogen werden. Die Lachswürfel hineingeben und etwa 2 Minuten braten, bis sie hellrosa werden. Zwischendurch wenden. Die fertig angebratenen Lachswürfel auf einem Teller beiseitestellen.

3. Den Spargel etwa 2 Minuten anbraten, bis er ein bisschen weicher wird, dann den Lachs wieder dazugeben und die Sauce unterrühren. Alles zusammen unter ständigem Rühren 1 Minute erhitzen. Sollte die Sauce zu zähflüssig werden, einfach 1–2 EL Wasser untermischen. Mit Sesam bestreut servieren. Als Beilage Vollkornreis reichen.

ERGIBT 4 PORTIONEN · PRO PORTION (OHNE REIS) **310** KALORIEN // **18 g** FETT // **11 g** KOHLENHYDRATE // **2 g** BALLASTSTOFFE // **26 g** PROTEINE

Extra

GENERAL TSOS BROKKOLIHÄHNCHEN

Auch wenn im Teigmantel frittiertes Hähnchenfleisch mit sirupartiger süßsaurer Sauce eines der beliebtesten Gerichte in den Chinarestaurants ist, bedauert man die Bestellung meist. Deshalb hier eine gesündere Variante, die um ein Vielfaches schmackhafter ist.

450 g	**Hähnchenbrustfilet, in 2,5 cm große Würfel geschnitten**
3 EL	**Maisstärke**
2 TL	**Pflanzenöl (am besten Erdnussöl)**
2	**Knoblauchzehen, klein gehackt**
1 EL	**klein gehackter frischer Ingwer**
6 EL	**salzarme Hühnerbrühe**
1 EL	**salzarme Sojasauce**
1 EL	**Hoisin-Sauce**
1 EL	**Reisweinessig**
1 EL	**Honig**
1 EL	**scharfe Chilisauce**
720 g	**gedämpfte Brokkoliröschen**

1. Den Backofen auf 190 °C vorheizen und ein Backblech mit Alufolie auslegen. Auf dem Backblech die Hähnchenfleischwürfel in 2 EL Maisstärke wälzen, gut verteilen und etwa 12 Minuten im Ofen backen, bis das Fleisch gar ist.

2. In der Zwischenzeit das Öl, den Knoblauch und den Ingwer in eine mittelgroße Kasserolle geben und unter ständigem Rühren 2 Minuten auf mittlerer Temperatur erhitzen. Die Brühe, die Sojasauce, Hoisin-Sauce, Essig, Honig und Chilisauce hinzugeben und 3 Minuten köcheln. Die restliche Maisstärke mit 2 EL Wasser verrühren, dazugießen und etwa 30 Sekunden untermischen, bis die Sauce eingedickt ist.

3. Die Hähnchenfleischwürfel in die Sauce geben und gründlich untermischen. Mit dem gedämpften Brokkoli anrichten. Als Beilage Vollwertreis reichen.

ERGIBT 4 PORTIONEN · PRO PORTION (OHNE REIS) **230** KALORIEN // **4 g** FETT // **17 g** KOHLENHYDRATE // **4 g** BALLASTSTOFFE // **32 g** PROTEINE

KNOW-HOW

7 SCHNELLE TIPPS, UM MEHR GEMÜSE ZU ESSEN

Natürliche Geschmacksverstärker strategisch einsetzen

Vergiss geschmacklosen, labbrigen Brokkoli oder traurigen, trockenen Rosenkohl. Hier findest du 7 hilfreiche Tipps, um verschiedene Gemüsesorten so peppig zuzubereiten, dass sie sich mit dem Fleisch, zu dem sie serviert werden, mit Leichtigkeit messen können.

1

ROSENKOHL

GESCHMACKSVERSTÄRKER:
Speck

ZUBEREITUNG:
Rosenkohl putzen, halbieren und in kochendem, gesalzenem Wasser garen. Dabei darauf achten, dass er knackig bleibt. Anschließend abtropfen lassen. Speckwürfel in einer Pfanne anbraten, den Rosenkohl dazugeben und so lange mitbraten, bis er etwas Farbe angenommen hat. Mit Pfeffer und nach Geschmack mit frischem Thymian würzen.

2

BROKKOLI

GESCHMACKSVERSTÄRKER:
braune Butter und Zitronensaft

ZUBEREITUNG:
Brokkoliröschen in kochendem, gesalzenem Wasser nur so kurz blanchieren, dass sie schön knackig bleiben. Die Butter in einer großen Pfanne zerlassen und die Pfanne schwenken, bis die Butter braun wird. Den Brokkoli hineingeben und braten, bis er etwas Farbe bekommt. Eine Zitrone darüber ausdrücken und mit gerösteten Nüssen servieren. Nach Belieben salzen.

3

SPINAT

GESCHMACKSVERSTÄRKER:
Muskatnuss

ZUBEREITUNG:
¼ TL geriebene Muskatnuss, 3 zerdrückte Knoblauchzehen und etwas Salz und Pfeffer unter 200 g Sahne rühren. Die Sahne auf niedriger Temperatur köcheln lassen, bis sie um die Hälfte eingekocht ist. 600 g tiefgefrorenen Spinat (vorher auftauen lassen und ausdrücken) so lange unterrühren, bis der Spinat durch und durch erhitzt ist.

4

MÖHREN

GESCHMACKSVERSTÄRKER:
Kreuzkümmel

ZUBEREITUNG:
80 g Möhrenscheiben, 1 Knoblauchzehe und ½ TL Kreuzkümmel in je 100 ml Wasser und Orangensaft so lange garen, bis die Flüssigkeit etwas eingekocht ist und die Möhren davon ummantelt werden. Vor dem Servieren 1 EL Butter untermischen.

5

BLUMENKOHL

GESCHMACKSVERSTÄRKER:
Currypulver

ZUBEREITUNG:
1 Blumenkohl in Röschen teilen und diese mit etwas Öl und 1 EL Currypulver vermischen. Anschließend im 220 °C heißen Backofen rösten, bis sie braun und weich sind.

6

GRÜNE BOHNEN

GESCHMACKSVERSTÄRKER:
Zwiebeln, Tomaten, Knoblauch

ZUBEREITUNG:
1 Zwiebel, 4 Tomaten und 2 Knoblauchzehen klein hacken und in Olivenöl weich dünsten. 900 g grüne Bohnen dazugeben und köcheln lassen, bis sie weich sind.

7

ERBSEN

GESCHMACKSVERSTÄRKER:
roher Schinken und Minze

ZUBEREITUNG:
300 g tiefgefrorene oder frische Erbsen in Olivenöl dünsten, bis sie anfangen, weich zu werden. Frisch gehackte Minzeblätter und dünne Schinkenstreifen untermischen.

ASIATISCHE GEMÜSEBRÜHE *mit* WAN TAN

Auch beim Kochen darf man manchmal eine Abkürzung wählen. Wer abends nach der Arbeit beginnt, Wan Tans selbst zuzubereiten, wird vermutlich erst in den frühen Morgenstunden zum Essen kommen. Daher ist es völlig legitim, für diese aromatische Gemüsebrühe tiefgefrorene Teigtaschen von guter Qualität im asiatischen Supermarkt zu erstehen, um in wenigen Minuten ein sättigendes Essen auf den Tisch stellen zu können. Wer keinen Sake zur Hand hat, kocht die Wan Tans einfach nach Packungsanweisung, bevor er sie in die Brühe gibt.

70 ml	**Sake**
20	**tiefgefrorene Wan Tans (die Lieblingsgeschmacksrichtung wählen)**
1,2 l	**salzarme Gemüsebrühe**
1	**Bund Pak Choi, harte Strunke entfernt und in feine Streifen geschnitten**
1	**Möhre, in feine Streifen geschnitten**
1 TL	**Sesamöl**
½	**Bund Koriander, klein gehackt**

1. Den Sake in einem mittelgroßen Topf bis zum Siedepunkt erhitzen, einen Dampfeinsatz hineinhängen, die tiefgefrorenen Teigtaschen hineingeben und den Topf abdecken. Die Klöße etwa 10 Minuten im Dampf garen, bis sie weich sind.

2. Die Brühe in einem großen Topf aufkochen. Das in Streifen geschnittene Gemüse in die Brühe geben und so lange garen, bis es anfängt, weich zu werden.

3. Die gedämpften Wan Tans zum Gemüse geben und 1 Minute in der Brühe ziehen lassen. Die Suppe mit etwas Sesamöl beträufelt und mit Koriander bestreut servieren.

ERGIBT 4 PORTIONEN · PRO PORTION **220** KALORIEN // **9 g** FETT // **19 g** KOHLENHYDRATE // **3 g** BALLASTSTOFFE // **16 g** PROTEINE

THAILÄNDISCHE SALAT-WRAPS *mit* RINDFLEISCH

Diese Wraps sind die asiatische Antwort auf Tacos. Wer das Rezept verdoppelt, kann damit Freunde oder die Familie bewirten. Am besten stellt man dann die einzelnen Zutaten für die Füllung in die Tischmitte, damit sich jeder seinen eigenen Wrap wickeln kann.

350 g	**Rumpsteak**
	Salz und frisch gemahlener schwarzer Pfeffer
2 EL	**Fischsauce**
	Saft von 1 Limette + 1 weitere Limette zum Anrichten
1 EL	**scharfe Chilisauce**
1	**Jalapeño, in feine Streifen geschnitten**
½	**rote Zwiebel, in hauchdünne Scheiben geschnitten**
½	**Bund Koriander, Blättchen abgezupft**
1	**Möhre, gerieben**
1	**Kopfsalat, geputzt, Blätter abgelöst**

1. Den Grill oder eine Grillpfanne mindestens 5 Minuten stark vorheizen. Den Fettrand der Rumpsteaks mehrmals einschneiden. Das Fleisch mit Salz und Pfeffer würzen und etwa 4 Minuten von jeder Seite grillen, bis es fest ist, aber bei Berührung nachgibt. Das Fleisch 5 Minuten ruhen lassen.

2. In einem kleinen Topf die Fischsauce, den Limettensaft und die Chilisauce miteinander verrühren und leicht erwärmen.

3. Das Fleisch quer zur Faserrichtung in dünne Streifen schneiden und die Hälfte der warmen Sauce darüberträufeln. Die Jalapeñostreifen, die Zwiebelscheiben, Koriander, Möhre, Fleisch und Salatblätter in kleine Schalen füllen. Die Salatblätter wie Tortillas verwenden und die restlichen Zutaten als Wrap darin einzuwickeln. Mit Limettenschnitzen anrichten.

ERGIBT 2 PORTIONEN · PRO PORTION **290** KALORIEN // **8 g** FETT // **14 g** KOHLENHYDRATE // **4 g** BALLASTSTOFFE // **40 g** PROTEINE

ZITRUSFRÜCHTE RICHTIG AUSPRESSEN

Kalte Zitronen geben weniger Saft. Daher die Zitronen, Limetten und Orangen entweder bei Raumtemperatur lagern oder vor dem Auspressen etwa 15 Sekunden in der Mikrowelle erhitzen. Die Zitrusfrüchte mit einem Messer in der Mitte durchschneiden und eine Gabel ins Fruchtfleisch stecken. Die Gabel beim Ausquetschen hin und her drehen, um aus den Zitrusfruchthälften auch den letzten Tropfen rausholen zu können.

MEISTERKLASSE

Schnelle Wochenend-suppen

Einen Topf Suppe zu kochen bedeutet noch lange nicht, dass man dafür stundenlang am Herd stehen muss, denn viele Suppen lassen sich in wenigen Minuten zubereiten. Wer eine der folgenden Suppen mit einem Steak, etwas Brathühnchen oder gebratenen Garnelen probiert, wird verstehen, was wir damit meinen.

SÄMIGE MAIS-KARTOFFEL-SUPPE

In einem großen Topf 1 EL Öl auf mittlere Temperatur erhitzen und 1 klein gewürfelte Zwiebel, 1 gewürfelte grüne Paprika und 2 klein gehackte Knoblauchzehen hineingeben und 4 Minuten dünsten. 225 g tiefgefrorene Maiskörner, 450 g klein gewürfelte Kartoffeln (eine mehligkochende Sorte) dazugeben und andünsten. 1 l salzarme Gemüsebrühe, 2 Lorbeerblätter, 1 EL klein gehackten Rosmarin, 1 TL Chiliflocken, ¼ l fettarme Milch sowie Salz und Pfeffer nach Geschmack dazugeben. Alles aufkochen und dann bei reduzierter Temperatur zugedeckt etwa 15 Minuten köcheln lassen, bis die Kartoffeln weich sind. Die Lorbeerblätter entfernen. Die Suppe mit einem Stabmixer im Topf pürieren oder die Hälfte der Suppe mit einer Kelle in einen Standmixer füllen, pürieren und wieder zurück in den Topf geben.

ERGIBT 4 PORTIONEN ·
PRO PORTION **170** KALORIEN // **4 g** FETT // **25 g** KOHLENHYDRATE // **3 g** BALLASTSTOFFE // **6 g** PROTEINE

CREMIGE SPINAT-PILZ-SUPPE

In einem großen Topf 1 EL Öl auf mittlere Temperatur erhitzen und darin 3 Scheiben Frühstücksspeck knusprig anbraten. Den Speck auf Küchenkrepp abtropfen lassen und so viel Fett aus dem Topf entfernen, dass 1 EL übrig bleibt. Den Topf zurück auf den Herd stellen und darin 220 g in Scheiben geschnittene Pilze 5 Minuten braten. 2 geputzte und in dünne Scheiben geschnittene Lauchstangen dazugeben und 4 Minuten mitgaren. 1/8 l trockenen Weißwein untermischen und so lange köcheln, bis der Wein um die Hälfte reduziert ist. 1 große geschälte und gewürfelte mehligkochende Kartoffel und 1 ¼ l Wasser dazugeben, aufkochen und etwa 15 Minuten leicht köcheln lassen. 300 g tiefgefrorene Erbsen und 220 g Babyspinatblätter hinzugeben und alles noch einmal 3 Minuten köcheln lassen. Die Suppe im Standmixer pürieren, zurück in den Topf geben und erneut köcheln lassen. Eventuell etwas Wasser dazugeben, falls die Suppe zu dick wird. Den Topf vom Herd nehmen und 2 EL Zitronensaft unterrühren. Nach Geschmack würzen und die Suppe mit einer Kelle auf die Suppenschalen verteilen. Mit etwas fettarmem griechischem Joghurt und dem zerbröselten Speck garnieren.

ERGIBT 6 PORTIONEN ·
PRO PORTION **170** KALORIEN // **8 g** FETT // **13 g** KOHLENHYDRATE // **5 g** BALLASTSTOFFE // **8 g** PROTEINE

ERBSENSUPPE MIT BUTTERMILCH

In einem großen Topf 1 EL Pflanzenöl auf mittlere Temperatur erhitzen und darin 1 in dünne Scheiben geschnittene Stange Lauch oder 1 Zwiebel sowie 2 klein gehackte Knoblauchzehen 4 Minuten dünsten. 1 l salzarme Hühnerbrühe dazugießen und 450 g tiefgefrorene Erbsen, 1 TL gemahlenen Kreuzkümmel, 2 TL getrockneten Thymian, ¼ Bund frische Minzeblätter sowie Salz und Pfeffer nach Geschmack untermischen. Die Suppe 15 Minuten köcheln lassen, anschließend mit einem Stabmixer im Topf pürieren oder die Hälfte der Suppe mit einer Kelle in einen Standmixer füllen, pürieren und wieder zurück in den Topf geben. Zum Schluss 150 ml Buttermilch untermischen und erhitzen, aber nicht mehr kochen, sonst kann die Buttermilch ausflocken.

ERGIBT 4 PORTIONEN ·
PRO PORTION **150** KALORIEN // **6 g** FETT // **18 g** KOHLENHYDRATE // **7 g** BALLASTSTOFFE // **11 g** PROTEINE

SPINATSALAT *mit* MAIS, SHIITAKE-PILZEN *und* SPECK

Häufig wird Spinatsalat in einem kalorienreichen Sahnedressing ertränkt, was natürlich all die positiven Eigenschaften des Spinats zunichtemacht. Probier daher mal diese gesündere Version dieses beliebten Rezepts, die aber mindestens genauso lecker schmeckt.

1 EL	**extra natives Olivenöl**
1	**Scheibe Frühstücksspeck, in 1 cm große Stücke geschnitten**
110 g	**Shiitake-Pilze, Stiele entfernt und Kappen in 1 cm breite Streifen geschnitten**
100 g	**Maiskörner (tiefgefroren oder frisch)**
1–2 EL	**Sherryessig**
	Salz und frisch gemahlener schwarzer Pfeffer
3	**Handvoll Babyspinatblätter**

1. Das Öl in einer mittelgroßen Bratpfanne auf mittlere Temperatur erhitzen und den Speck darin 2–3 Minuten kross braten. Mit einem Schaumlöffel den Speck herausheben und auf Küchenkrepp abtropfen lassen.

2. Die Pilze in die Pfanne geben und 2–3 Minuten anschwitzen. Den Mais dazugeben und 2–3 Minuten garen, bis er leuchtend gelb ist. 1 EL Essig unterrühren. Mit Salz und Pfeffer abschmecken und nach Geschmack noch etwas Essig dazugeben.

3. Den Spinat in eine Salatschüssel geben, das warme Mais-Pilz-Gemüse dazugeben und vermischen. Mit dem gebratenen Speck garnieren und servieren.

ERGIBT 1 PORTION · PRO PORTION **320** KALORIEN // **21 g** FETT // **28 g** KOHLENHYDRATE // **6 g** BALLASTSTOFFE // **7 g** PROTEINE

WÜRZIGER BROKKOLI *mit* SALAMI *und* SPIEGELEIERN

Die Kombination klingt vielleicht merkwürdig, ist aber definitiv einen Versuch wert! Chiliflocken geben dem gebratenen Brokkoli eine gewisse Schärfe, und auch die Salami trägt zur Würze des Gerichts bei und liefert Proteine. Und das Spiegelei? Am besten reißt man das Eigelb auf, damit es ganz köstlich über die anderen Zutaten laufen kann.

180 g	**Brokkoliröschen**
	Salz
2 EL	**Olivenöl**
2	**Knoblauchzehen, in dünne Scheiben geschnitten**
¼ TL	**Chiliflocken**
30 g	**Salami, in dünne Streifen geschnitten**
	Salz und frisch gemahlener schwarzer Pfeffer
2	**Eier**

1. Den Brokkoli in kochendem Salzwasser 3–4 Minuten blanchieren, bis er ein wenig weich wird. Mit kaltem Wasser abschrecken, abtropfen lassen und beiseitestellen.

2. 1 EL Olivenöl in einer gusseisernen Pfanne auf mittlere Temperatur erhitzen und den Knoblauch und die Chiliflocken unter ständigem Rühren 1 Minute anbraten. Die Salami und den Brokkoli hinzufügen und so lange braten, bis die Salami braun wird. Mit Salz und schwarzem Pfeffer würzen und warm halten.

3. In einer zweiten Pfanne das restliche Öl erhitzen und Spiegeleier braten. Brokkoli und Salami auf einem Teller anrichten und mit den Spiegeleiern garnieren.

ERGIBT 1 PORTION · PRO PORTION **480** KALORIEN // **40 g** FETT // **6 g** KOHLENHYDRATE // **5 g** BALLASTSTOFFE // **24 g** PROTEINE

ITALIENISCHER MEERESFRÜCHTE-EINTOPF

Dieser wunderbare Meeresfrüchte-Eintopf könnte nicht einfacher zuzubereiten sein und bringt an kalten Winterabenden ein bisschen Sommerfeeling zurück.

1 EL	Olivenöl
1	Fenchelknolle, gewürfelt (Grün aufbewahren)
1	mittelgroße Zwiebel, gewürfelt
4	Knoblauchzehen, grob gehackt
½ TL	Fenchelsamen
½ TL	Chiliflocken
800 g	ganze, geschälte Tomaten (aus der Dose)
350 ml	Muschelsaft oder Fischfond
¼ l	Hühnerbrühe
350 ml	Rotwein (Pinot Noir)
2	Lorbeerblätter
½ TL	getrockneter Thymian
	Salz und frisch gemahlener schwarzer Pfeffer nach Geschmack
450 g	fester, weißer Fisch, zum Beispiel Heilbutt oder Kabeljau, in mundgerechte Stücke geschnitten
230 g	mittelgroße Garnelen, geschält und entdarmt
12–16	Miesmuscheln, gesäubert

1. Das Öl in einem großen Kochtopf auf mittlere Temperatur erhitzen. Den Fenchel, die Zwiebel, Knoblauch, Fenchelsamen und Chiliflocken hineingeben und etwa 5 Minuten braten, bis das Gemüse weich wird.

2. Die Tomaten leicht zwischen den Fingern ausdrücken und den Saft aus der Dose weggießen. Die Tomaten mit dem Muschelsaft oder Fischfond, Hühnerbrühe, Wein, Lorbeerblättern und Thymian in den Topf geben und alles bis zum Siedepunkt erhitzen. 5 Minuten köcheln lassen und mit Salz und Pfeffer abschmecken.

3. Den Fisch, die Garnelen und die Muscheln in den Topf geben und etwa 5 Minuten erhitzen, bis der Fisch fest ist, die Garnelen rosa sind und die Muscheln sich geöffnet haben. Mit dem Fenchelgrün bestreuen und servieren.

ERGIBT 4 PORTIONEN · PRO PORTION **350** KALORIEN // **7 g** FETT // **12 g** KOHLENHYDRATE // **3 g** BALLASTSTOFFE // **46 g** PROTEINE

TACOS *mit* HÄHNCHENFLEISCH *und* SCHWARZEN BOHNEN

Ein superschnelles Gericht aus Brathähnchenresten in einer Adobo-Sauce aus eingekochten Tomaten. Mit ein paar schwarzen Bohnen, Jalapeños und etwas Sour Cream ein perfektes Mahl für alle Fans der mexikanischen Küche. *Excelente!*

1	**Bund Koriander, Blätter und Stängel getrennt**
400 g	**passierte Tomaten ohne Salz (aus der Dose)**
1	**Jalapeño, halbiert und entkernt**
½	**gegartes Brathähnchen, Haut und Knochen entfernt, das Fleisch klein gehackt**
	Salz und frisch gemahlener schwarzer Pfeffer
400 g	**salzarme schwarze Bohnen (aus der Dose), abgespült und abgetropft**
4	**Maismehl-Tortillas**
50 g	**Sour Cream**

1. In einem Standmixer oder einer Küchenmaschine Korianderstängel, Tomaten und Jalapeño pürieren. Die Mischung anschließend in einem mittelgroßen Kochtopf auf mittlerer Temperatur langsam aufkochen und dann unter gelegentlichem Rühren 8–10 Minuten um die Hälfte einkochen lassen.

2. Die Sauce vom Herd nehmen und das Hähnchenfleisch unterrühren. Mit Salz und Pfeffer abschmecken. Die Bohnen in einer kleinen Pfanne auf mittlere Temperatur erhitzen. Dabei umrühren und mit der Unterseite eines großen Löffels zerdrücken. 3–4 Minuten einkochen lassen und dann mit Salz und Pfeffer abschmecken.

3. Die Tortillas in einer trockenen Pfanne rösten, bis sie warm und biegsam sind. Die Tacos mit der Hähnchen-Tomaten-Sauce, den Bohnen, etwas Sour Cream und Korianderblättern füllen.

ERGIBT 2 PORTIONEN · PRO PORTION **780** KALORIEN // **27 g** FETT // **70 g** KOHLENHYDRATE // **16 g** BALLASTSTOFFE // **63 g** PROTEINE

GARNELEN *mit* GERÄUCHERTEN JALAPEÑOS *und* KORIANDER

Geräucherte Jalapeños, auch Chipotles genannt, verleihen diesem superschnellen mexikanischen Meeresfrüchtegericht eine angenehme Schärfe. Das Gericht entweder mit Vollkornreis servieren oder als Taco-Füllung verwenden und aufgewärmte Maismehl-Tortillas damit füllen.

3	**geräucherte Jalapeños (Chipotles) in Tomatensauce (aus der Dose)**
400 g	**geschälte Tomaten (aus der Dose), abgetropft und gewürfelt**
2 EL	**extra natives Olivenöl**
3	**Knoblauchzehen, fein gehackt**
	Salz
450 g	**mittelgroße Garnelen, geschält und entdarmt**
¼	**Bund Koriander**

1. In einem Standmixer oder einer Küchenmaschine die Jalapeños mit ihrer Sauce und die Tomaten glatt pürieren.

2. In einer großen Pfanne das Öl auf mittlere Temperatur erhitzen und den Knoblauch darin etwa 1 Minute anbraten, bis er braun wird und aromatisch duftet. Die Tomatenmischung dazugießen und etwa 5 Minuten unter häufigem Rühren in der Pfanne köcheln, um die Aromen zu vermischen.

3. So viel Wasser dazugießen (etwa 350 ml), bis die Mischung die Konsistenz einer leichten Tomatensauce bekommt. Abschmecken und reichlich Salz (etwa 1 TL) dazugeben. Die Garnelen unterrühren und etwa 4 Minuten garen, bis sie milchig aussehen.

4. Ist die Sauce zu dick, einfach noch etwas Wasser dazugeben. Die Garnelen mit frischem Koriander bestreut servieren.

ERGIBT 4 PORTIONEN · PRO PORTION **170** KALORIEN // **7 g** FETT // **4 g** KOHLENHYDRATE // **1 g** BALLASTSTOFFE // **22 g** PROTEINE

SCHARFWÜRZIGE BAGUETTE-BRÖTCHEN *mit* WÜRSTCHEN

Würstchen im Brötchen können wie Kalorienbomben einschlagen. Ganz anders, wenn man magere Würstchen wählt und den üblichen Käse durch gebratene Paprika, Zwiebeln und etwas Rucola für pfeffrige Schärfe ersetzt.

1 EL	**extra natives Olivenöl**
4	**magere geräucherte Putenwürstchen (450 g)**
1	**rote Paprika, in dünne Scheiben geschnitten**
½	**Zwiebel, in dünne Scheiben geschnitten**
4	**Vollkornbaguettebrötchen**
½	**Handvoll Rucola**
	scharfe Sauce nach Geschmack

1. In einer schweren, großen Bratpfanne das Öl auf mittlere Temperatur erhitzen, dann die Würstchen hineingeben und die Pfanne abdecken. Die Würstchen ab und zu wenden und 10–12 Minuten braten, bis sie gar und hübsch braun sind.

2. Die Würstchen aus der Pfanne heben und beiseitestellen. Stattdessen die Paprika und die Zwiebeln hineingeben und unter gelegentlichem Rühren etwa 8 Minuten weich dünsten. Die Würstchen wieder in die Pfanne geben, um sie 1–2 Minuten zu erwärmen.

3. Währenddessen die Brötchen aufschneiden und toasten. Zum Servieren jedes Brötchen mit einer Wurst, der Paprika-Zwiebel-Mischung und Rucolablättern belegen. Nach Geschmack mit scharfer Sauce würzen.

ERGIBT 4 PORTIONEN · PRO PORTION **330** KALORIEN // **7 g** FETT // **34 g** KOHLENHYDRATE // **6 g** BALLASTSTOFFE // **32 g** PROTEINE

Red

CACCIATORE *mit* HUHN

Dieses typisch italienische Gericht schmeckt noch aromatischer, wenn man helleres und dunkleres Hühnerfleisch mischt. Nach dem ersten Bissen wirst du dieses Rezept sicherlich in dein festes Repertoire aufnehmen.

2 EL	**Olivenöl**
8	**Hühnerschenkel mit Haut (oder -flügel mit Haut oder eine Kombination von beidem)**
	Salz und frisch gemahlener Pfeffer
1	**rote Paprika, in dünne Scheiben geschnitten**
1	**mittelgroße Zwiebel, in dünne Scheiben geschnitten**
4	**Knoblauchzehen, klein gehackt**
1 TL	**Chiliflocken**
10–12	**grüne oder schwarze Oliven, entsteint und grob gehackt**
100 ml	**trockener Rotwein**
350 ml	**Hühnerbrühe**
450 g	**Roma-Tomaten (Pflaumentomaten), grob gehackt**
2 EL	**frisch gehackte glatte Petersilie**

1. Das Olivenöl in einer großen Bratpfanne stark erhitzen. Das Hühnerfleisch mit Salz und Pfeffer würzen und die Stücke mit der Hautseite nach unten in die Pfanne geben. Die Hühnerbeine etwa 8–10 Minuten von allen Seiten knusprig braun braten und dabei gelegentlich wenden. Anschließend aus der Pfanne nehmen und beiseitestellen.

2. Die Temperatur reduzieren und die Paprika, die Zwiebel, Knoblauch, Chiliflocken und Oliven etwa 10 Minuten garen, bis das Gemüse weich wird. Den Wein dazugießen, gelegentlich umrühren und 5 Minuten köcheln, bis der Wein fast verdunstet ist.

3. Die Hühnerbrühe, Tomaten und die Hühnerteile mit der Hautseite nach oben dazugeben und alles etwa 20 Minuten bei mittlerer Temperatur köcheln, bis das Fleisch fast vom Knochen fällt und die Sauce um die Hälfte reduziert ist. Mit Salz und Pfeffer abschmecken und mit Petersilie bestreuen.

ERGIBT 4 PORTIONEN · PRO PORTION **560** KALORIEN // **34 g** FETT // **6 g** KOHLENHYDRATE // **3 g** BALLASTSTOFFE // **53 g** PROTEINE

OLIVEN SCHNELL ENTSTEINEN

Man braucht kein spezielles Utensil, um Oliven zu entsteinen, sondern lediglich ein Schneidbrett. Die flache Seite des Kochmessers auf die Oliven legen und fest herunterdrücken, damit die Olive aufplatzt und der Stein freigelegt wird, den man dann einfach entfernen kann. Um noch mehr Zeit zu sparen, einfach die entsteinten Oliven auf einen Haufen schieben, um sie mit einem großen Kochmesser durch Hin- und Herwiegen gleichmäßig zu zerkleinern.

KREOLISCHE GARNELEN

Dieses würzige Garnelengericht ist typisch für die Küche Louisianas. Neben dem intensiven Knoblauchgeschmack darf hier die klassische kreolische Kombination von gebratenen Zwiebeln, Sellerie und grüner Paprika nicht fehlen. Wenn gerade keine frischen Tomaten zur Hand sind, kann man alternativ auch Dosentomaten verwenden.

4 EL	**Olivenöl**
1,2 kg	**Riesengarnelen, geschält und entdarmt**
	Salz und frisch gemahlener Pfeffer nach Geschmack
1 ½	**mittelgroße Zwiebeln, gewürfelt**
½	**grüne Paprika, gewürfelt**
½	**Stange Staudensellerie, gewürfelt**
5	**Knoblauchzehen, in dünne Scheiben geschnitten**
1,2 kg	**Tomaten, klein gehackt**
1	**Lorbeerblatt**
1 ½ TL	**Chiliflocken**
⅛ TL	**gemahlener Piment**
	Zucker

1. 2 EL Öl in einer großen, tiefen Pfanne auf mittlere Temperatur erhitzen. Die Garnelen hineingeben, mit Salz würzen und etwa 2 Minuten braten, bis sie milchig aussehen. Die Garnelen aus der Pfanne nehmen und beiseitestellen.

2. In der selben Pfanne die restlichen 2 EL Öl auf mittlere Temperatur erhitzen und die Zwiebeln, die Paprika, Sellerie und Knoblauch unter ständigem Rühren etwa 2 Minuten garen, bis das Gemüse weich wird.

3. Die Tomaten, das Lorbeerblatt, Chiliflocken und Piment untermischen, die Hitze etwas reduzieren und 10 Minuten sanft köcheln lassen.

4. Die Garnelen zurück in die Pfanne geben und 1–2 Minuten mitgaren. Mit Salz, Pfeffer und etwas Zucker (falls die Sauce zu scharf ist) abschmecken. Das Lorbeerblatt entfernen und den Garneleneintopf mit gegartem Reis servieren.

ERGIBT 6 PORTIONEN · PRO PORTION **290** KALORIEN // **10 g** FETT // **9 g** KOHLENHYDRATE // **3 g** BALLASTSTOFFE // **40 g** PROTEINE

LACHS *mit* HONIG-SENF-KRUSTE *und* GERÖSTETEM GRÜNEN SPARGEL

Im Gegensatz zu weißem Fisch lässt sich Lachs gut mit kräftigen Aromen wie zum Beispiel mit Senf kombinieren. Die Zubereitung – den Fisch erst scharf anbraten und dann im Backofen garen – ist auch ideal für andere Fischarten.

450 g	**grüner Spargel**
2 EL	**Olivenöl**
30 g	**frisch geriebener Parmesan**
	Salz und frisch gemahlener schwarzer Pfeffer
1 EL	**Butter**
1 EL	**brauner Zucker**
2 EL	**Dijonsenf**
1 EL	**salzarme Sojasauce**
1 EL	**Honig**
4	**Lachsfilets mit Haut (je 170 g)**

1. Den Backofen auf 200 °C vorheizen.

2. Die geputzten Spargelstangen in 1 EL Öl, Parmesan, Salz und Pfeffer wälzen, auf einem Backblech verteilen und im Backofen 10–12 Minuten außen kross und innen weich garen.

3. In der Zwischenzeit die Butter und den Zucker in einer kleinen Schale mischen und für etwa 30 Sekunden in die Mikrowelle stellen, bis beides geschmolzen ist. Anschließend den Senf, die Sojasauce und den Honig untermischen.

4. Das restliche Öl in einer backofengeeigneten Pfanne erhitzen. Die Lachsfilets mit Salz und Pfeffer würzen, dann mit der Hautseite nach unten in die Pfanne geben und 3–4 Minuten braten, bis sie auf dieser Seite goldbraun sind. Die Filets wenden und mit der Hälfte der Honig-Senf-Sauce bestreichen. Den Spargel aus dem Backofen nehmen, die Pfanne in den Ofen schieben und den Fisch etwa 5 Minuten im Ofen garen, bis er fest wird und leicht zerfällt. Das Eiweiß sollte allerdings noch nicht auf der Oberseite ausflocken. Den Lachs aus dem Backofen nehmen, mit der restlichen Honig-Senf-Sauce bepinseln und mit dem Spargel servieren.

ERGIBT 4 PORTIONEN · PRO PORTION **450** KALORIEN // **29 g** FETT // **10 g** KOHLENHYDRATE // **3 g** BALLASTSTOFFE // **38 g** PROTEINE

GESCHWÄRZTER TILAPIA *mit einer* KNOBLAUCH-LIMETTEN-BUTTER

Mit den richtigen Aromen lässt sich auch aus einem recht gewöhnlichen Fisch ein Gericht auf Restaurant-Niveau zaubern. Die Cajun-Gewürzmischung schwärzt den Fisch nicht nur, sondern verleiht ihm eine angenehme Schärfe, während der Limettensaft für ein frisches Aroma sorgt.

1	**Limette**
2 EL	**Butter, auf Raumtemperatur erwärmt**
2 EL	**frischer Koriander, klein gehackt**
2	**Knoblauchzehen, fein gehackt**
1 EL	**Rapsöl**
4	**Tilapia- oder Seewolf-Filets**
1 EL	**Cajun-Gewürzmischung**

1. 1 EL fein abgeriebene Limettenschale in eine kleine Schüssel geben. Die Limette halbieren, beide Hälften ausdrücken und den Saft dazugießen. Die Butter, den Koriander und den Knoblauch hinzufügen und gut unterrühren.

2. Das Öl in einer großen gusseisernen Pfanne sehr stark erhitzen. Den Fisch komplett mit der Cajun-Gewürzmischung einreiben. Sobald das Öl in der Pfanne leicht zu rauchen beginnt, den Fisch hineingeben und 3–4 Minuten braten, bis sich die Gewürzmischung in eine dunkle Kruste verwandelt. Den Fisch wenden und weitere 1–2 Minuten braten, bis das Fischfleisch auf Fingerdruck nachgibt.

3. Den Fisch auf 4 Teller verteilen und schnell mit etwas Knoblauch-Limetten-Butter beträufeln.

ERGIBT 4 PORTIONEN · PRO PORTION **240** KALORIEN // **13 g** FETT // **0 g** KOHLENHYDRATE // **0 g** BALLASTSTOFFE // **29 g** PROTEINE

MEISTERKLASSE

Pasta, Basta!

Wenn sich der kleine Hunger meldet, kommt ein Nudelgericht gerade recht, denn Nudeln sind gut für die Seele, füllen den Magen und sind vor allem schnell zubereitet. Außerdem kann man sie hervorragend mit Gemüse kombinieren, vor allem, wenn man den Schwerpunkt auf die Sauce und nicht auf die Nudeln legt. Und egal ob die Sauce aus Gemüse, Käse, Meeresfrüchten oder Fleisch besteht, ist sie doch sowieso der beste Teil der Mahlzeit. Die folgenden Rezepte sind ein erster Schritt, den Fokus von den Nudeln auf die Sauce zu lenken.

EINFACH ÜBERBACKENE ZITI

Tipp: Dieser Nudelauflauf kann auch am Vortag zubereitet und dann im Kühlschrank aufbewahrt werden, was die ursprüngliche Backzeit auf 35 Minuten erhöht.

Den Backofen auf 180 °C vorheizen und eine Auflaufform mit einem Fassungsvermögen von 3 Litern einfetten. 250 g Ziti (Risoni, Reisnudeln) nach Packungsanleitung in sprudelnd kochendem Wasser zubereiten. Parallel von 250 g fettarmer (italienischer) Putenbratwurst das Brät aus der Pelle drücken. Die Wurst dann in einer antihaftbeschichteten Pfanne in 1 EL heißem Öl 5–7 Minuten braten, bis sie nicht mehr rosa ist und beim Umrühren in Stücke zerfällt. Die Nudeln abtropfen lassen und in eine große Schüssel geben. Die Wurst, 1 Glas (750 g) Tomatensauce und 240 g Mozzarella dazugeben, alles mischen und in die vorbereitete Auflaufform füllen. Die Form mit Alufolie abdecken und 30 Minuten im Ofen backen. Danach die Alufolie entfernen, 120 g Mozzarella auf den Nudeln verteilen, das Ganze mit 1 EL geriebenem Parmesan bestreuen und weitere 6–8 Minuten im Ofen backen, bis der Käse geschmolzen ist. Mit 2 EL klein gehackter Petersilie bestreut servieren.

ERGIBT 4 PORTIONEN ·
PRO PORTION **680** KALORIEN // **30 g** FETT // **66 g** KOHLENHYDRATE // **4 g** BALLASTSTOFFE // **35 g** PROTEINE

VOLLKORN-SPAGHETTI *mit* PAPRIKASAUCE

500 g Vollkornspaghetti nach Packungsanleitung in sprudelnd kochendem Wasser zubereiten. In einem großen Topf 1 EL Öl auf mittlere Temperatur erhitzen und 1 klein gehackte Zwiebel darin unter ständigem Rühren 4 Minuten anschwitzen. 2 fein gehackte Knoblauchzehen hinzufügen und 1 Minute unterrühren. Die Zwiebeln, den Knoblauch, 450 g geschälte, zerdrückte Tomaten (aus der Dose), 350 g in Öl eingelegte gegrillte rote Paprika (aus dem Glas), abgespült und abgetropft, 2 EL Sherry- oder Rotweinessig und 40 g frisch geriebenen Parmesan im Standmixer zu einer glatten Sauce pürieren. Die Sauce zurück in den Topf geben, aufkochen und mit Salz und Pfeffer abschmecken. Den Topf vom Herd ziehen und abdecken. Die Nudeln abtropfen lassen und mit etwas Sauce vermischen, bis sie davon ganz ummantelt sind. 30 g geröstete Mandelblättchen und 20 g frisch geriebenen Parmesan darüberstreuen und mit 1 EL Olivenöl beträufeln. Beim Servieren die restliche Sauce dazu reichen.

ERGIBT 6 PORTIONEN ·
PRO PORTION **390** KALORIEN // **11 g** FETT // **55 g** KOHLENHYDRATE // **13 g** BALLASTSTOFFE // **17 g** PROTEINE

SPAGHETTI *mit* RÜBSTIEL *und* WEISSEN BOHNEN

250 g Vollkornspaghetti nach Packungsanleitung in sprudelnd kochendem Wasser zubereiten. 1 Bund (500 g) Rübstiel putzen, die harten Enden entfernen und grob hacken. In einer großen antihaftbeschichteten Pfanne 1 EL extra natives Olivenöl auf mittlere Temperatur erhitzen und 1 klein gehackte Zwiebel, 4 fein gehackte Knoblauchzehen, ½ TL grobes Meersalz und ¼ TL Chiliflocken unter ständigem Rühren 2 Minuten anschwitzen, bis die Zwiebeln weich werden. Den Rübstiel und 350 ml Gemüsebrühe hinzufügen und untermischen. Die Pfanne abdecken und das Gemüse 6–10 Minuten sanft köcheln lassen. Gelegentlich umrühren, bis der Rübstiel seine Farbe verändert und dunkler wird. 400 g Cannellini-Bohnen (1 Dose), abgetropft und abgespült, und 2 TL Aceto Balsamico dazugeben und kurz erhitzen. Die Spaghetti abgießen, abtropfen lassen und zurück in den Topf geben. Das Gemüse mit den Nudeln mischen. 2 EL frisch geriebenen Pecorino untermischen und beim Servieren über jede Portion einen weiteren EL Käse streuen.

ERGIBT 4 PORTIONEN ·
PRO PORTION **390** KALORIEN // **10 g** FETT // **50 g** KOHLENHYDRATE // **12 g** BALLASTSTOFFE // **22 g** PROTEINE

MEISTERKLASSE
Pasta

LINGUINE *mit* VENUSMUSCHELN *und* KIRSCHTOMATEN

Salziger Schellfisch und schnell geröstete Tomaten harmonieren in diesem Rezept fantastisch miteinander.

Den Backofen auf 200 °C vorheizen. Auf einem Backblech eine Schale Kirschtomaten mit 1 EL Olivenöl vermischen und mit etwas Salz bestreuen. Die Tomaten etwa 20 Minuten im Backofen rösten, bis sie leicht schrumpelig werden. In der Zwischenzeit 2 EL Olivenöl in einer großen Bratpfanne erhitzen und darin 2 EL fein gehackten Knoblauch etwa 1 Minute anbraten. Eine gute Prise Chiliflocken und 12 abgebürstete Venusmuscheln dazugeben und die Temperatur etwas reduzieren. Die Muscheln etwa 5 Minuten garen und die Pfanne dabei gelegentlich etwas hin und her schwenken, bis sich die Muscheln geöffnet haben. 230 g gegarte Linguine, die gerösteten Tomaten und reichlich klein gehackte glatte Petersilie untermischen.

ERGIBT 2 PORTIONEN · PRO PORTION **660** KALORIEN // **18 g** FETT // **95 g** KOHLENHYDRATE // **10 g** BALLASTSTOFFE // **28 g** PROTEINE

MEISTERKLASSE
Pasta

ÜBERBACKENE ZITI *mit* HUHN

Ein klassisches Pastarezept, das jedoch dank des gegrillten Hühnchens nicht zu schwer daherkommt.

Für die Tomatensauce 1 TL Olivenöl in einem großen Topf auf mittlere Temperatur erhitzen. 1 klein gehackte Zwiebel und 50 g klein gehackte getrocknete Tomaten darin 5 Minuten anschwitzen. 2 Knoblauchzehen in dünne Stifte schneiden und 2 Minuten mitdünsten. 400 g geschälte Tomaten (aus der Dose) klein hacken und mit ihrem Saft zusammen mit 400 g passierten Tomaten (aus der Dose), 60 ml Wermut oder alkoholfreiem Weißwein, 1 EL klein gehacktem Basilikum, 2 TL klein gehacktem Rosmarin, 2 TL klein gehacktem Salbei und ¼ TL frisch gemahlenem Pfeffer untermischen und 25 Minuten sanft köcheln. 250 g Ziti (Risoni/Reisnudeln) in sprudelnd kochendem Wasser nach Packungsanleitung zubereiten. Abtropfen lassen und in eine Schüssel geben. Den Ofengrill vorheizen. Ein Backblech mit Öl bepinseln und 250 g Hähnchenbrustfilet darauflegen. Das Fleisch 10 cm unter dem Grill einschieben und 4–5 Minuten von jeder Seite grillen, bis es in der Mitte nicht mehr rosa ist, wenn man es mit einem scharfen Messer einschneidet. Das Fleisch aus dem Ofen nehmen und in 5 cm lange Streifen schneiden und mit der Tomatensauce unter die Nudeln mischen. Den Backofen auf 180 °C vorheizen. Eine große Auflaufform einfetten und die Hälfte der Nudelmischung hineingeben. 200 g Mozzarella klein hacken. Die Hälfte darauf verteilen und mit der restlichen Nudelmischung bedecken. Den restlichen Mozzarella, 1 EL frisch geriebenen Parmesan und 1 EL klein gehackte Basilikumblätter darauf verteilen. Den Auflauf mit Alufolie abgedeckt 15 Minuten im Ofen backen. Danach die Alufolie entfernen und den Auflauf weitere 10 Minuten im Ofen überbacken, bis der Käse geschmolzen und leicht gebräunt ist.

ERGIBT 4 PORTIONEN · PRO PORTION **560** KALORIEN // **14 g** FETT // **72 g** KOHLENHYDRATE // **6 g** BALLASTSTOFFE // **32 g** PROTEINE

FARFALLE *mit* SPINAT, TOMATEN UND OLIVEN

Mit seinen mediterranen Aromen verbreitet dieses Rezept richtige Urlaubsstimmung. Wer die Veggie-Variante anreichern möchte, kann gegrillte Garnelen oder gegrillte Putenbruststreifen untermischen.

350 g Farfalle in sprudelnd kochendem Wasser nach Packungsanleitung zubereiten. In der Zwischenzeit 2 EL Olivenöl in einer großen antihaftbeschichteten Pfanne auf mittlere Temperatur erhitzen. 2 fein gehackte Knoblauchzehen dazugeben und 2 Minuten dünsten, bis der Knoblauch aromatisch duftet, aber noch nicht bräunt. 600 g klein gehackte Tomaten dazugeben und 4 Minuten mitgaren, bis sie weich werden. 2 gute Handvoll grob gehackten Babyspinat dazugeben und 1 Minute untermischen, bis er zusammengefallen ist. 2 EL frisch gepressten Zitronensaft, 5–6 Kalamata- oder andere schwarze Oliven in Scheiben schneiden und zusammen mit 2 EL abgetropften und abgespülten Kapern, 1 Prise Salz und ¼ TL frisch gemahlenem schwarzem Pfeffer unterrühren und die Temperatur reduzieren. Die Nudeln abgießen, dabei ⅛ l Kochflüssigkeit auffangen und beiseitestellen, abtropfen lassen und zurück in den Topf geben. Den Tomatenmix über die Nudeln geben und gut mischen. Falls die Pasta zu trocken ist, etwas Kochflüssigkeit dazugeben. Mit 2 EL frisch geriebenem Parmesan bestreut servieren.

ERGIBT 4 PORTIONEN · PRO PORTION **400** KALORIEN // **8 g** FETT // **66 g** KOHLENHYDRATE // **7 g** BALLASTSTOFFE // **14 g** PROTEINE

PERFEKTE PASTA KOCHEN

Viele haben es einfach nicht drauf, behauptet Marc Vetri, Chefkoch im Alla Spina in Philadelphia. Daher hier ein paar Tipps von Chef persönlich:

1 NIMM REICHLICH WASSER

Damit die Nudeln nicht beim Kochen zusammenklumpen, sollte man den größten Topf wählen, den man finden kann. Für 450 g Pasta sollte der Topf 6–8 Liter fassen. Den Topf zu Dreivierteln mit heißem Wasser füllen, damit es schneller kocht.

2 FÜGE SALZ HINZU

Die Temperatur hochschalten und reichlich Salz ins Wasser geben. Wer einen Topf mit einem 6-Liter-Fassungsvermögen wählt, sollte 2–3 EL Salz hinzufügen. Das meiste Salz verbleibt im Wasser und die Nudeln bekommen genau die richtige Menge ab. Den Topf mit einem Deckel versehen, damit das Wasser schneller kocht.

3 RÜHRE FLEISSIG

Sobald das Wasser sprudelnd kocht, die Nudeln hineingeben und sofort umrühren, damit sie nicht zusammenklumpen. Olivenöl verhindert nicht, dass Pasta zusammenklebt, daher kann man es getrost weglassen. Einfach während des Garens immer wieder umrühren und den Deckel in der restlichen Zeit einen großen Spalt breit offen lassen.

4 MACH DEN BISSTEST

Das Ziel ist, die Pasta al dente zu kochen, d. h. die Nudeln sollen zwar weich gekocht sein, aber immer noch Biss haben. Meistens sind sie 1 Minute vor den Angaben auf der Packung perfekt, aber das kann man nur herausfinden, indem man eine Nudel herausfischt und hineinbeißt.

5 DAS FINISH

Pasta sollte nie im Sieb im Spülbecken stehen bleiben, weil sie dann gummiartig wird. Für ein schnelles Finish, das Sieb schon während die Nudeln kochen im Spülbecken bereitstellen und die Sauce fertig haben. Beim Abgießen der Pasta etwa 50 ml Kochflüssigkeit auffangen. Die abgetropften Nudeln zurück in den Topf geben, die aufgefangene Kochflüssigkeit dazugießen und dann die Sauce untermischen. Die in der Kochflüssigkeit enthaltene Stärke sorgt dafür, dass die Sauce besser an den Nudeln haftet und das Gericht cremiger und aromatischer wird.

6

ISS, UM ZU LEBEN. LEBE, UM ZU ESSEN.

KOCHEN FÜR GÄSTE

Suche dir Verbündete zum Kochen, dann kann der Gästeansturm kommen!

S. 126 MH COOKING Kapitel 06

DIE WICHTIGSTEN REGELN, DAMIT DEINE FREUNDE SATT WERDEN

Die Rezepte in diesem Kapitel verfolgen ein einziges Ziel: dir zu helfen, mit minimalem Aufwand super leckere Sachen für einen großen Haufen Gäste zu kochen. Ein paar Grundregeln solltest du allerdings beachten, bevor du Freunde oder die Familie einlädst.

REGEL NR.

1

MACH DEINE MATHEAUFGABEN

IN DEN FOLGENDEN REZEPTEN steht immer dabei, auf wie viele Personen die Mengen ausgerichtet sind. Aber es gibt auch einen einfachen Rechentrick, um herauszufinden, wie viele Zutaten du brauchst, um deine Partygäste sattzukriegen. Die meisten Menschen essen pro Mahlzeit etwa 125 g Fisch oder Fleisch. Also egal ob du Garnelen, Steaks oder was auch immer kaufst, multipliziere 125 g mit der Anzahl der Gäste und runde auf, falls der eine oder andere Vielfraß darunter ist.

REGEL NR. 2 PLANE EINE VORLAUFZEIT MIT EIN

ES BESTEHT KEIN GRUND, vor einem Treffen mit Freunden bereits im Morgengrauen aufzustehen, um einen Topf Chili con Carne zu kochen. Geschickter ist es, wenn man die Vorbereitungen auf den Vorabend verlegt, um am Tag des Events Zeit zu sparen und keinem unnötigen Stress zu erliegen. Außerdem schmecken Eintöpfe, Suppen, Aufläufe usw. sowieso besser, wenn man ihnen über Nacht im Kühlschrank Zeit lässt, ihre Aromen zu entfalten.

REGEL NR. 3 ORGANISIERE DEN TRANSPORT

SPAR DIR DEINE AUSGEFALLENEN Gerichte für Omas Besuch auf und mach es dir einfach, wenn du etwas zu einer Party mitnehmen willst. Große Suppentöpfe oder Schmortöpfe eignen sich hervorragend für den Transport, wenn man den Deckel mit dicken Gummibändern sichert. Außerdem gibt es tiefe Aluschalen in verschiedenen Größen, in denen man mit Alufolie abgedeckt zum Beispiel super eine größere Menge gebratener Hähnchenschenkel transportieren kann.

REGEL NR. 4 SORGE FÜR EINE GUTE PRÄSENTATION

CHEFKÖCHE WISSEN: Das Auge isst mit! Und es gibt einfache Tricks, Speisen ansprechend zu präsentieren, zum Beispiel indem man seine Gerichte auf großen weißen Servierplatten anrichtet oder mit ein paar der Zutaten garniert, die auch zum Kochen verwendet wurden (Kräutern, Zitronenschalen, geriebenem Käse usw.).

REGEL NR. 5 DENKE AN DAS SERVIERBESTECK

DIE MEISTEN VON UNS kennen das Problem: In der eigenen Küche hat man noch stundenlang in der Suppe gerührt und kaum steht der Topf auf dem Partybüfett fehlt die Schöpfkelle für die Suppe. Also zu den Speisen immer auch das passende Servierbesteck legen, schließlich lässt sich ein Krustenbraten nicht mit dem Partybesteck schneiden. Die meisten Partygerichte schmecken übrigens noch besser, wenn man auch an ein kühles Bier gedacht hat.

Die Rezepte →

NEW ORLEANS JAMBALAYA

Dies ist die sehr proteinreiche New-Orleans-Antwort auf Chili con Carne, denn neben reichlich verschiedenen Gemüsesorten und Gewürzen kommen hier Meeresfrüchte und Fleisch in den Topf. Am besten lässt sich dieses Gericht in einem großen Topf kochen, sodass man getrost seine Kumpels zum Essen einladen kann.

670 g	**Andouille-Wurst (kräftig geräucherte, pikante Schweinswurst) oder spanische Chorizo**
450 g	**grobe Bratwurst aus Schweinefleisch, ohne Haut**
450 g	**Speck, gewürfelt**
4	**Hühnerkeulen, zerteilt**
	Salz und frisch gemahlener Pfeffer
5	**Stangen Staudensellerie**
3	**große Zwiebeln, gewürfelt**
2	**grüne Paprika, gewürfelt**
6	**Knoblauchzehen, klein gehackt**
2 EL	**Paprikapulver**
1 EL	**Cayennepfeffer**
1 TL	**getrockneter Thymian**
1	**Lorbeerblatt**
900 g	**Parboiled Reis**
900 g	**Tomaten (aus der Dose), klein gehackt**
700 ml	**Hühnerbrühe**
1 kg	**Garnelen, geschält und entdarmt**
670 g	**Flusskrebse, geschält und entdarmt**
2	**Bund Frühlingszwiebeln**
1 ½ TL	**Selleriesalz**

1. Einen großen gusseisernen Schmortopf stark erhitzen, dann die Temperatur auf eine mittlere Stufe reduzieren und die Wurst- und Speckwürfel hineingeben. Langsam umrühren, um das Fleisch so gleichmäßig wie möglich zu garen, bis das Fett ausgetreten ist.

2. Die Hühnchenstücke mit Salz und Pfeffer würzen, mit in den Topf geben und die Temperatur wieder hochschalten. Sobald die Hühnchenstücke braun sind, den Sellerie, die Zwiebeln, Paprika und Knoblauch dazugeben und rühren, damit die Zutaten Farbe bekommen, ohne anzubrennen.

3. Die Temperatur wieder auf eine mittlere Stufe zurückschalten und das Paprikapulver, den Cayennepfeffer, Thymian, Lorbeerblatt und Reis 5–7 Minuten unterrühren.

4. Die Tomaten und die Brühe dazugeben und die Temperatur so hochschalten, dass die Sauce aufkocht. Den Topfdeckel aufsetzen und die Temperatur so zurückschalten, dass der Eintopf 20–25 Minuten sanft vor sich hin köcheln kann.

5. Die Garnelen und falls gewünscht auch die Flusskrebse mit Salz und Pfeffer würzen und ebenfalls in den Topf geben. Den Topf weitere 5 Minuten zugedeckt lassen, dann vom Herd nehmen, die Frühlingszwiebeln untermischen und abschmecken. Eventuell mit Selleriesalz, Salz und Pfeffer nachwürzen.

ERGIBT 16 PORTIONEN · PRO PORTION **800** KALORIEN // **48 g** FETT // **51 g** KOHLENHYDRATE // **3 g** BALLASTSTOFFE // **42 g** PROTEINE

WÜRZIGE GEGRILLTE KÄSESANDWICHES

Besser hat gegrillter Käse noch nie geschmeckt. Diese würzigen, gefüllten Sandwiches mit dem warmen, zerfließenden Käse gehen weg wie warme Semmeln, wenn man zum Beispiel mit den Jungs ein Fußballspiel schaut. Einfach die Zutaten auf die Zahl der Gäste hochrechnen.

1–2	**Jalapeños**
1	**rote Paprika**
4	**Scheiben Weißbrot (2 cm dick geschnitten)**
	Butter, auf Raumtemperatur erwärmt
4	**Scheiben Monterey-Jack-Käse (oder Gouda)**
4	**Scheiben Cheddar-Käse**

1. Eine Schüssel mit Eiswürfeln und Wasser füllen. Die Jalapeños und die Paprika auf ein Backblech legen und mit einem Küchengasbrenner die Haut des Gemüses verkohlen, bis sie Blasen wirft. Dabei das Gemüse mithilfe einer Gabel immer wieder wenden.

2. Einmalhandschuhe überstreifen und das Gemüse ein paar Sekunden in Eiswasser tauchen. Anschließend die Gemüsehaut abreiben, die Paprika halbieren, entkernen und klein hacken.

3. Für jedes Sandwich beide Seiten der beiden Brotscheiben großzügig mit Butter bestreichen. Eine Scheibe mit 2 Scheiben Monterey-Jack-Käse belegen und einen Löffel der Paprikamischung darauf verteilen. Die andere Scheibe mit 2 Scheiben Cheddar-Käse belegen und die Brotscheiben dann zu einem Sandwich zusammenklappen.

4. Eine gusseiserne Pfanne auf mittlere Temperatur erhitzen. Die Sandwiches in die Pfanne geben und jeweils 3–5 Minuten von jeder Seite braten, bis das Brot goldbraun ist und die beiden Käsesorten miteinander verschmolzen sind. Die Sandwiches diagonal zu Dreiecken durchschneiden und zu einem kühlen Bier servieren.

ERGIBT 2 PORTIONEN · PRO PORTION **720** KALORIEN // **41 g** FETT // **52 g** KOHLENHYDRATE // **5 g** BALLASTSTOFFE // **33 g** PROTEINE

CHICKENWINGS-NACHT

Chickenwings sind
nicht grundsätzlich ungesund,
es sei denn, man frittiert sie erst
in heißem Fett und serviert sie dann
wie in einigen Schnellrestaurants
mit einer dicken Panade.
Wer die Fritteuse gegen einen Grill
oder einen Backofen tauscht,
isst gesünder und spart
eine Menge Kalorien,
denn der Geschmack kommt
von der guten Marinade.
Probiere es mal mit folgenden Rezepten!

← **Die Gochujang-Gewürzpaste aus Korea verleiht diesen gegrillten Chickenwings Schärfe und ein wunderbares Aroma.** Rezept Seite 135

CHICKENWINGS-NACHT

WING IT

1 DIE CHICKENWINGS VORBEREITEN

1–2 kg Hühnerflügel unter fließendem Wasser abspülen und anschließend trocken tupfen. Diese Menge reicht für 4–6 Personen.

2 DIE WINGS MARINIEREN

Die Zutaten in einer großen Schüssel oder in einem wiederverschließbaren Gefrierbeutel vermischen und die Hühnerflügel hineingeben. Dabei die Marinierzeiten beachten, damit sich die Aromen voll entfalten können.

3 BACKEN

Den Backofen auf 200 °C vorheizen und ein mit Alufolie ausgelegtes Backblech mit Olivenöl bepinseln. Die marinierten Chickenwings darauf verteilen, 20 Minuten im Ofen backen, wenden und weitere 10–15 Minuten von der anderen Seite braten, bis das Fleisch nicht mehr rosa ist.

oder

3 GRILLEN

Einen Kugelgrill auf mittlere Temperatur vorheizen und die Hühnerflügel zugedeckt und über indirekter Hitze von jeder Seite 15–20 Minuten grillen, bis sie federn, wenn man sie aus 15 cm Höhe auf den Grill fallen lässt.

KOREANISCHE BBQ CHICKENWINGS

FÜR DIE MARINADE:

100 ml Sojasauce
75 g brauner Zucker
2 EL koreanische Gochujang-Gewürzpaste (optional)
2 EL Sesamöl
3–4 Knoblauchzehen, klein gehackt
3–4 Frühlingszwiebeln, klein gehackt
2–3 EL gerösteter Sesam
Salz und frisch gemahlener schwarzer Pfeffer nach Geschmack

MARINIEREN:

mindestens 4 Stunden, am besten über Nacht

SERVIEREN:

Die gebackenen oder gegrillten Chickenwings mit frischen Frühlingszwiebeln und etwas Sesam bestreuen.

ERGIBT 4 PORTIONEN · PRO PORTION **590** KALORIEN // **42 g** FETT // **14 g** KOHLENHYDRATE // **2 g** BALLASTSTOFFE // **40 g** PROTEINE

BUFFALO CHICKENWINGS *mit* BLAUSCHIMMELKÄSE-SAUCE

FÜR DIE MARINADE:

200 ml Frank's Red Hot BBQ Sauce (oder scharfes Chiliketchup)
¼ TL Paprikapulver

MARINIEREN:

30 Minuten bis zu 4 Stunden

FÜR DIE SAUCE:

200 g fettarmer griechischer Joghurt (0,2 % Fett i. Tr.)
1 TL Knoblauchpulver
1 TL frisch gemahlener schwarzer Pfeffer
100 g Blauschimmelkäse
ein paar Tropfen Worcestershiresauce
2 EL Weißweinessig
Zutaten in einer mittelgroßen Schüssel miteinander verrühren.

SERVIEREN:

Die gebackenen oder gegrillten Chickenwings mit der Blauschimmelkäse-Sauce und den Selleriesticks servieren.

ERGIBT 4 PORTIONEN · PRO PORTION **610** KALORIEN // **44 g** FETT // **8 g** KOHLENHYDRATE // **0 g** BALLASTSTOFFE // **48 g** PROTEINE

SESAM RICHTIG RÖSTEN

In einigen asiatischen Lebensmittelläden kann man fertig gerösteten Sesam kaufen. Wenn man ihn selbst röstet, sollte man eine antihaftbeschichtete Pfanne ohne Zugabe von Fett auf mittlere Temperatur erhitzen und den Sesam 3–5 Minuten darin rösten, bis er etwas Farbe bekommt. Dabei häufig die Pfanne schütteln, denn Sesam verbrennt sehr leicht.

CHICKENWINGS-NACHT

CHICKENWINGS *mit* KNOBLAUCH-CHILI-MARINADE

FÜR DIE MARINADE:

200 ml süße thailändische Chilisauce
1 EL Knoblauch-Chili-Sauce
2 EL Fischsauce
1 TL fein gehackter Knoblauch
2 EL Koriander, fein gehackt + etwas mehr zum Garnieren

MARINIEREN:

50 ml Marinade als Dip beiseitestellen und die Chickenwings in der restlichen Marinade 2 Stunden ziehen lassen.

SERVIEREN:

Die fertigen Chickenwings mit frischem Koriander bestreuen.

ERGIBT 4 PORTIONEN · PRO PORTION **530** KALORIEN // **36 g** FETT // **11 g** KOHLENHYDRATE // **0 g** BALLASTSTOFFE // **40 g** PROTEINE

INFERNO CHICKENWINGS

ZUM EINREIBEN:

je 2 TL: schwarzer Pfeffer, weißer Pfeffer, Knoblauchpulver, Zwiebelpulver, süßes Paprikapulver, Senfpulver, getrockneter Oregano, getrockneter Salbei, getrockneter Rosmarin

FÜR DIE SAUCE:

je 50 ml:
scharfe Jalapeños-Sauce,
scharfe Cayennepfeffer-Sauce,
Tabasco-Sauce, Barbecue-Sauce
je 3 EL:
Worcestershiresauce, Sud von den eingelegten Jalapeños (siehe unten), Cayennepfeffer, Chiliflocken
3 eingelegte Jalapeños, in dünne Ringe geschnitten

MARINIEREN:

mit den Gewürzen einreiben und 30 Minuten ziehen lassen

ZUBEREITUNG:

Die Zutaten für die Sauce mit den Hühnerflügeln in eine große Auflaufform geben und alles zugedeckt etwa 30 Minuten im Ofen backen. Dabei immer wieder umrühren. Mit Jalapeños-Ringen garniert servieren.

ERGIBT 4 PORTIONEN · PRO PORTION **520** KALORIEN // **40 g** FETT // **3 g** KOHLENHYDRATE // **0 g** BALLASTSTOFFE // **38 g** PROTEINE

RUMPSTEAKS *mit* BLAUSCHIMMELKÄSE-BUTTER

Wenn abends ein paar Freunde vorbeischauen, dann kannst du mit diesem Rezept Eindruck schinden. Denn hier wird ein Lendenstück vom Rind in dicke Steaks geschnitten und mit Blauschimmelkäse-Butter serviert. Deine Freunde werden garantiert wiederkommen!

125 g	**gesalzene Butter, auf Raumtemperatur erwärmt**
2 EL	**ausgelassenes Fett (aufbewahrt vom Braten des letzten Specks)**
2 EL	**zerkrümelter Blauschimmelkäse**
2 EL	**Frühlingszwiebeln, hauchdünn geschnitten**
	Salz und frisch gemahlener Pfeffer
1	**Roastbeef (2–3 kg), in 8 Steaks geschnitten**

1. Den Ofen auf 250 °C vorheizen. In einer Schüssel die Butter mit dem ausgelassenen Fett, dem Käse und den Frühlingszwiebeln vermischen und mit Salz und Pfeffer abschmecken. Mithilfe von Klarsichtfolie die Butter zu einer Rolle formen und ins Gefrierfach legen.

2. Die Steaks mit Salz und Pfeffer würzen und zwei schwere, ofenfeste Pfannen auf hoher Temperatur vorheizen. (Am besten das Fenster öffnen und die Dunstabzugshaube einschalten.) Sobald die Pfannen richtig heiß sind, jeweils ein bis zwei Steaks in jede Pfanne geben und 2–3 Minuten von beiden Seiten scharf anbraten, bis sie außen braun werden.

3. Die Pfannen in den Ofen stellen und die Steaks darin 5–7 Minuten braten, bis sie medium-rare sind. Die Butter in 1 cm dicke Scheiben schneiden und diese auf die Steaks legen. Das Fleisch vor dem Servieren 5 Minuten ruhen lassen.

ERGIBT 8 PORTIONEN · PRO PORTION **700** KALORIEN // **41 g** FETT // **0 g** KOHLENHYDRATE // **0 g** BALLASTSTOFFE // **84 g** PROTEINE

STEAKS SELBST SCHNEIDEN

Fertig geschnittene Steaks aus dem Supermarkt sind oft zu dünn und werden beim Braten trocken. Daher wird es Zeit, den richtigen Schnitt zu erlernen.

1 Das Fleischstück auf das Schneidbrett legen und nach der Faserrichtung schauen. Das Fleisch so zurechtlegen, dass man mit dem Messer quer zur Maserung schneidet. Denn wenn man mit der Faser schneidet, zerfällt es beim Garen.

2 Das Fleisch mit einer Hand festhalten und mit dem Messer gleichmäßige, 4–5 cm dicke Steaks abschneiden, indem man das Messer zu sich hin zieht. Auf keinen Fall mit dem Messer »sägen«, das würde das Fleisch ruinieren.

MEISTERKLASSE

Chili con Carne

Chili con Carne ist der absolute Volltreffer zur Halbzeit, da es sich gut vorbereiten lässt, schnell aufgewärmt werden kann und die perfekte Mischung aus Schärfe, Würze, Fleisch und Ballaststoffen darstellt.

BOHNEN-CHILI *mit* RINDFLEISCH *und* BULGUR

Chili-Puristen mögen vielleicht ein Chili ohne Bohnen vorziehen. In diesem Rezept sorgen die schwarzen Bohnen für ein angenehmes Sättigungsgefühl – und sind darüber hinaus auch noch gut fürs Herz, da sie angeblich den Blutdruck regulieren. Bulgur, geschnittener Hartweizen, der vor allem in der orientalischen Küche Verwendung findet, gibt dem Chili eine angenehme Konsistenz und erhöht gleichzeitig die Ballaststoffmenge.

1 ½ EL Olivenöl
1 große Zwiebel, grob gehackt
1 grüne Paprika, gewürfelt
1–2 Serrano-Chilischoten, entkernt und klein gehackt
3 Knoblauchzehen, in dünne Scheiben geschnitten
1 ½ TL gemahlener Kreuzkümmel
1 TL Ancho-Chilipulver
¾ TL getrockneter Oregano, zerkrümelt
½ TL Zimt
50 g Bulgur
450 g sehr mageres Rinderhack
400 g ganze Tomaten in ihrem Saft (1 Dose)
400 g schwarze Bohnen (1 Dose), abgespült und abgetropft
100 ml Wasser
1 TL grobes Salz
Limettenschnitze (optional)

1. Das Öl in einem 5-Liter-Topf auf mittlere Temperatur erhitzen. Die Zwiebel, die Paprika, Chili und Knoblauch darin etwa 10 Minuten anbraten, bis die Zwiebeln Farbe angenommen haben und die Paprika weich ist.

2. Kreuzkümmel, Chilipulver, Oregano und Zimt hinzugeben und 1 Minute unter ständigem Rühren mitbraten. Den Bulgur untermischen und dann das Hackfleisch dazugeben und etwa 3 Minuten unter Rühren krümelig anbraten.

3. Die Tomaten mit ihrem Saft, die Bohnen, Wasser und Salz unterrühren und aufkochen. Das Chili zugedeckt etwa 30 Minuten köcheln lassen, bis der Bulgur und das Fleisch gar sind und sich die Aromen gut vermischt haben. Nach Geschmack mit Limettenschnitzen servieren.

ERGIBT 4 PORTIONEN · PRO PORTION **410** KALORIEN // **20 g** FETT // **27 g** KOHLENHYDRATE // **9 g** BALLASTSTOFFE // **31 g** PROTEINE

MEISTERKLASSE
Chili

4 x EXTRASCHARFES CHILI *mit* SCHWEINEFLEISCH

Außer einem großen Schmortopf und einem Holzlöffel sollte man bei diesem Rezept auch noch einen Feuerlöscher bereithalten, denn bei diesen 4 verschiedenen Chilisorten könnte ein Bier alleine zum Löschen eventuell nicht ausreichen.

450 g	**frische Tomatillos, Hüllblätter entfernt (oder aus der Dose)**
2	**getrocknete Poblano-Chilischoten, längs halbiert**
2	**Serrano-Chilischoten, längs halbiert**
1	**eingelegte Jalapeño, längs halbiert**
1 TL	**getrockneter Oregano**
1 TL	**gemahlener Kreuzkümmel**
½ TL	**Chipotle-Chilipulver**
½ TL	**gemahlener Koriander**
¼ TL	**Piment**
1	**kleine Zwiebel, in Stücke geschnitten**
3	**Knoblauchzehen, abgezogen und zerdrückt**
½	**Bund frischer Koriander**
60 ml	**Wasser (bei Bedarf mehr hinzufügen)**
2 EL	**Olivenöl**
700 g	**Schweineschulter ohne Knochen, in 2,5 cm große Würfel geschnitten**
1½ TL	**grobes Salz**
1 EL	**Limettensaft**

1. Die frischen Tomatillos in einem mittelgroßen Topf mit Wasser etwa 5 Minuten weich kochen. Anschließend die Tomatillos abtropfen lassen und mit den Chilischoten, den Gewürzen, getrockneten Kräutern, der Zwiebel, dem Knoblauch, dem frischen Koriander und dem Wasser im Standmixer glatt pürieren.

2. In der Zwischenzeit in einem 5-Liter-Schmortopf das Olivenöl auf mittlere Temperatur erhitzen. Das Fleisch mit ½ TL Salz würzen. Die Hälfte der Fleischwürfel etwa 7 Minuten braten, bis sie von allen Seiten braun sind, und dann in eine Schüssel umfüllen. Anschließend das restliche Schweinefleisch braten.

3. Das Tomatillo-Püree 3 Minuten im Topf erhitzen, das angebratene Schweinefleisch, den Limettensaft und den restlichen Teelöffel Salz untermischen und alles aufkochen. Die Temperatur reduzieren und das Chili zugedeckt etwa 75 Minuten sanft köcheln lassen, bis das Fleisch gar ist. In dieser Zeit gelegentlich umrühren. Nach Wunsch mit frischem Koriander anrichten.

ERGIBT 4 PORTIONEN · PRO PORTION **460** KALORIEN // **34 g** FETT // **6 g** KOHLENHYDRATE // **2 g** BALLASTSTOFFE // **32 g** PROTEINE

MEISTERKLASSE
Chili

TEXMEX-CHILI

Auch wer möglichst kalorienbewusst kochen will, sollte fettarmes Fleisch nicht überbewerten. Putenbrust hat einen Fettgehalt von 1%, aber leider nur wenig Geschmack. Wer dieses wirklich leckere Chili-Rezept ausprobieren will, sollte daher lieber relativ fettarmes dunkles Hühnerfleisch oder Roastbeef (Sirloin-Steak) wählen. Sanft geschmort schmeckt dieses Fleisch besonders zart und aromatisch.

4 TL	**Olivenöl**
75 g	**Chorizo (würzige spanische Paprikawurst), Pelle abgezogen (optional) und in Stücke geschnitten**
550 g	**Roastbeef ohne Knochen oder Hühnerschenkel ohne Haut und Knochen, in 1,5 cm große Würfel geschnitten**
1	**mittelgroße Zwiebel, grob gehackt**
3	**Knoblauchzehen, in dünne Scheiben geschnitten**
30 g	**Ancho-Chilipulver**
2 TL	**getrockneter Oregano**
35 g	**Tomatenmark**
1 EL	**Rotweinessig**
300 ml	**Wasser**
1 TL	**grobes Salz**
2 EL	**Maisstärke**

1. In einem 5-Liter-Schmortopf 2 TL Olivenöl auf mittlere Temperatur erhitzen und die Chorizo (falls gewünscht) etwa 5 Minuten braten, bis sie ihr Fett ausgeschwitzt hat. Die Wurst mit einem Schaumlöffel herausheben und in eine Schüssel geben.

2. Die Hälfte der Fleischwürfel etwa 5 Minuten von allen Seiten anbraten, danach mit einem Schaumlöffel zu der Chorizo geben. Das restliche Fleisch ebenfalls anbraten und herausheben.

3. Die Zwiebel, den Knoblauch und das restliche Olivenöl in den Topf geben und unter häufigem Rühren andünsten. Danach das Chilipulver und den Oregano 1 Minute unterrühren. Das Tomatenmark und den Essig untermischen.

4. Das Fleisch und die Wurst zurück in den Topf geben, das Wasser dazugießen und alles aufkochen. Zugedeckt etwa 1 Stunde sanft köcheln lassen und dabei gelegentlich umrühren, bis das Fleisch zart ist. Die Maisstärke mit etwas Wasser anrühren, zu dem Fleisch geben und 1 Minute köcheln lassen, bis die Sauce etwas eingedickt ist.

ERGIBT 4 PORTIONEN · PRO PORTION **250** KALORIEN // **11 g** FETT // **6 g** KOHLENHYDRATE // **0 g** BALLASTSTOFFE // **31 g** PROTEINE

CHILI *mit* WINTERGEMÜSE

Auf dem Papier klingt vegetarisches Chili nach einer tollen Idee für eine gesunde Mahlzeit im Alltag. Das Problem ist nur: Alle vegetarischen Varianten schmecken wie Gemüseeintopf! Unsere Lösung: Wähle ein Gemüse, das gut zu den mexikanischen Gewürzen passt, und serviere das Chili mit Tomaten, Avocado und Jalapeños garniert.

2 EL	**Olivenöl**
1	**große Zwiebel, grob gehackt**
3	**Knoblauchzehen, in dünne Scheiben geschnitten**
1	**rote Paprika, gewürfelt**
250 g	**Kohl, fein gehackt (zum Beispiel Weißkohl, Rotkohl usw.)**
1 EL	**ungesüßtes Kakaopulver**
1 TL	**Chipotle-Chilipulver**
450 g	**Butternuss-Kürbis ohne Schale, in 2,5 cm große Würfel geschnitten**
35 g	**Tomatenmark**
½ l	**Gemüsebrühe**
400 g	**Kidneybohnen (1 Dose), abgespült und abgetropft**
400 g	**Kichererbsen (1 Dose), abgespült und abgetropft**
1 ½ TL	**grobes Salz**
170 g	**tiefgefrorene Maiskörner, aufgetaut**
	Avocado, Tomaten und eingelegte Jalapeños zum Garnieren

1. In einem 5-Liter-Schmortopf das Olivenöl auf mittlere Temperatur erhitzen und dann unter häufigem Rühren die Zwiebel, den Knoblauch und die Paprikawürfel etwa 10 Minuten schmoren, bis die Zwiebeln goldbraun und weich sind.

2. Den Kohl dazugeben und etwa 5 Minuten unter Rühren dünsten, bis er zusammengefallen und weich ist. Das Kakaopulver und das Chilipulver 1 Minute unterrühren. Schließlich den Kürbis und das Tomatenmark zugeben und ebenfalls 1 Minute unterrühren.

3. Die Brühe, Kidneybohnen, Kichererbsen und das Salz dazugeben und alles aufkochen. Zugedeckt etwa 30 Minuten leicht köcheln lassen, bis der Kürbis weich ist. Den Mais dazugeben und etwa 3 Minuten mitgaren, bis er durch und durch heiß ist. Mit Tomaten, Avocados und Jalapeños garniert servieren.

ERGIBT 4 PORTIONEN · PRO PORTION **350** KALORIEN // **14 g** FETT // **39 g** KOHLENHYDRATE // **17 g** BALLASTSTOFFE // **15 g** PROTEINE

PACIFICO

TACO-NACHT

Vergiss die Taco-Kits aus dem Supermarkt mit den fertigen Gewürzmischungen und den faden, harten Taco-Schalen. Du hast Besseres verdient! Denn auf einer mexikanischen Party werden selbst gemachte Tacos mit Guacamole und frischem Koriander, saftigem Saumsteak (Shirt Steak), scharfer, gebratener Chorizo, grüner Salsa mit Pepp und sanft geschmorten Schweine-Carnitas gefüllt. Diese Tacos muss man nicht in fettiger Sour Cream oder scharfem Ketchup ertränken, sondern lediglich mit ein paar Zwiebelwürfeln und frischem Koriander bestreuen. Dazu ein eiskaltes Cerveza und die Party läuft.

TACO-NACHT

BURRITOS *mit* CARNE ASADA

Heutzutage werden Burritos häufig in der Größe eines Bodybilder-Oberarms serviert. Vollgestopft mit Fleisch, Käse und anderen Zutaten schlagen sie zudem mit bis zu 1500 Kalorien zu Buche. Unsere Version konzentriert sich wieder auf die Grundzutaten des klassischen Burritos: Guacamole, schwarze Bohnen und natürlich saftig mariniertes Rindfleisch aus dem Bauchlappen.

Mexikanische Tomatensalsa (pico de gallo):

900 g	Eiertomaten, entkernt und klein gehackt
1	kleine rote Zwiebel, gewürfelt
1	Jalapeño, entkernt und klein gehackt
½	Bund Koriander, klein gehackt
	Saft von 1 Limette
	Salz nach Geschmack

Burritos:

1/8 l	Orangensaft
2 EL	Rapsöl
1 EL	pürierte Chipotle-Chilischoten
1 TL	gemahlener Kreuzkümmel
4	Knoblauchzehen, abgezogen
450 g	Rinderfleisch aus der Flanke (Dünnung)
	Salz und frisch gemahlener Pfeffer
4	Tortillas
60 g	geriebener Gratinkäse
4 EL	selbst gemachte Guacamole oder hochwertige Guacamole aus dem Glas
400 g	schwarze Bohnen oder Pintobohnen (aus der Dose), abgetropft und abgespült

1. Für die Tomatensalsa die Tomaten mit den Zwiebeln, der Jalapeño, dem Koriander und dem Limettensaft vermischen und mit Salz würzen.

2. In einem Standmixer den Orangensaft, das Öl, das Chipotle-Püree, den Kreuzkümmel und den Knoblauch glatt pürieren. Das Fleisch mit der Marinade in einen wiederverschließbaren Gefrierbeutel geben und mindestens eine, höchstens 8 Stunden im Kühlschrank ruhen lassen.

3. Einen Grill stark vorheizen. Das Fleisch aus der Marinade nehmen, mit Küchenkrepp trocken tupfen und von beiden Seiten mit Salz und Pfeffer würzen. Das Fleisch etwa 8 Minuten grillen und dabei gelegentlich wenden. Es sollte anschließend schön braun und fest sein, aber bei Berührung immer noch nachgeben. Das Fleisch zunächst 5 Minuten ruhen lassen und dann in mundgerechte Stücke schneiden.

4. Die abgetropften Bohnen kurz in 2 EL Wasser oder Brühe erhitzen.

5. Eine gusseiserne oder antihaftbeschichtete Pfanne auf kleiner Flamme vorheizen. Eine Tortilla hineingeben und 30 Sekunden von einer Seite erwärmen. Danach wenden, 2 EL Käse darauf verteilen und so lange erwärmen, bis die Tortilla leicht getoastet ist. Die Tortilla auf einen Teller legen und jeweils 100 g Tomatensalsa, 1 EL Guacamole und je ein Viertel vom Fleisch und von den Bohnen darauf verteilen. Die Tortilla von zwei Seiten zur Mitte hin einschlagen und fest zusammenrollen.

ERGIBT 4 PORTIONEN · PRO PORTION **600** KALORIEN // **17 g** FETT // **56 g** KOHLENHYDRATE // **8 g** BALLASTSTOFFE // **40 g** PROTEINE

CARNITAS

Für dieses »kleine Fleisch« wird normalerweise Schweinefleisch verwendet, das zunächst geschmort und dann im eigenen Fett kross gebraten wird. Carnitas sind ein Muss als Taco-Füllung, vor allem in Kombination mit der pikanten Salsa Verde.

900 g	**Schweineschulter, in 3 cm große Würfel geschnitten**
1 EL	**ausgelassenes Fett oder Pflanzenöl**
350 ml	**Wasser**
½	**Orange, ungeschält in 2 Stücke geschnitten**
½	**mittelgroße weiße Zwiebel, in dünne Scheiben geschnitten**
4	**Knoblauchzehen, abgezogen**
1 TL	**getrockneter Oregano**
1 TL	**Salz oder 2 TL grobes Salz**
2	**Lorbeerblätter**

1. Sämtliche Zutaten in einen 4–5 Liter fassenden Schmortopf geben, aufkochen und falls nötig den Schaum entfernen. (Keine Sorge, wenn das Fleisch von der Flüssigkeit nicht vollständig bedeckt sein sollte.) Bei mittlerer Temperatur köcheln lassen und gelegentlich umrühren, bis das Fleisch nach etwa 90 Minuten zart und die Flüssigkeit verdampft ist. Orangenstücke und Lorbeerblätter entfernen.

2. Das Schweinefleisch weitere 10–15 Minuten im noch vorhandenen Fett schmoren und dabei häufig umrühren, bis das Fleisch außen schön braun ist.

DIE MENGE REICHT FÜR 16 TACOS · PRO PORTION/2 TACOS **260** KALORIEN // **20 g** FETT // **0 g** KOHLENHYDRATE // **0 g** BALLASTSTOFFE // **20 g** PROTEINE

TACO-NACHT

MEXIKANISCHE CHORIZO

Die würzig aromatische Schweinerohwurst verdankt ihre orangerote Farbe jeder Menge Paprika und anderen Gewürzen. Chorizo ist im Handumdrehen in eine leckere Taco-Füllung verwandelt, allerdings ist bei uns die weiche mexikanische Chorizo (nicht zu verwechseln mit der spanischen Chorizo!) nur in Spezialitätenläden oder über das Internet erhältlich. Aber der Aufwand lohnt sich!

Die Pelle von 450 g Chorizo längs aufschlitzen und das Fleisch herausschaben. Die Chorizo bei mittlerer Temperatur 5–8 Minuten unter Rühren krümelig braun anbraten.

ERGIBT 12 PORTIONEN · PRO PORTION **170** KALORIEN // **14 g** FETT // **467 mg** NATRIUM // **1 g** KOHLENHYDRATE // **0 g** BALLASTSTOFFE // **9 g** PROTEINE

TORTILLAS PERFEKT AUFWÄRMEN

Um eine Tortilla zur perfekten Taco-Hülle zu machen, sollte man eine gusseiserne Pfanne auf mittlere bis hohe Temperatur vorheizen und die Tortilla darin so lange rösten und alle 10 Sekunden wenden, bis sie biegsam wird. Wer es eilig hat, kann sie auch über einer niedrig eingestellten Flamme des Gasherdes rösten.

DIE ULTIMATIVE GUACAMOLE

Fertige Guacamole ist etwas für den absoluten Notfall und nur Gringos würden danach greifen. Das beste Guacamole-Rezept ist das einfachste:

1 DIE RICHTIGE AVOCADO WÄHLEN

Aufgrund ihres cremigen Fruchtfleisches eignen sich die birnenförmigen Hass-Avocados mit der dicken, warzigen Schale besonders gut für Guacamole. Wenn die Schale auf Druck leicht nachgibt, sind die Früchte reif. Sind sie zu weich, ist die Schale spröde; fehlt der kleine Stielansatz an der Oberseite, dann ist das Fruchtfleisch innen vermutlich schon braun.

2 DIE ZWIEBEL VORBEREITEN

Die klein geschnittene Zwiebel in ein Sieb geben und 30 Sekunden unter kaltes, fließendes Wasser halten, um die sulfidhaltigen Bestandteile auszuspülen, die man in der Guacamole sonst zu stark herausschmecken könnte.

3 DIE GUACAMOLE ZUBEREITEN

3 Avocados schälen und würfeln. In einer Schüssel die Avocadowürfel mit einer kleinen Handvoll frischem Koriander, einer mittelgroßen, klein gehackten weißen Zwiebel, einer fein gehackten Jalapeño oder einer Serrano-Chilischote, einem Spritzer Limettensaft und etwas Salz gründlich vermischen.

ERGIBT 6 PORTIONEN · PRO PORTION **130** KALORIEN // **12 g** FETT // **4 g** KOHLENHYDRATE // **4 g** BALLASTSTOFFE // **2 g** PROTEINE

AVOCADO SCHÄLEN UND ENTKERNEN

1 Von unten mit einem Messer in die Avocado einstechen, bis die Messerspitze auf den Kern trifft.

2 Das Messer ruhig halten und die Avocado um die Klinge drehen, sodass sie rundherum eingeschnitten wird. Die beiden Hälften leicht gegeneinander drehen, um sie zu trennen.

3 Mit einem Löffel oder einem Messer unter den Kern fahren, um ihn herauszudrücken. Die Avocado vierteln und die Schale abziehen.

TACO-NACHT

SALSA VERDE

250 g	**Tomatillos (etwa 5–6 mittelgroße Früchte), Hüllblätter entfernt (oder aus der Dose)**
1	**Jalapeño, entkernt und klein gehackt (am besten mit Gummihandschuhen arbeiten)**
1	**mittelgroße Zwiebel, klein gehackt**
6	**Zweige frischer Koriander, grob gehackt**
50–60 ml	**Wasser**
½ TL	**Salz**

1. Den Backofen auf 200 °C vorheizen. Ein antihaftbeschichtetes Backblech einfetten und die Tomatillos darauf verteilen und im Ofen rösten. Alle 5 Minuten wenden, bis sie außen braun und innen beinah gar sind.

2. Die Tomatillos mit der Jalapeño, der Zwiebel und dem Koriander in der Küchenmaschine oder im Standmixer grob pürieren. Das Püree in eine kleine Schüssel füllen und das Wasser esslöffelweise unterrühren, bis die Salsa die gewünschte Konsistenz erreicht hat. Mit Salz abschmecken und bis zum Servieren mindestens 30 Minuten ruhen lassen.

ERGIBT 6 PORTIONEN · PRO PORTION **20** KALORIEN // **1 g** FETT // **4 g** KOHLENHYDRATE // **2 g** BALLASTSTOFFE // **1 g** PROTEINE

SALSA ROJA

1	**mittelgroße Zwiebel**
2	**Knoblauchzehen**
2	**Chilischoten**
500 g	**Tomate (aus der Dose)**
3 EL	**Tomatenmark**
2 EL	**Honig**
1 TL	**Schale einer Bio-Orange**
5 EL	**Orangensaft**
½ TL	**Salz**

1. Die Zwiebel und den Knoblauch schälen und klein schneiden. Die Chilis vom Stiel entfernen und mit den restlichen Zutaten in der Küchenmaschine oder mit dem Stabmixer pürieren.

2. Das Ganze anschließend in einem Topf zum Kochen bringen und 5 Minuten köcheln lassen. Die Sauce nach Belieben mit Salz abschmecken und servieren oder in saubere, luftdicht verschließbare Gläser abfüllen. Die Salsa bleibt im Kühlschrank einen Monat frisch.

ERGIBT 6 PORTIONEN · PRO PORTION **40** KALORIEN // **0 g** FETT // **10 g** KOHLENHYDRATE // **1 g** BALLASTSTOFFE // **1 g** PROTEINE

KNOW-HOW

NIE MEHR PIZZATAXI

Es wird Zeit, die Nummer des Pizzataxis aus dem Adressbuch zu streichen!

Gesündere und vor allem schmackhaftere Pizzen sind schneller selbst gebacken, als das Pizzataxi vor der Haustür steht.

1

EINEN PIZZAOFEN BAUEN

Um einen knusprigen Pizzateig zu backen, sollte man seinen Ofen etwas umbauen. Zunächst die Temperatur auf die Höchststufe stellen (meist sind das 250 °C) und dann 2 Pizzasteine oder 2 normale Backbleche auf die oberste und auf die mittlere Schiene schieben, damit die Hitze auf die Pizza abstrahlt.

2

DEN TEIG VORBEREITEN

Den Teig auf einer bemehlten Arbeitsfläche zu einem Kreis mit einem Durchmesser von 30 bis 35 cm ziehen. Das funktioniert am besten, wenn der Teig nicht zu kalt ist (mindestens Raumtemperatur). Keine Sorge, die Pizza muss nicht absolut rund werden.

3

PIZZA BELEGEN

Den ausgezogenen Teig in eine mit Mehl bestäubte Pizzaform oder auf einen mit Mehl bestäubten Brotschieber legen. Mit einem Löffel etwas Tomatenpüree oder zerdrückte Dosentomaten darauf verteilen und mit Mozzarella-Scheiben (vorher trocken tupfen) belegen.

4

PIZZA IN DEN OFEN SCHIEBEN

Die Pizza auf dem Stein oder dem Backblech auf der mittleren Schiene platzieren und 8–12 Minuten backen, bis der Teig knusprig und der Käse zerlaufen ist.

5

MIT KALTEN ZUTATEN BELEGEN

Die gebackene Pizza mit weiteren, rohen Zutaten belegen (bis zu 5 auswählen): Rucola, geriebenem Parmesan (Parmigiano Reggiano), geriebenem Pecorino Romano, Gorgonzola, Chiliflocken, Prosciutto, Capicollo (Coppa), frischem Basilikum oder frischem Oregano. Zum Schluss mit etwas Olivenöl beträufeln.

MEISTERKLASSE

Fleisch-bällchen

Es gibt nur wenige Speisen, die solch ein Wonnegefühl auslösen wie gute, selbst gemachte Fleischbällchen. Und nur wenige Gerichte haben es geschafft, die Geschmacksgrenzen so effizient zu überwinden wie sie, da beinah alle Völker dieser Welt ihr ureigenes Rezept für Fleischbällchen besitzen. Mit anderen Worten – Fleischbällchen sind so einmalig, weil sie so vielfältig sind.

MEISTERKLASSE
Fleischbällchen

1 WÄHLE DIE FLEISCHSORTE AUS

Fleischbällchen können aus beinah jeder zerkleinerten Fleischsorte zubereitet werden, also nicht nur aus Schweine- oder Rinderhack, sondern auch aus Ente, Rentier, Lamm oder was immer einem in den Sinn kommt.
Such dir einen guten Metzger, der das Fleisch deiner Wahl durch den Fleischwolf dreht und rechne für 4 Portionen mit 700 g Fleisch (oder Fisch).

RIND ODER KALB:

Das stärker marmorierte Fleisch aus der Hochrippe eignet sich wegen des ausgewogenen Fett-Fleisch-Anteils besonders gut, aber auch Roastbeef, Brust oder Querrippe sind gut geeignete Fleischstücke.

HUHN ODER PUTE:

Auch das zarte Aroma des Geflügelfleisches eignet sich hervorragend für Fleischbällchen. Für mehr Aroma sollte man nicht das weiße Brustfleisch, sondern lieber das dunklere Fleisch aus der Keule wählen.

SCHWEIN ODER BRÄT:

Hackfleisch vom Schwein oder rohe, grobe Bratwürste ohne Pelle eignen sich genauso gut wie frische, mexikanische Chorizo (siehe auch Seite 148).

THUNFISCH ODER LACHS:

Haut und Gräten entfernen, das Fischfilet in der Küchenmaschine zerkleinern und schon hat man die passende Grundzutat für leckere Fischbällchen.

2 FÜGE DAS RICHTIGE BINDEMITTEL HINZU

Semmelbrösel und Ei bilden die klassische Kombination, um Fleischbällchen zusammenzuhalten.

2 große Eier **+**

110 g Semmelbrösel

3 WÜRZE

Durch das Zusammenspiel verschiedener Aromen und Gewürze erhalten die Fleischbällchen ihren ganz eigenen Geschmack. Die Grundlage bilden 1 TL Salz und ½ TL frisch gemahlener schwarzer Pfeffer. Folgende Aromen eigenen sich einzeln oder als Kombination, um die Fleischbällchen nach eigenem Gusto zu würzen:

50 g Zwiebeln, klein gehackt

1 EL Knoblauch, fein gehackt

1 EL frischer Ingwer, fein gehackt

2 EL Jalapeños, fein gehackt

1 EL geriebene unbehandelte Zitronenschale

60 g geriebener Parmesan oder Pecorino

1 TL getrocknete oder 3 EL gehackte frische Kräuter

4 BACKE DIE FLEISCHBÄLLCHEN

Die Mischung zu 2,5 cm großen Bällchen formen und diese auf einem Backblech verteilen. Etwa 10–12 Minuten im 250 °C heißen Backofen backen, bis sie braun und karamellfarben sind. Zwischendurch wenden.

5 KOMBINIERE SIE MIT EINER SAUCE

Die folgenden Saucenrezepte ergeben jeweils 600 ml.

PILZSAUCE

Zunächst die Fleischbällchen in einer großen Pfanne auf dem Herd bei mittlerer Temperatur in 1 EL Öl 10–12 Minuten braten (nicht im Backofen backen), bis sie außen braun und innen gar sind. Die fertigen Fleischbällchen auf einem Teller beiseitestellen und 250 g in Scheiben geschnittene weiße Champignons etwa 5 Minuten in der Pfanne anbraten, bis sie Farbe bekommen. 2 EL Mehl unterrühren und dann nach und nach 500 ml Hühnerbrühe dazugießen und mit dem Schneebesen unterrühren. Zum Schluss 50 g Sahne untermischen und die Sauce etwa 3 Minuten köcheln lassen, bis sie etwas eingedickt ist. Mit Salz und Pfeffer abschmecken.

MARINARA

Für diese italienische Tomatensauce 2 EL Olivenöl, ½ klein gehackte Zwiebel, 2 fein gehackte Knoblauchzehen und ¼ TL Chiliflocken in einem mittelgroßen Topf vermischen und zugedeckt etwa 3 Minuten erhitzen, bis die Zwiebeln weich sind. 800 g geschälte Tomaten (aus der Dose) mit ihrem Saft dazugeben und die Tomaten mit einer Gabel zerdrücken. Die Sauce etwa 15 Minuten köcheln lassen, bis sie eindickt, und zum Schluss mit Salz und Pfeffer abschmecken.

MANGO CHUTNEY

In einem mittelgroßen Topf 1 EL Rapsöl auf mittlere Temperatur erhitzen. ½ klein gewürfelte rote Zwiebel und je 1 EL fein gehackten frischen Ingwer und fein gehackten Knoblauch dazugeben. Alles etwa 3 Minuten weich schmoren. 1 klein gewürfelte Mango, 1 klein gewürfelte rote Paprika und 1 entkernte und klein gewürfelte Jalapeño dazugeben und so lange garen, bis die Paprika weich ist. 100 ml Ananassaft, 2 EL Rotweinessig und 1 EL Currypulver unterrühren und alles etwa 10 Minuten garen, bis das Chutney eingedickt ist.

MEISTERKLASSE
Fleischbällchen

WÜRZIGE LAMMHACK-BÄLLCHEN *in* MARINARA-SAUCE

Diese griechisch inspirierten Fleischbällchen sind eine vollständige Mahlzeit, schmecken aber auch super, wenn man sie mit ein paar in Streifen geschnittenen Salatblättern in ein Pitabrot füllt.

DAS PASSENDE FLEISCH

Lamm

GEWÜRZE

Zwiebel

Knoblauch

1 TL gemahlener Kreuzkümmel

¼ TL gemahlener Zimt

¼ TL Cayennepfeffer

Minze

SAUCE

Marinara (siehe Seite 155)

ERGIBT 4 PORTIONEN · PRO PORTION **500** KALORIEN // **31 g** FETT // **25 g** KOHLENHYDRATE // **4 g** BALLASTSTOFFE // **30 g** PROTEINE

KLASSISCHE ITALIENISCHE FLEISCHBÄLLCHEN *in* MARINARA-SAUCE

Auch wenn Großmutter ihr Lieblingsgericht nicht preisgibt, wir liefern es dir hier. Perfekte Fleischbällchen benötigen lediglich die richtigen Zutaten und sind einfach zuzubereiten. Bloß keinen Schnickschnack.

DAS PASSENDE FLEISCH

zu gleichen Teilen gehacktes Rindfleisch, Schweinefleisch und Kalbfleisch

GEWÜRZE

Parmesan

glatte Petersilie

SAUCE

Marinara (siehe Seite 155)

ERGIBT 4 PORTIONEN · PRO PORTION **650** KALORIEN // **40 g** FETT // **24 g** KOHLENHYDRATE // **3 g** BALLASTSTOFFE // **48 g** PROTEINE

ASIATISCHE SCHWEINEHACK-BÄLLCHEN *mit* MANGO CHUTNEY

Am besten direkt eine große Portion zubereiten, denn mit Vollwertreis oder Soba-Nudeln schmecken diese Fleischbällchen einfach himmlisch. Wer will, kann zum Abendbrot auch ein Vollkornbrötchen damit belegen und es mit Jalapeños-Ringen und Koriander garnieren.

DAS PASSENDE FLEISCH

Schweinehack

GEWÜRZE

Zwiebeln

Knoblauch

Ingwer

Koriander

SAUCE

Mango Chutney (siehe Seite 155)

ERGIBT 4 PORTIONEN · PRO PORTION **700** KALORIEN // **45 g** FETT // **34 g** KOHLENHYDRATE // **4 g** BALLASTSTOFFE // **40 g** PROTEINE

SCHWEDISCHE FLEISCH-BÄLLCHEN *in* PILZSAUCE

Die Schweden exportieren nicht nur einige der schönsten Supermodels, sondern auch ihre wunderbaren Fleischbällchen, die mit einer cremigen Pilzsauce serviert werden.

DAS PASSENDE FLEISCH

zu gleichen Teilen gehacktes Rindfleisch und Schweinefleisch

BINDEMITTEL

Anstelle von Semmelbröseln 2 Scheiben Weißbrot verwenden. Das Brot in kleine Stücke reißen und 5 Minuten in Milch einweichen (überschüssige Milch ausdrücken).

GEWÜRZE

Zwiebel

¼ TL geriebene Muskatnuss

SAUCE

Pilzsauce (siehe Seite 155)

ERGIBT 4 PORTIONEN · PRO PORTION **590** KALORIEN // **39 g** FETT // **18 g** KOHLENHYDRATE // **2 g** BALLASTSTOFFE // **42 g** PROTEINE

RINDFLEISCHSUPPE *mit* FRISCHEN KRÄUTERN

Eine gehaltvolle Suppe, die man besonders im Sommer gut zubereiten kann, wenn auf dem Markt reife Tomaten und frische Kräuter aus der Region erhältlich sind.

1	**mittelgroße Zwiebel, gehackt**
1	**Knoblauchzehe, fein gehackt**
3 EL	**Rapsöl**
2	**Stangen Staudensellerie, in Scheiben geschnitten**
4	**mittelgroße Möhren, in Scheiben geschnitten**
300 g	**geschälte Tomaten, klein gehackt**
1 l	**Rinderbrühe, selbstgemacht oder gekauft**
1 EL 1 EL	**Petersilie + zum Garnieren, fein gehackt**
1 TL	**Oregano, fein gehackt**
1 TL	**Thymian, fein gehackt**
1	**Lorbeerblatt**
200 g	**gekochtes Rindfleisch, in Würfel geschnitten**
60 g	**grüne Bohnen, in 2,5 cm lange Stücke gebrochen**
60 g	**Maiskörner, frisch oder tiefgefroren**
	Salz
	Pfeffer
	Worcestershiresauce

1. Die Zwiebel und den Knoblauch im heißen Öl in einem Topf andünsten. Den Sellerie und die Möhren zugeben und andünsten. Die Tomaten, die Brühe, Petersilie, Oregano, Thymian und das Lorbeerblatt dazugeben, aufkochen und auf mittlerer Temperatur 15 Minuten sanft köcheln lassen.

2. Danach das Fleisch, die Bohnen und den Mais dazugeben und zugedeckt weitere 15 Minuten köcheln lassen, bis die Bohnen weich sind.

3. Das Lorbeerblatt entfernen. Mit Salz, Pfeffer und Worcestershire-sauce abschmecken und mit Petersilie bestreut servieren.

ERGIBT 4 PORTIONEN · PRO PORTION **260** KALORIEN // **15 g** FETT // **14 g** KOHLENHYDRATE // **6 g** BALLASTSTOFFE // **18 g** PROTEINE

TOMATENSUPPE

Diese Suppe ist schnell gemacht und nicht nur viel schmackhafter als Dosensuppe, sondern auch viel gesünder, da sie wenig Salz und Fett enthält. Zudem lässt sich diese Tomatensuppe wunderbar einfrieren – so hat man jederzeit eine schnelle und leichte Mahlzeit zur Hand.

1	**kleine rote Paprika, fein gehackt**
1	**kleine Zwiebel, fein gehackt**
3	**Knoblauchzehen, fein gehackt**
2 EL	**Olivenöl**
1 l	**Hühnerbrühe**
900 g	**Tomaten, klein gehackt**
1	**Jalapeño, entkernt und fein gehackt**
1 EL	**Honig**
	Salz
	Pfeffer
50 g	**saure Sahne**

1. Die Paprika, die Zwiebel und den Knoblauch im heißen Öl in einem gusseisernen Schmortopf andünsten. Die Brühe, die Tomaten, die Jalapeño, den Honig und die restliche Brühe hinzugeben, aufkochen und danach die Hitze reduzieren. Die Suppe auf mittlerer Temperatur 25 Minuten köcheln lassen. Gelegentlich umrühren, bis die Suppe eingedickt ist.

2. Die Suppe im Standmixer oder mithilfe eines Stabmixers glatt pürieren und zurück in den Topf geben. Mit Salz und Pfeffer abschmecken. Die saure Sahne untermischen, die Suppe erneut kurz erhitzen, aber nicht mehr kochen, und servieren.

TIPP: Die abgekühlte Suppe lässt sich in einem Kunststoffbehälter wunderbar einfrieren. In dem Fall aber die saure Sahne weglassen, der sie beim Aufkochen gerinnt. Zum Auftauen die Suppe einfach über Nacht in den Kühlschrank stellen und dann zugedeckt unter ständigem Rühren etwa 15 Minuten auf niedriger Stufe erhitzen, bis die Suppe heiß genug ist. Dann die saure Sahne untermischen.

ERGIBT 6 PORTIONEN · PRO PORTION **90** KALORIEN // **5 g** FETT // **8 g** KOHLENHYDRATE // **2 g** BALLASTSTOFFE // **2 g** PROTEINE

MEISTERKLASSE

Unwiderstehliche Dips

Dips können absolut süchtig machen. Dabei sind sie berühmt-berüchtigt für ihren Kaloriengehalt, ganz zu schweigen von dem, was man hineindippt wie Tortillachips, Salzstangen oder Cracker. Außerdem liest sich die Liste der Inhaltsstoffe der gekauften, fertigen Dips meist wie ein ganzer Chemiebaukasten. Die selbst gemachten Dips im folgenden Kapitel schmecken nicht nur besser, sie sind schnell gemacht und natürlich viel gesünder, zumal sie alle unter 200 Kalorien pro 60 g enthalten.

SCHWARZE-BOHNEN-DIP

Die meisten Dips aus schwarzen Bohnen sind recht gesund, schmecken aber ziemlich fad. Dieser Dip wird durch etwas Ricotta cremiger, durch den Prosciutto salzig und würzig und bekommt obendrauf durch die Chipotle-Chili einen rauchig-scharfen Kick.

400 g	**schwarze Bohnen (1 Dose), abgespült und abgetropft**
200 g	**fettarmer Ricotta**
110 g	**Prosciutto, klein geschnitten**
	Saft von ½ Limette
1	**Möhre, gerieben**
1	**Schalotte oder ¼ kleine rote Zwiebel, klein gehackt**
1 EL	**fein gehackte Chipotle-Chili in Adobo-Sauce oder 1 TL geräuchertes Paprikapulver**
1 TL	**gemahlener Kreuzkümmel**
1 TL	**getrockneter Oregano**
½ TL	**Salz**

1. Die Bohnen im Standmixer grob pürieren.

2. Den Ricotta, den Prosciutto, den Limettensaft, die Möhre, die Schalotte oder Zwiebel, die Chipotle-Chili oder das Paprikapulver, den Kreuzkümmel, den Oregano und das Salz hinzufügen und zu einem glatten Dip pürieren.

PRO 60 g **80** KALORIEN // **2 g** FETT // **7 g** KOHLENHYDRATE // **2 g** BALLASTSTOFFE // **7 g** PROTEINE

MEISTERKLASSE
· *Dips*

DIP *aus* KARAMELLISIERTEN ZWIEBELN

Niemand soll mehr behaupten, dass man für einen Zwiebeldip eine Tüte Instant-Zwiebelsuppe benötigt. Dieser Dip erhält sein besonderes Aroma durch das Karamellisieren der Zwiebeln und seine Cremigkeit durch den griechischen Joghurt.

1 EL	**Butter**
2	**große, hellgelbe Zwiebeln, in dünne Scheiben geschnitten**
1 EL	**brauner Zucker**
2–3 EL	**Aceto Balsamico**
3	**Knoblauchzehen, klein gehackt**
270 g	**Champignons, in Scheiben geschnitten**
150 g	**fettarmer griechischer Joghurt (0,2 % Fett i. Tr.)**
1 EL	**frischer Rosmarin oder Salbei, klein gehackt**
½ TL	**Salz**
¼ TL	**frisch gemahlener schwarzer Pfeffer**

1. In einer großen Pfanne auf mittlerer Temperatur die Butter zerlassen und dann die Zwiebeln darin 4–5 Minuten weich dünsten. Danach Zucker und Essig untermischen.

2. Die Temperatur etwas reduzieren, einen Deckel auf die Pfanne setzen und die Zwiebeln 25 Minuten garen. Ab und zu umrühren und anschließend den Knoblauch dazugeben und weitere 5 Minuten garen. Die fertigen Zwiebeln in eine Schüssel umfüllen.

3. Die Pilze in die selbe Pfanne geben, die Temperatur wieder auf die mittlere Stufe erhöhen und die Pilze etwa 5 Minuten braten.

4. Die Zwiebeln und die Champignons abkühlen lassen und in einem Standmixer mit dem Joghurt, dem Salbei oder dem Rosmarin, Salz und Pfeffer grob pürieren.

PRO 60 g **40** KALORIEN // **1 g** FETT // **4 g** KOHLENHYDRATE // **1 g** BALLASTSTOFFE // **3 g** PROTEINE

MEISTERKLASSE
Dips

KÄSEDIP *mit* GUINNESS

Bier und Käse. Braucht ein Mann etwa mehr?

225 g	**geriebener, pikanter Cheddar-Käse**
1	**Schalotte oder ¼ kleine rote Zwiebel, klein gehackt**
2	**Frühlingszwiebeln, in dünne Ringe geschnitten**
2 TL	**körniger Senf**
1 TL	**Meerrettich aus der Tube**
1 EL	**Rosmarin, frisch gehackt**
¼ TL	**Salz**
70 g	**saure Sahne**
60 ml	**Guinness oder ein anderes dunkles Bier (Stout)**

Den Cheddar, die Schalotte oder Zwiebel, die Frühlingszwiebeln, den Senf, den Meerrettich, den Rosmarin und das Salz pürieren. Die saure Sahne und das Bier dazugeben und zu einem glatten Dip pürieren.

PRO 60 g **160** KALORIEN // **13 g** FETT // **1 g** KOHLENHYDRATE // **0 g** BALLASTSTOFFE // **9 g** PROTEINE

GESUNDES ZUM DIPPEN

Natürlich erfüllen Tortilla-Chips stets ihren Job. Wenn man jedoch bei seinen Gästen punkten möchte, sollte man Dips mit einer Auswahl farbenfroher, knackiger, roher Gemüsesticks oder folgenden Alternativen reichen.

POMMES FRITES *aus* SÜSS-KARTOFFELN

Süßkartoffeln in Stäbchen schneiden, nach Geschmack würzen und auf dem Backblech knusprig backen.

PRO 60 g
140 KALORIEN // **1 g** FETT // **30 g** KOHLENHYDRATE // **3 g** BALLASTSTOFFE // **2 g** PROTEINE

KNUSPRIGE PITA-ECKEN *mit* LIMETTE *und* PAPRIKA

2 große Vollkorn-Pita-Brote in Dreiecke schneiden.
1 EL Olivenöl, die abgeriebene Schale und den Saft von 1 Limette, 1 TL geräuchertes Paprikapulver und ½ TL Salz mischen und die Pita-Ecken darin wälzen. Die Pita-Ecken auf einem Backblech verteilen und 20 Minuten im 175 °C heißen Backofen backen. Nach der Hälfte der Zeit einmal wenden.

PRO PITA-PORTION
270 KALORIEN // **8 g** FETT // **38 g** KOHLENHYDRATE // **4 g** BALLASTSTOFFE // **7 g** PROTEINE

JERKY (DÖRRFLEISCH)

Vollgepackt mit sättigenden Proteinen und sogar als Wildfleisch, Elch oder Strauß erhältlich. Außerdem lässt es sich leicht selbst herstellen – siehe Seite 76.

PRO 30 g
50 KALORIEN // **1 g** FETT // **2 g** KOHLENHYDRATE // **0 g** BALLASTSTOFFE // **7 g** PROTEINE

JOHNNIES ITALIENISCHES RINDERBRATEN-SANDWICH

Dieser Rinderbraten wird aufgeschnitten als Belag für ein Ciabatta-Brötchen mit Bratensauce und in Essig eingelegtem Gemüse serviert. Gut, dass man mit diesem Rezept acht Portionen auf einmal machen kann, denn wer es einmal probiert hat, hat Lust auf einen Nachschlag.

1,4 kg	**Rinderbraten aus der Schulter, ohne Knochen**
6	**Knoblauchzehen, in dünne Scheiben geschnitten**
¼ l	**Wasser**
2	**Lorbeerblätter**
1 EL	**Chiliflocken**
1 EL	**getrockneter Oregano**
2 TL	**Salz**
1 EL	**grob gemahlener schwarzer Pfeffer**
8	**Ciabatta-Brötchen, aufgeschnitten und getoastet**

1. Den Backofen auf 120 °C vorheizen. Den Braten mit einem kleinen Messer mehrfach einstechen und mit den Knoblauchscheiben spicken.

2. Das Wasser in einen tiefen Bräter gießen, der nicht viel größer als der Braten sein sollte. Den Braten und die Gewürze hineingeben und mit einem Deckel fest verschließen. Den Braten 2–2½ Stunden im Ofen garen und in dieser Zeit 3–4 Mal mit dem eigenen Saft übergießen.

3. Den Braten anschließend aus dem Bräter nehmen und 15 Minuten ruhen lassen. Das Fleisch dann mit einem extrem scharfen Messer in hauchdünne Scheiben schneiden.

4. Das Fett vom Bratensaft abschöpfen und abschmecken (er sollte sehr würzig und pfeffrig schmecken). Die Bratenscheiben 15–20 Minuten im Bratensaft ziehen lassen. Zum Servieren italienische Ciabatta-Brötchen mit dem aufgeschnittenen Braten belegen und mit Giardiniera (in Essig eingelegtes Gemüse) oder mit gerösteter roter Paprika garnieren.

ERGIBT 8 PORTIONEN · PRO PORTION (MIT BRÖTCHEN) **410** KALORIEN // **10 g** FETT // **35 g** KOHLENHYDRATE // **2 g** BALLASTSTOFFE // **41 g** PROTEINE

HÜHNEREINTOPF *mit* WURST, GRÜNKOHL *und* WEISSEN BOHNEN

Das Wort Eintopf ruft Erinnerungen an Muttis Küche wach. Doch dieses Rezept weicht von den klassischen Eintopfgerichten ab, indem es saftiges Hühnerfleisch und würzige Wurst mit italienischen Cannellini-Bohnen und herzhaftem Grünkohl verbindet – ein Gaumenschmaus!

4	**Hühnerkeulen, entbeint, halbiert**
	grobes Salz
	Chiliflocken
50 ml	**extra natives Olivenöl**
120 g	**geräucherte Schweinemettwurst, in Scheiben geschnitten**
1	**gelbe Zwiebel, klein gehackt**
2	**Möhren, in 5 mm dicke Scheiben geschnitten**
4	**Knoblauchzehen, zerdrückt**
1 EL	**Fenchelsamen**
2 l	**salzarme Hühnerbrühe**
400 g	**Cannellini-Bohnen (aus der Dose), abgespült und abgetropft**
1	**Beutel Grünkohl, geputzt und klein gehackt**
	Saft von 1 Zitrone

1. Das Hühnerfleisch nach Geschmack mit Salz und Chiliflocken würzen.

2. Einen 8–9 Liter fassenden Topf auf mittlere Temperatur erhitzen und 2 EL Olivenöl hineingeben. Die Hühnerkeulen hineingeben und 3 Minuten auf einer Seite scharf anbraten. Danach wenden und die Wurst dazugeben. Beides 5 Minuten anbraten, dabei die Wurstscheiben einige Male wenden.

3. Zwiebel, Möhren, Knoblauch und Fenchelsamen hinzufügen und 8 Minuten garen, bis die Zwiebel glasig ist. Die Brühe dazugießen und aufkochen. Die Cannellini-Bohnen dazugeben, die Hitze reduzieren und den Eintopf zugedeckt etwa 40 Minuten köcheln lassen, bis das Hühnerfleisch gar ist.

4. Den Grünkohl dazugeben und alles ohne Deckel weitere 30 Minuten köcheln, bis sämtliche Zutaten weich sind. Das restliche Öl und den Zitronensaft unterrühren und mit Chiliflocken und Salz abschmecken.

ERGIBT 6 PORTIONEN · PRO PORTION **480** KALORIEN // **29 g** FETT // **14 g** KOHLENHYDRATE // **7 g** BALLASTSTOFFE // **38 g** PROTEINE

MEISTERKLASSE

Hühnchen

Wer sich unsicher ist, sollte ein Huhn einfach im Backofen braten, erklärt Mark Bittman, der Autor zahlreicher Grundkochbücher. Denn ein einfach mit Salz und Pfeffer (und vielleicht noch mit ein paar Zitronenscheiben) gewürztes Huhn macht im Ofen eine wunderbare Verwandlung durch und ist am Ende viel köstlicher als die Summe seiner Einzelteile. Trotzdem sollte man hier noch nicht aufhören: Der milde Geschmack eines Hühnchens nimmt ganz wunderbar die Aromen verschiedenster Gewürze an. Ein im Ofen zubereitetes Huhn ist also nur der Ausgangspunkt für eine ganze Reihe unterschiedlicher Gerichte.

1 DAS HUHN BRATEN

Den Backofen und einen großen Bräter auf einem Rost im unteren Drittel des Ofens auf 200 °C vorheizen. Das Hühnerklein und sichtbares Fett entfernen und das ganze Huhn waschen und mit Küchenkrepp trocken tupfen.

DAS HUHN EINREIBEN

Das Huhn mit 3 EL Olivenöl einreiben und mit Salz und schwarzem Pfeffer bestreuen. Das Huhn dann mit 3 halben Zitronen füllen (siehe »verschiedene Gewürztechniken« auf Seite 170). Wenn der Bräter 10–15 Minuten später gut vorgeheizt ist, das Huhn mit der Brustseite nach oben hineinlegen und 40–60 Minuten (je nach Größe des Huhns) im Ofen braten, bis es durch und durch gar ist (dafür sollte das Fleischthermometer eine Kerntemperatur von 70–75 °C anzeigen).

DEN SAFT VERWENDEN

Den Bräter aus dem Backofen holen und leicht kippen, damit gegebenenfalls Bratensaft, der im Huhn ist, in den Bräter laufen kann. Das Huhn auf ein Schneidebrett legen. Den Bratensaft etwa 5 Minuten ruhen lassen, bis sich das Fett auf der Oberfläche absetzt, und dann das Fett abschöpfen. Das Huhn tranchieren und mit dem warmen Bratensaft servieren.

2 DIE PERFEKTE GARSTUFE ERREICHEN

Ist das Huhn nicht richtig durchgegart, kann das gesundheitsgefährdend sein; wurde das Huhn zu lange gegart, schmeckt es trocken und fad. Mit den folgenden Tipps hat man die richtige Garzeit im Griff.

AN DER RICHTIGEN STELLE MESSEN

Die Kerntemperatur des Fleisches variiert, je nachdem, an welcher Stelle man sie misst. Beim ganzen Huhn ist es wichtig, das Fleischthermometer in die Mitte einer Keule einzustechen, da das Fleisch dort am dicksten ist und am längsten braucht, um durchzugaren. Um Lebensmittelvergiftungen (Salmonellen) zu vermeiden, sollte das Hühnerfleisch dort eine Kerntemperatur von mindestens 70 °C erreicht haben.

IMPROVISIEREN

Ein digitales Fleischthermometer ist die sicherste Methode, die richtige Garzeit zu ermitteln. Wer keines hat, muss die Garzeit auf die herkömmliche Methode kontrollieren: Dafür die Keule an der dicksten Stelle mit einem spitzen Messer bis zum Knochen einstechen. Ist der austretende Saft klar, ist das Huhn gar. Ist der Saft noch rosa bis rötlich, muss das Huhn unbedingt weitergaren.

MEISTERKLASSE
Hühnchen

3 EIN GERICHT ZUBEREITEN

BBQ-SANDWICH

Ein paar Zwiebelscheiben in etwas Olivenöl anbraten, bis sie glasig werden. Zerkleinertes Brathühnchenfleisch und eine gute Barbequesauce dazugeben und alles gut vermischen. Schließlich entweder ein Brötchen damit belegen oder das Ganze mit etwas in Streifen geschnittenem Kopfsalat oder Weißkohlsalat als Füllung für ein Wrap verwenden.

TORTILLA-SUPPE

Das gegarte Brathühnchenfleisch von den Knochen lösen und beiseitelegen. Die Knochen und Fleischreste, eine in 2 Hälften geteilte Zwiebel und ein paar Lorbeerblätter in einen großen Kochtopf geben. Wasser dazugießen, bis alles bedeckt ist und etwa 30 Minuten köcheln lassen. Mit Salz und Pfeffer abschmecken. Die Brühe durch ein Sieb gießen, das Fleisch in die Brühe geben und erneut erhitzen. Die Suppe auf Suppentassen verteilen und mit zerkrümeltem Feta, Tortillachips, klein gehackter Tomate, Radieschen oder Avocado garnieren.

CURRY-GEFLÜGELSALAT

Zerkleinertes Brathühnchenfleisch mit einer Mischung aus Mayonnaise, Naturjoghurt, klein gehacktem Koriander und klein gehackter roter Zwiebel vermischen und mit etwas Currypulver, Salz und Pfeffer würzen. Nach Geschmack einen klein gewürfelten Apfel und ganze Cashewnüsse unterheben. Auf Crackern oder Brot servieren und ein Chutney deiner Wahl dazu reichen.

QUESADILLA MIT HÜHNERFLEISCH

Zerkleinertes Brathühnchenfleisch, geriebenen Käse, klein gehackte rote Zwiebel und Chilipulver nach Geschmack vermischen und diese Mischung zwischen zwei Weizenmehl- oder Maismehl-Tortillas streichen. Mit Olivenöl bepinseln und grillen oder in der Pfanne braten und dabei einmal wenden. In Ecken schneiden und mit Limettenschnitzen servieren.

VERSCHIEDENE GEWÜRZTECHNIKEN

AROMATISCHE KRÄUTER

Das Huhn entweder mit ein paar frischen Zweigen Rosmarin, Thymian, Petersilie oder Salbei füllen oder 1 TL getrocknete oder klein gehackte, frische Kräuter – zum Beispiel Thymian oder Oregano – von außen in die Haut des Huhns einmassieren.

MISO-KNOBLAUCH

Das Huhn mit einer Mischung aus weißer Miso-Paste und klein gehacktem Knoblauch einreiben oder die Hühnerhaut ganz sachte vom Fleisch lösen und die Paste mit Knoblauch darunter in das Fleisch reiben.

SOJA-SESAM

Das Huhn mit Pflanzenöl statt Olivenöl bepinseln und einen Schuss Sojasauce und Sesamöl unter den Bratensaft mischen.

DAS HUHN RICHTIG ZERLEGEN

Eine weitere Art, ein Huhn vielseitig zu verwenden und dabei sogar Geld zu sparen (denn es ist billiger, ein ganzes Huhn zu kaufen als einzelne Teile), besteht darin, das Huhn richtig zu zerlegen.

1

DIE FLÜGEL ABTRENNEN

Die Klinge fest gegen das Huhn drücken und dann in die »Armbeuge« bis auf den Knochen gleiten lassen. Das Gelenk suchen und die Gelenkkapsel durchtrennen.

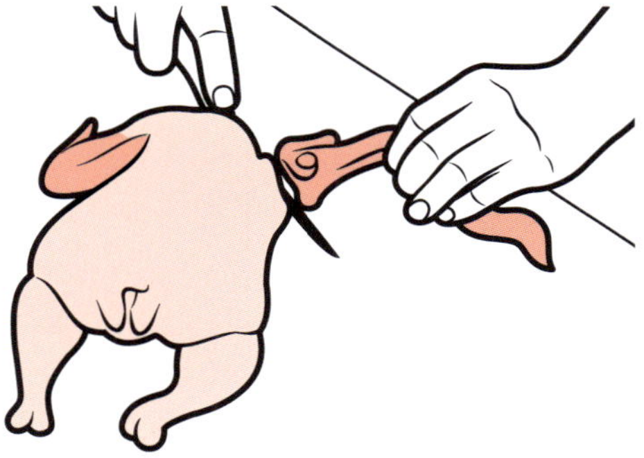

2

DIE SCHENKEL ABTRENNEN

Mit dem Messer zwischen Körper und Schenkel einschneiden und gleichzeitig den Schenkel nach unten biegen, bis das Gelenk zu sehen ist. Die Gelenkkapsel durchtrennen und das Bein mit dem Fleisch vom Rückgrat auslösen.

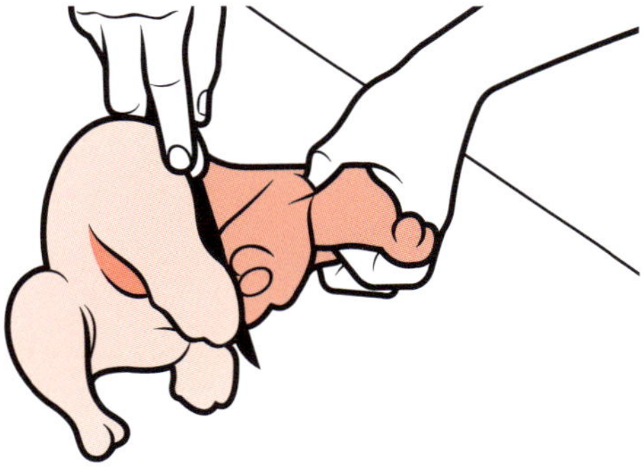

3

DIE HÜHNERBRUST ZERTEILEN

In der Mitte der Hühnerbrust entlang des Brustbeins einen nicht zu tiefen Schnitt machen. Das Brustbein mit den Fingern von unten nach oben drücken und komplett herausziehen. Die Brust in der Mitte durchschneiden, um die beiden Hälften voneinander zu trennen.

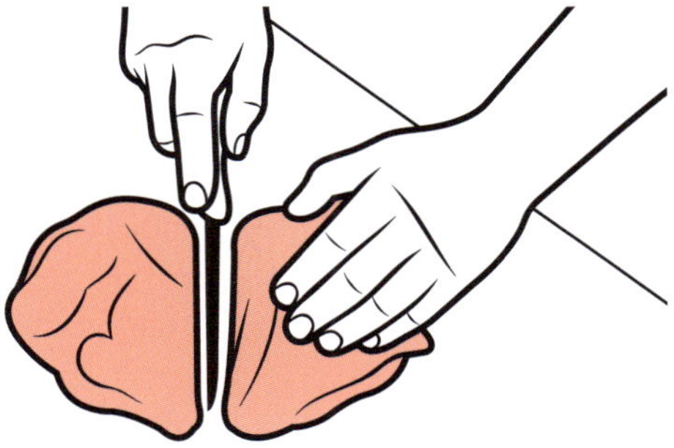

4

DAS RÜCKGRAT ENTFERNEN

Vom Bürzel bis zum Hals jeweils 1 cm vom Rückgrat entfernt einschneiden und den Knochen herauslösen.

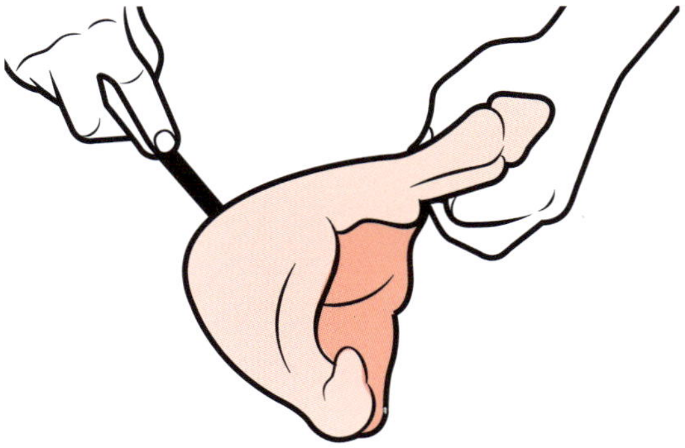

MEISTERKLASSE

HÜHNERSUPPE AUS RESTEN

Es gibt einen Grund, wieso Muttis Hühnersuppe so viel gehaltvoller und besser schmeckt als die Hühnersuppe aus der Dose.

1 DAS RICHTIGE HUHN KAUFEN

Eine 1500 g–2000 g schwere Poularde (ein Huhn mit einer Mastzeit von 10–12 Wochen) schenkt der Suppe ein angenehmes Hühnchenaroma und hat so viel Fleisch, dass man daraus noch wunderbar ein anderes Gericht zubereiten kann.

2 DAS FLEISCH SALZEN

Das Huhn von innen und außen mit 1 EL Salz einreiben und danach 15 Minuten im Kühlschrank ruhen lassen. Anschließend das Huhn kalt abspülen und trocken tupfen.

3 DAS GEMÜSE VORBEREITEN

Intensiv schmeckende Gemüsesorten sind die aromatische Grundlage der Suppe:

BESTE MISCHUNG:

3 Möhren (KLEIN GEHACKT) + 5 Stangen Staudensellerie (KLEIN GEHACKT) + 1 Zwiebel (KLEIN GEHACKT) + 3 Knoblauchzehen (ABGEZOGEN, GANZ)

4 DIE RICHTIGEN GEWÜRZE WÄHLEN

Eine klassische Hühnersuppe sollte mit milden Kräutern und Gewürzen verfeinert werden:

BESTE MISCHUNG:

Ein paar Zweige frische glatte Petersilie und Dill + 2 Lorbeerblätter + ½ TL schwarze Pfefferkörner

5 DIE SUPPE KOCHEN

A. Die Poularde in einen großen Topf geben und so viel Wasser zugießen, dass das Huhn komplett bedeckt ist. Noch weitere ca. 6 cm Wasser zugießen. Aufkochen und den Schaum abschöpfen.

B. Gemüse, Kräuter und Gewürze dazugeben. Ohne Deckel köcheln lassen, bis das Huhn nach 75–90 Minuten gar ist.

C. Die Poularde in eine große Schüssel geben und etwas abkühlen lassen. Die Haut entfernen und das Fleisch von den Knochen lösen.

D. Die Knochen zurück in den Topf geben und eine weitere Stunde köcheln lassen. Die Brühe durch ein Sieb abgießen (die festen Bestandteile entfernen) und mit Salz und Pfeffer abschmecken.

6 WEITERE ZUTATEN WÄHLEN

vorgegarte Eiernudeln | brauner oder wilder Reis | weiße Bohnen aus der Dose | frischer Babyspinat | klein gehackter Dill oder glatte Petersilie

7 DIE SUPPE VERFEINERN

Damit die Suppe weniger fettig und trüb ist, kann man sie über Nacht in den Kühlschrank stellen. Am nächsten Tag einfach das Fett, das an der Oberfläche fest geworden ist, abheben und die Suppe erneut erhitzen.

DAS PASSENDE BIER *zum* ESSEN

Ein gutes Essen kann den wiederum guten Geschmack des Bieres positiv unterstreichen und umgekehrt. Man sollte seinen Gästen also das passende Bier servieren.

1

PIZZA ODER MAKRELEN + PILS, LAGERBIERE

WARUM? **Struktur**

Ein trockenes, herbes Bier mit deutlicher Hopfenbitternote ist ein guter Ausgleich zu mächtigen Speisen und deftigen Aromen. Der bittere Hopfengeschmack säubert zwischen den Bissen die Geschmacksknospen und so bekommen Essen und Bier mehr Aroma.

2

BURGER, HUHN ODER LAMM + AMBER ALE, ALTBIER

WARUM? **Intensität**

Kräftige Aromen erdrücken leichte Biere. Daher sollte man zu deftigen Speisen ein obergäriges, schwereres Bier trinken.

3

RINDFLEISCH, WURST ODER SCHWEINEFLEISCH + SAISON-BIERE

WARUM? **Region**

Die vor allem aus Belgien stammenden Saison-Biere passen am besten zur europäischen Küche, genau wie asiatische Biersorten gut zu Sushi schmecken oder ein mexikanisches Bier ein Muss ist, wenn man gerade einen Teller mit Tacos vor sich stehen hat.

4

GRÜNER SALAT ODER EIER + WITBIER/BLANCHE

WARUM? **Gewicht/Körper**

Diese ungefilterten Weizenbiere enthalten häufig Zitrusschale, dadurch schmeckt auch das Essen frischer. Gleichzeitig sind diese besonderen Weizenbiere ein guter Ausgleich zu gehaltvollen Salatdressings oder einer Sauce Hollandaise.

5

KÄSE ODER LACHS + TRAPPISTENBIER, KLOSTERBIER

WARUM? Körper/Alkoholgehalt
Der leicht süße Geschmack nach Hefe passt hervorragend zu geräucherten und gegrillten Speisen, aber auch zu würzig aromatischem Käse.

6

SCHOKOLADE ODER OBST + STOUT, PORTER, LAMBIC, FRUCHTLAMBIC

WARUM? Es gibt keine Regeln
Man sollte sich trauen und ruhig mal mit süßen Bieren experimentieren – daraus können sich köstliche Kombinationen ergeben. Zu einem Schokoladendessert passt zum Beispiel ein belgisches Kriek (Sauerkirsch-Lambic).

7

ISS, UM ZU LEBEN. LEBE, UM ZU ESSEN.

DRAUSSEN KOCHEN

Ob auf dem Grill oder am Lagerfeuer, mit diesen Rezepten lässt es sich selbst in der Wildnis gut aushalten.

ACHTUNG, FERTIG, RAN AN DEN GRILL!

Was war das wohl für ein Ereignis, als der Mensch zum ersten Mal ein Steak grillte. Natürlich war das Rad eine wichtige mechanische Erfindung, ebenso wie der Speer erheblich dazu beigetragen hat, die Kampfkraft und die Technik des Jagens zu verbessern, aber das alles ist doch gar nichts verglichen mit dem unbeschreiblichen Wonnegefühl, als zum ersten Mal ein Stück Fleisch die Flamme berührte und das Steak geboren war. Mit den folgenden Rezepten hältst du deine Feuer hütenden Vorfahren in Ehren und wirst gleichzeitig ein besserer Grillmeister.

REGEL NR.

1

ENTFACHE DEN GRILL

WER EINEN GASGRILL besitzt, öffnet das Ventil und liest bei Regel Nr. 2 weiter. Wer einen Holzkohlegrill besitzt, sollte als Erstes die chemischen Grillanzünder wegpacken, denn sie stinken meist so sehr, dass sie einem den Appetit verderben. Stattdessen empfiehlt sich ein Anzündkamin, der in jedem Baumarkt erhältlich ist. Ein bis zwei Blatt Papier in den Kamin stopfen und ihn auf den Grillrost stellen. Den Kamin mit Grillkohle füllen (Briketts sind billiger, enthalten aber chemische Bindemittel, die den Geschmack des Grillguts beeinträchtigen können). Das Papier anzünden und mindestens 15 Minuten warten, bis die Grillkohle gut durchgezogen ist und sich oben auf der Kohle bereits eine weiße Ascheschicht gebildet hat. Den gesamten Inhalt des Kamins in den Grill schütten und dabei am besten Grillhandschuhe verwenden, da der Kamin auch von außen sehr heiß wird.

REGEL NR. **2**

BÜRSTE DEN GRILLROST AB

DEN DECKEL DES GRILLS für 3–5 Minuten schließen, damit die Hitze eventuelle Speisereste auf dem Grillrost verkohlt und diese sich einfacher entfernen lassen. Mit einer Edelstahlgrillbrüste die Rückstände sorgfältig abbürsten.

REGEL NR. **3**

SCHAFFE EINE GARZONE AN

DIREKTES GRILLEN Dünnere Fleischstücke wie Hühnerbrust, Schweinekoteletts, Steaks und Burger in die Mitte des Grills auf den Rost direkt über die glühende Kohle (oder die voll aufgedrehte Gasflamme) legen, damit sie durch die starke Hitze scharf angebraten werden. Beim Kugelgrill den Deckel geöffnet lassen.

INDIREKTES GRILLEN Ganze Hähnchen, Braten, Rippen oder größere Fleischstücke würden beim direkten Grill außen verbrennen. Dicke Steaks können direkt gegrillt werden, wenn man es langsam angeht. Beim Kugelgrill sollte man sich in der Mitte des Grills eine indirekte Hitzezone schaffen, indem die Kohle mit der Grillzange rechts und links zur Seite geschoben und beim Grillen der Deckel geschlossen wird. Wer einen Smoker-Grill verwendet, sollte einfach noch mehr Kohle ins untere Fach geben. Um mehr Rauch zu erzeugen, kann man eingeweichte Räucherhölzer oder Räucherchips in Alufolie packen, diese mit großen Löchern versehen und direkt auf die heiße Kohle legen. Beim Gasgrill die Gasbrenner auf einer Seite runterschalten und das Fleisch hier platzieren. Den Deckel schließen, damit die Luft im Inneren zirkulieren kann.

REGEL NR. **4**

REGULIERE DIE HITZE

UM DEN HITZEGRAD des Grills zu überprüfen, eine Hand 6 cm über den Rost halten und zählen … Hält man es weniger als 3 Sekunden aus, hat man einen sehr heißen Grill, 5–6 Sekunden bedeuten eine mittlere Temperatur und 10–12 Sekunden eine niedrige Grilltemperatur. Um die Hitze zu reduzieren, entweder den Deckel 1–2 Minuten öffnen oder den Grill belüften. Um die Hitze zu erhöhen, nach und nach etwas mehr vorgeglühte Kohle dazugeben, die man dafür im Anzündkamin bereithalten kann. Die optimale Grilltemperatur für ein Barbecue liegt bei 110 °C–120 °C, da eine gleichmäßige Hitze das Kollagen in den Muskeln zerstört und das Fleisch dadurch besonders zart wird.

Die Rezepte →

AUSRÜSTUNG

5 GRILLWERKZEUGE, DIE JEDER MANN SEIN EIGEN NENNEN SOLLTE

Das Fleisch? Liegt bereit. Der Grill? Ist vorgeheizt. Die Edelstahlspieße?

Um das Fleisch so zart und aromatisch wie möglich zu grillen, braucht »Mann« das richtige Werkzeug:

ZUM PINSELN

Silikonpinsel sind zwar einfach zu reinigen, nehmen aber nicht genug Sauce auf. Breite Pinsel mit Naturborsten oder Grillmops verteilen Saucen und Marinaden mühelos und gleichmäßig.

ZUM KRATZEN

Mit Reinigungsbürsten aus Edelstahlborsten lassen sich verkohlte Speiserückstände vom Grillrost entfernen, damit das Grillgut nicht nach den Hamburgern vom letzten Sommer schmeckt.

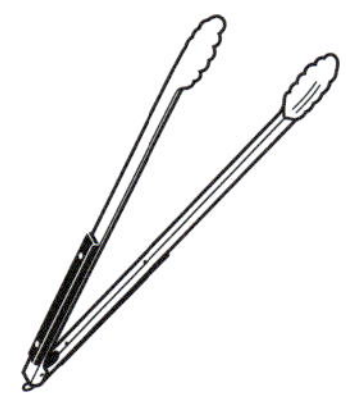

ZUM ZWICKEN

Beim Grillen sollte das Fleisch lediglich dreimal bewegt werden – nämlich auf den Grill gelegt, einmal gewendet und wieder vom Grill genommen werden. Am besten geeignet ist dafür eine Edelstahl-Grillzange mit langen Backen.

ZUM PIEKSEN

Niemals ein Messer auf dem Grill benutzen. Wer das Fleisch einschneidet, um zu prüfen, ob es gar ist, lässt dadurch Bratensaft austreten und das Fleisch wird unweigerlich zäh und trocken. Am einfachsten lässt sich die Kerntemperatur mit einem digitalen Fleischthermometer ermitteln (siehe dazu Seite 18).

ZUM SPIESSEN

Holzspieße verbrennen leicht auf dem Grill und lassen sich nicht gut wenden. Breite, schwertartige Spieße hingegen geben zum Beispiel großen Fleischstücken Halt und sorgen dafür, dass ein Kebab beim Grillen nur einmal gewendet werden muss.

LAMMCHOPS *mit* BALSAMICO-SIRUP

Frisch vom Grill nagt man diese kleinen Lammchops vom Knochen wie Eis am Stiel. Köstlich!

2 EL	**Olivenöl**
2	**Knoblauchzehen, klein gehackt**
1 EL	**frisch gehackter Rosmarin**
450 g	**Lammchops**
100 ml	**Aceto Balsamico**
	Salz und schwarzer Pfeffer nach Geschmack

1. In einer kleinen Schüssel das Öl, den Knoblauch und ¾ des klein gehackten Rosmarins miteinander verrühren. Die Lammchops mit der Marinade in einen wiederverschließbaren Gefrierbeutel füllen, den Beutel verschließen und bis zu 4 Stunden im Kühlschrank marinieren lassen.

2. In einem kleinen Topf den Essig mit dem restlichen Rosmarin auf mittlere Temperatur erhitzen und so lange köcheln, bis der Essig zu etwa Dreivierteln reduziert ist (er sollte die Unterseite eines Löffels überziehen).

3. Den Grill stark vorheizen, die Lammchops aus der Marinade nehmen, abtropfen lassen, von beiden Seiten mit Salz und Pfeffer bestreuen und 2–3 Minuten von jeder Seite grillen, bis das Fleisch fest, aber immer noch elastisch ist. Den Balsamico-Sirup zum Servieren über das Fleisch träufeln.

ERGIBT 4 PORTIONEN · PRO PORTION **280** KALORIEN // **21 g** FETT // **0 g** KOHLENHYDRATE // **0 g** BALLASTSTOFFE // **22 g** PROTEINE

KÜCHEN-ERSTE-HILFE

EINEN STICH VERARZTEN

Wer beim Grillen von einer Biene gestochen wurde, sollte den Stachel entfernen und einfach etwas Marinade mit ein paar Tropfen Wasser verdünnen und auf den Stich streichen. Die in der Marinade enthaltenen Enzyme zerstören das Insektengift, das die Haut anschwellen und rot werden lässt.

LACHS *auf* ZEDERNHOLZ GEGRILLT

Viele Menschen lieben den Geschmack geräucherter Speisen, besitzen aber keinen Smoker-Grill und/oder haben nicht die Zeit, ihr Essen bei niedriger Temperatur ganz langsam auf dem Grill zu garen.
Dafür gibt es jetzt eine einfache Alternative, denn mittlerweile sind fast überall dort, wo man Grillzubehör erstehen kann, auch Grillbretter im Angebot.
Für Lachs eignet sich am besten ein Zedernholzgrillbrett, das dem Fisch beim Grillen ein angenehm süß-würziges und rauchiges Aroma verleiht.

1	**großes Zedernholzgrillbrett**
1	**Salatgurke, in Scheiben geschnitten**
2 EL	**Reisessig**
1 TL	**Chiliflocken**
2 TL	**Sesam + mehr zum Garnieren**
2 EL	**Minze oder Koriander, frisch gehackt**
	Salz und frisch gemahlener schwarzer Pfeffer
	Olivenöl
2	**Lachsfilets mit Haut (je 170 g)**

1. Das Grillbrett vor der Verwendung mindestens 2 Stunden in Wasser einweichen.

2. In einer Schüssel die Gurke, den Essig, die Chiliflocken, den Sesam und Minze oder Koriander miteinander vermischen und mit Salz und Pfeffer abschmecken.

3. Den Grillrost vor dem starken Vorheizen mit einem in Öl getränkten Küchenkrepp abreiben. Das Grillbrett auf den Grill legen. Den Lachs mit Salz und Pfeffer würzen. Sobald das Grillbrett raucht, den Lachs mit der Hautseite nach unten darauflegen. Den Grill schließen und den Lachs 10–12 Minuten grillen, bis er auf Fingerdruck leicht nachgibt.

4. Den Lachs mit dem Gurkensalat bedeckt und mit etwas Sesam bestreut servieren.

ERGIBT 2 PORTIONEN · PRO PORTION **350** KALORIEN // **22 g** FETT // **3 g** KOHLENHYDRATE // **2 g** BALLASTSTOFFE // **36 g** PROTEINE

MEISTERKLASSE

EINEN GANZEN FISCH GRILLEN

Wer gerade die ganze Familie oder ein paar Freunde zu Besuch hat, kann als Grillmeister richtig Eindruck schinden, wenn er einen ganzen Fisch auf den Grill legt – und nichts ist einfacher als das!

DER FISCH

Für 6 Personen benötigt man einen 1,5–2 kg schweren gesäuberten und entschuppten Fisch (oder 2 Fische à 900 g oder 4 Fische à 450 g). Da das Auge mitisst, sollte man Kopf, Schwanz und Flossen dranlassen. Geeignet sind zum Beispiel Red Snapper, Barsch, Brasse oder Makrele.

DAS WÜRZEN

Den Fisch von außen und innen mit Salz einreiben und von außen mit extra nativem Olivenöl (auf Wunsch auch mit Knoblauch aromatisiert) bestreichen. Die Bauchhöhle des Fisches nach Geschmack mit Kräutern und Gewürzen füllen (jedoch nicht überfüllen) – in dünne Scheiben geschnittener Knoblauch oder Zwiebeln, Rosmarin- oder Thymianzweige, Orangen- oder Zitronenscheiben.

DIE GRILLMETHODE

Den Grill auf mittlere Temperatur vorheizen (220–230 °C). Den Grillrost mit etwas Öl bepinseln, den Fisch darauflegen und etwa 15 Minuten grillen, bis er eine Kruste bekommt und sich leicht vom Grill lösen lässt. Mit einem breiten Pfannenwender den Fisch wenden und weitere 10 Minuten grillen, bis der Fisch leicht auseinanderfällt, wenn man ihn mit der Gabel einsticht. Wer's einfacher möchte, verwendet eine Fisch-Grillzange, in der sich der Fisch leicht wenden lässt, ohne zu zerfallen.

GEGRILLTER THUNFISCH *mit* SAUCE VIERGE

Auch wenn man von Thunfisch-Steaks spricht, sollte man den Fisch nicht wie ein T-Bone-Steak behandeln, da er viel schneller gart als Rind- oder Schweinefleisch und etwas behutsamer behandelt werden will. Man serviert ihn daher besser mit einer Sauce Vierge (wörtl. übersetzt »Jungfrauensauce«), also einer einfachen ungekochten Sauce, die hauptsächlich aus Tomaten und Olivenöl besteht. Die Sauce Vierge hält sich im Kühlschrank bis zu 3 Tage und schmeckt mit etwas Essig verlängert auch perfekt als Vinaigrette.

100 ml	**extra natives Olivenöl**
	abgeriebene Schale von 1 unbehandelten Zitrone
2 EL	**Zitronensaft**
250 g	**Kirschtomaten, geviertelt**
1	**kleine Schalotte, klein gehackt**
½	**Knoblauchzehe, klein gehackt**
3 EL	**glatte Petersilie, klein gehackt**
	feines Meersalz und frisch gemahlener schwarzer Pfeffer
4	**Thunfischsteaks (etwa 2,5 cm dick)**
4 EL	**Kräuter der Provence**
2 EL	**Olivenöl zum Bepinseln**

1. Den Grill stark vorheizen.

2. In einer mittelgroßen Schüssel das Olivenöl, die Zitronenschale, den Zitronensaft, die Tomaten, die Schalotte, den Knoblauch und die Petersilie vermischen und mit Salz und Pfeffer abschmecken. Die fertige Sauce Vierge beiseitestellen.

3. Sobald der Grill heiß ist, die Thunfischsteaks großzügig mit den Kräutern der Provence und mit Salz und Pfeffer einreiben.

4. Die Steaks mit etwas Olivenöl beträufeln und auf dem Grill 2–3 Minuten von jeder Seite scharf anbraten, damit sie innen noch rosa sind (Kerntemperatur 45 °C). Sofort mit der Sauce Vierge servieren.

ERGIBT 4 PORTIONEN · PRO PORTION **730** KALORIEN // **61 g** FETT // **2 g** KOHLENHYDRATE // **1 g** BALLASTSTOFFE // **44 g** PROTEINE

TACOS *mit* GEGRILLTEM FISCH *und* CHIPOTLE-CREME

In Restaurants wird wenig aromatischer Fisch häufig mit einem Teigmantel frittiert. So lässt sich das fehlende Aroma gut kaschieren. Solche Extrakalorien kann man sich sparen, indem man Fisch von guter Qualität kauft und selbst zubereitet. Dieses Fischgericht ist mit Avocado und klein geschnittenem Weißkohl mexikanisch inspiriert.

100 g	**Sour Cream oder mexikanische Crema**
3	**Limetten, 1 ausgepresst und 2 in Viertel geschnitten**
1 EL	**fein gehackte, in Adobo-Sauce eingelegte Chipotle-Chili**
1	**Handvoll frischer Koriander, gehackt**
450 g	**Goldmakrelen-, Heilbutt- oder Thunfischfilet**
	Pflanzenöl zum Bepinseln
1 ½ TL	**Chilipulver (vorzugsweise Ancho-Chili)**
	Salz und frisch gemahlener schwarzer Pfeffer
8	**Maismehl-Tortillas**
160 g	**Weißkohl, fein geschnitten**
1	**Avocado, in dünne Scheiben geschnitten**
	scharfe Sauce nach Belieben

1. Den Grill auf mittlere Temperatur vorheizen.

2. In einer kleinen Schüssel die Sour Cream mit Limettensaft, der fein gehackten Chili und dem gehacktem Koriander vermischen und dann beiseitestellen.

3. Den Fisch mit etwas Öl beträufeln und mit dem Chilipulver sowie Salz und Pfeffer einreiben. Den Fisch auf den Grill legen und 4 Minuten ungestört garen lassen. Dann mit einem Pfannenwender vorsichtig wenden und weitere 4 Minuten grillen (Ausnahme: Thunfisch insgesamt nur 4 Minuten grillen). Den Fisch vom Grill nehmen und nun die Tortillas 1–2 Minuten grillen.

4. Den Fisch auf die warmen Tortillas verteilen und etwas Kohl darübergeben. Die Sour Cream darauf verteilen und mit Avocadoscheiben und frischem Koriander garnieren. Die Tacos mit den Limettenvierteln und scharfer Sauce servieren.

ERGIBT 8 TACOS · PRO PORTION (2 TACOS) **490** KALORIEN // **19 g** FETT // **47 g** KOHLENHYDRATE // **4 g** BALLASTSTOFFE // **32 g** PROTEINE

BBQ IM GARTEN

GEGRILLTE BABY-BACK-RIBS

Erfahrene Grillmeister haben exklusiv für *Men's Health* das ultimative Rezept für gegrillte Baby-Back-Ribs inklusive einer BBQ-Sauce kreiert. Auch wenn die Vorbereitung ein wenig aufwendig ist – die Mühe lohnt sich!

300 g	**Räucherholzchips (Apfel oder Kirsche)**
2	**Stränge Baby-Back-Ribs (je 900 g, Spareribs)**
	Würzmischung (siehe Seite 188)
4 EL	**Ananassaft**
	Die ultimative BBQ-Sauce (siehe Seite 188)

1. Die Holzchips 20 Minuten einweichen und dann abtropfen lassen. Den Grill für indirektes Grillen vorheizen und die Holzchips dazugeben. Den Boden einer großen Grillschale 3 mm hoch mit Wasser bedecken. Den Grillrost entfernen, die Schale unter dem Grillrost neben die glühende Kohle (beziehungsweise den Gasbrenner) stellen und den Rost wieder auflegen.

2. Die Rippchen mit 50 g der Gewürzmischung von beiden Seiten einreiben und über der Schale auf den Grill legen, den Grill schließen und die Ribs 2 Stunden bei 120 °C garen.

3. Die Stränge vom Grill nehmen und jeweils auf ein großes Stück Alufolie legen. Jeden Strang mit 2 EL Ananassaft beträufeln, die Rippchen fest in die Alufolie wickeln und zurück auf den Grill legen, um sie weitere 45–60 Minuten lang zu garen, bis sich das Fleisch leicht von den Knochen ablöst.

4. In der Zwischenzeit die BBQ-Sauce von Seite 188 zubereiten.

5. Die Rippchenstränge auswickeln, zurück auf den Grill legen und erneut mit etwas Gewürzmischung bestreuen. Die Ribs weitere 20 Minuten garen und dann von beiden Seiten mit der BBQ-Sauce glasieren. Erneut 25–40 Minuten grillen, bis das Fleisch zwischen den Knochen leicht reißt und die Stränge sich nach unten biegen, wenn man sie in der Mitte mit einer Grillzange festhält.

ERGIBT 8 PORTIONEN · PRO PORTION **360** KALORIEN // **27 g** FETT // **6 g** KOHLENHYDRATE // **0 g** BALLASTSTOFFE // **27 g** PROTEINE

BBQ IM GARTEN

SPARERIBS-WÜRZMISCHUNG

30 g	Paprikapulver
50 g	Salz
50 g	dunkelbrauner Zucker
2 ½ EL	Knoblauchgranulat
2 EL	Zwiebelgranulat
2 EL	Chilipulver
1 EL	grob gemahlener schwarzer Pfeffer
2 TL	Kreuzkümmel
½ TL	Cayennepfeffer

Sämtliche Zutaten in einer mittelgroßen Schüssel miteinander vermischen.

ERGIBT ETWA 220 G.

DIE ULTIMATIVE BBQ-SAUCE

Diese Sauce übertrifft alles, was man fertig kaufen kann, und am liebsten würde man sie direkt mit einem Strohhalm aufsaugen. Das Rezept reicht für so viel Sauce, dass man gut seinem Freund ein Glas davon mitgeben kann. Sie hält sich aber auch im Kühlschrank bis zu 3 Monate.

2 EL	Pflanzenöl
½	große Zwiebel, fein gehackt
30 g	grüne Paprika, fein gehackt
½	Jalapeño, entkernt und fein gehackt
1 EL	Knoblauch, fein gehackt
1	Prise Salz
400 g	passierte Tomaten (aus der Dose)
200 ml	Ketchup
100 ml	Honig
1/8 l	Wasser
6 EL	dunkelbrauner Zucker
6 EL	Worcestershire-sauce
50 ml	Apfelessig
2 EL	Zitronensaft
2 EL	Melasse (Zuckersirup)
2 EL	Chilisauce
2 EL	Cayennepfeffer-Sauce
2 EL	würziger brauner Senf
1 ½ TL	Chilipulver
1 TL	grob gemahlener schwarzer Pfeffer
¼ TL	gemahlener Piment
1 ½ TL	Raucharoma (Liquid Smoke), optional

Das Öl in einem großen Topf auf mittlere Temperatur erhitzen und darin Zwiebeln, Paprika, Jalapeño und Knoblauch etwa 10 Minuten weich dünsten. Die restlichen Zutaten hinzufügen, kurz aufkochen. Zwischendurch umrühren. Die Sauce in verschließbare Gläser abfüllen.

ERGIBT ETWA 1L · PRO 100 ML **140** KALORIEN // **2 g** FETT // **28 g** KOHLENHYDRATE // **1 g** BALLASTSTOFFE // **1 g** PROTEINE

GRILLHÄHNCHEN *auf* JAMAIKANISCHE ART

Du denkst, du wüsstest alles über Grillhähnchen? Dieses würzig gegrillte Hähnchen hat nichts gemein mit dem Brathähnchen vom mobilen Grill um die Ecke. Das jamaikanisch gewürzte Fleisch wird langsam und indirekt gegrillt, damit die Gewürze gut ins Fleisch einziehen können, ohne dass es trocken wird. Probier dieses Rezept und du wirst die Finger nicht mehr davon lassen können. Bonus: Von der Gewürzpaste bleibt so viel übrig, dass man auch am nächsten Tag wieder grillen kann.

5	**Frühlingszwiebeln, grob gehackt**
2	**Scotch Bonnet Chilischoten, grob gehackt**
2	**Knoblauchzehen, grob gehackt**
50 ml	**Weißweinessig**
2 EL	**Pflanzenöl**
2 TL	**Salz**
2 TL	**gemahlener Piment**
2 TL	**gemahlener Zimt**
2 TL	**frischer Thymian, fein gehackt**
1 ½ TL	**frischer Ingwer, fein gehackt**
1 TL	**brauner Zucker**
1 TL	**frisch gemahlener schwarzer Pfeffer**
1 TL	**geriebene Muskatnuss**
1	**Hähnchen (1,5–2 kg, geviertelt)**

1. Im Standmixer sämtliche Zutaten, bis auf das Hähnchenfleisch, zu einer glatten Paste pürieren.

2. Das Fleisch mit 6 EL dieser jamaikanischen Würzpaste einreiben und über Nacht im Kühlschrank ziehen lassen.

3. Den Grill auf eine niedrige bis mittlere Temperatur vorheizen, dann die Kohlen auf eine Seite schieben und die Hähnchenteile mit der Haut nach unten auf die gegenüberliegende Seite legen. Den Grill schließen und das Fleisch 25 Minuten garen. Die Stücke wenden und weitere 30–45 Minuten grillen, bis sie gar sind (zur Probe einstechen: auslaufender Bratensaft sollte klar sein). Noch mehr süßwürziges Aroma bekommt das Fleisch, wenn man zur Grillkohle eine Handvoll eingeweichter Nelkenpfefferbaum- oder Piment-Räucherchips gibt.

ERGIBT 6 PORTIONEN · PRO PORTION **400** KALORIEN // **24 g** FETT // **4 g** KOHLENHYDRATE // **1 g** BALLASTSTOFFE // **42 g** PROTEINE

BBQ IM GARTEN

GEGRILLTE MAISKOLBEN

Wer Mais kocht, schwemmt wertvolle Aromen aus. Wer den Mais hingegen samt der Hüllblätter auf den Grill legt, hat anschließend ein süßaromatisches Gemüse mit leichtem Raucharoma auf dem Teller. Zum BBQ die Maiskolben mexikanisch mit einem Klacks Limettenmayonnaise, einem Hauch Chilipulver und frisch geriebenem Parmesan garnieren.

4 **ganze Maiskolben**
2 EL **Mayonnaise**
Saft von 1 Limette
1 TL **Chilipulver**
2 EL **fein geriebener Parmesan**

1. Einen Holzkohle- oder Gasgrill auf mittlere Temperatur vorheizen. Die Hüllblätter der Maiskolben zurückziehen, die seidigen Fäden entfernen und die Hüllblätter wieder zurück über den Kolben streifen. Die Maiskolben 10 Minuten in kaltem Wasser einweichen.

2. In einer kleinen Schüssel Mayonnaise und Limettensaft verrühren.

3. Die Maiskolben 15 Minuten grillen und häufiger wenden, damit die Hüllblätter nicht verbrennen. Die Hüllblätter zurückziehen und die Maiskolben weitere 5–10 Minuten grillen, bis die Körner leicht verkohlt sind.

4. Die Maiskolben mit der Limettenmayonnaise bestreichen, mit Chilipulver bestäuben und etwas Parmesan darüberreiben.

ERGIBT 4 PORTIONEN · PRO PORTION **240** KALORIEN // **9 g** FETT // **33 g** KOHLENHYDRATE // **4 g** BALLASTSTOFFE // **4 g** PROTEINE

WASSERMELONENSALAT *mit* WARMEM BASILIKUMÖL

Was kann an einem heißen Sommertag erfrischender sein, als in eine süßsaftige Scheibe Wassermelone hineinzubeißen? Und nichts passt so gut zu Wassermelonen wie Basilikum. Wer es nicht glaubt, sollte unbedingt dieses Rezept ausprobieren. Klein gehackt kann man es wunderbar als Salsa verwenden.

100 ml **Olivenöl**
30 g **Basilikumblätter**
12 **dünne Scheiben Wassermelone, Schale entfernt**
1 **rote Zwiebel, in dünne Scheiben geschnitten**
Salz und frisch gemahlener schwarzer Pfeffer

1. Das Öl in einem kleinen Stieltopf erhitzen. Das Basilikum hineingeben und die Mischung sofort im Standmixer pürieren.

2. Die Wassermelonenscheiben auf 4 Salattellern anrichten. Mit einigen dünnen Zwiebelscheiben garnieren, je 1 TL Basilikumöl darüberträufeln und mit Salz und Pfeffer würzen. Sofort servieren.

ERGIBT 4 PORTIONEN · PRO PORTION **290** KALORIEN // **25 g** FETT // **14 g** KOHLENHYDRATE // **1 g** BALLASTSTOFFE // **1 g** PROTEINE

BBQ IM GARTEN

BAKED BEANS *nach* MEMPHIS-ART

Als Grundlage dieses Rezepts dienen die vor allem bei unseren britischen Nachbarn so beliebten Baked Beans aus der Dose, die auch bei uns im Supermarkt erhältlich sind. Hier werden sie mit Gemüse und Gewürzen kombiniert.

2	**Dosen Baked Beans (à 415 g)**
1	**Zwiebel, gewürfelt**
½	**rote Paprika, klein gehackt**
½	**grüne Paprika, klein gehackt**
80 g	**gelber Senf**
100 ml	**BBQ-Sauce (gekauft oder siehe Seite 188)**
50 g	**brauner Zucker**
1 EL	**Knoblauch, fein gehackt**
1 EL	**Chilipulver**
1 ½ TL	**Cayennepfeffer**
¼ TL	**weißer Pfeffer**

Den Backofen auf 125 °C vorheizen. Sämtliche Zutaten in einer großen Schüssel miteinander vermischen und in eine entsprechend große Auflaufform füllen. Alles zusammen etwa 90 Minuten im Ofen backen, bis das Gemüse weich ist und sich die Aromen vermischt haben.

ERGIBT 8 PORTIONEN · PRO PORTION **290** KALORIEN // **1 g** FETT // **49 g** KOHLENHYDRATE // **11 g** BALLASTSTOFFE // **14 g** PROTEINE

KRAUTSALAT

Knackig frischer, süßlicher Krautsalat oder Coleslaw ist die perfekte Beilage für ein reichhaltiges Barbecue. Probiere dieses Grundrezept aus und gib ihm dann mit verschiedenen Gewürzen eine eigene Note. Der rohe Kohl enthält jede Menge Ballaststoffe und Vitamin C und gilt als krebsvorbeugend.

3 EL	**Dijon-Senf**
4 EL	**Mayonnaise**
4 EL	**Essig (rot, weiß oder Apfel)**
4 EL	**Rapsöl**
	Salz und schwarzer Pfeffer nach Geschmack
½	**Kopf Weißkohl, in sehr dünne Streifen geschnitten**
½	**Kopf Rotkohl, in sehr dünne Streifen geschnitten**
3	**Möhren, in sehr dünne Streifen geschnitten**
	eingelegte Jalapeños (optional)

1. In einer Schüssel den Senf, die Mayonnaise und den Essig mischen. Das Öl langsam dazugeben und mit dem Schneebesen unterrühren. Mit Salz und Pfeffer abschmecken.

2. In einer Salatschüssel die beiden Kohlsorten, die Möhren und die Jalapeños (optional) mit dem Dressing vermischen und erneut mit Salz und Pfeffer abschmecken.

ERGIBT 6 PORTIONEN · PRO PORTION **240** KALORIEN // **21 g** FETT // **10 g** KOHLENHYDRATE // **6 g** BALLASTSTOFFE // **3 g** PROTEINE

BBQ IM GARTEN

KARTOFFELSALAT *mit* RUCOLA UND SPECK

Die kleinen Drillinge sind besonders zart und cremig, wenn sie mit etwas Mayonnaise angemacht werden. Senf und Essig sorgen für säuerliche Schärfe und Speck ist einfach immer eine gute Ergänzung.

450 g	**kleine Drillinge (Kartoffeln)**
	etwas Salz
½ EL	**Dijon-Senf**
2 EL	**Rotweinessig**
2 EL	**Sherryessig**
100 ml	**Olivenöl**
1 EL	**Estragon, frisch gehackt**
4	**dicke Scheiben Frühstücks-speck, kross gebraten und zerkrümelt**
½	**Stange Staudensellerie, klein gehackt**
1/3	**mittelgroße Zwiebel, in hauchdünne Scheiben geschnitten**
	Salz und frisch gemahlener schwarzer Pfeffer
2	**Handvoll Rucola**

1. Die Kartoffeln gründlich waschen und mit Schale in einen mittelgroßen Topf geben. Mit kaltem Salzwasser bedecken, aufkochen und etwa 10 Minuten köcheln, bis die Kartoffeln gar sind (zur Probe mit einer Gabel einstechen). Die Kartoffeln abtropfen und abkühlen lassen, eventuell pellen, längs halbieren und in eine große Schüssel geben.

2. In einer kleinen Schüssel mit dem Schneebesen den Senf, Rotweinessig und Sherryessig aufschlagen und dann nach und nach das Öl untermischen. Zum Schluss den Estragon unterrühren.

3. Die Vinaigrette mit dem Speck, dem Sellerie und der Zwiebel unter die Kartoffeln heben, mit Salz und Pfeffer abschmecken und 1 Stunde im Kühlschrank ziehen lassen. Vor dem Servieren den Rucola untermischen.

ERGIBT 4 PORTIONEN · PRO PORTION **480** KALORIEN // **45 g** FETT // **15 g** KOHLENHYDRATE // **3 g** BALLASTSTOFFE // **5 g** PROTEINE

KNOW-HOW

GESUND GRILLEN

Techniken und Tipps für Mahlzeiten, die dir guttun

Das Letzte, woran man beim Grillen im Freien denkt, sind lebensbedrohliche Krankheiten. Allerdings weisen Forscher immer wieder darauf hin, dass der regelmäßige Genuss von verkohltem Fleisch das Krebsrisiko erhöhen kann. Daher sollte man beim Grillen darauf achten, meistens mageres Fleisch zu wählen, Fettränder abzuschneiden und die Speisen nicht rabenschwarz zu grillen.

MARINADE ALS SCHUTZ VOR KREBSERREGERN

Wissenschaftler der Kansas State University haben herausgefunden, dass kommerzielle Marinaden die Entstehung heterozyklische aromatischer Amine (HAA) – krebserregende Verbindungen, die wahrscheinlich beim Braten von Fleisch bei hohen Temperaturen entstehen – um 71 Prozent verringern. Sie vermuten, dass die Antioxidantien aus den Kräutern und Gewürzen die Reaktion freier Radikale während des Garens verhindern. Die karibische Rindfleisch-Marinade, die Wissenschaftler getestet haben, senkt die Bildung der HAA angeblich sogar um 88 Prozent:
Je ¼ TL Salz, Cayennepfeffer und schwarzen Pfeffer mit je ½ TL Zucker, Thymian, Piment, Rosmarin und Schnittlauch vermischen und mit 50 ml Wasser und je 2 EL Olivenöl und Essig mixen. Das Fleisch schmeckt besonders aromatisch, wenn man es über Nacht im Kühlschrank marinieren lässt.

BURGER NICHT ZU LANGE BRATEN

Einer Studie auf ***PLOS ONE*** zufolge erhöht zu lange gegartes Rinderhack das Risiko, an Prostatakrebs zu erkranken. Die Wissenschaftler beobachteten ein um 50 Prozent geringeres Risiko bei Männern, die Rinderhack stets nur halb durchgebraten und innen noch rosa (medium bis rare) aßen. Der Grund sei laut dem Studienleiter John Witte, Professor an der University of California in San Francisco, dass das Durchbraten chemische Verbindungen auslöse, die eine Krebserkrankung begünstigen können.

1
2
3

BAU DIR DEINEN HOTDOG

Beim Hotdog kommt es auf die Zutaten an – also wähle ganz nach deinem Geschmack:

1 À LA FRANÇAISE

Dijon-Senf + Blauschimmelkäse + Kräuter der Provence

2 CHICAGO HOTDOG

Klein gehackte Zwiebeln + Tomatenscheiben + gelber Senf + süßes Relish + saure Gurken + grüne eingelegte Paprika + etwas Selleriesalz

3 MAGENFÜLLER

Avocadoscheiben + Mayonnaise + klein gehackte Tomaten + 1 Streifen kross gebratener Frühstücksspeck + klein gehackte Zwiebel + Pintobohnen (aus der Dose)

4 OLYMPIA HOTDOG

Gedünsteter Spinat mit Knoblauch und Olivenöl + etwas griechischer Joghurt + 1 Spritzer Zitronensaft

HAMBURGER *mit* GEBRATENEN ZWIEBELN

Für dieses Gericht brauchst du eine gusseiserne Grillpfanne. Durch sie erhalten deine Burger und die Zwiebeln die typischen rauchigen Grillstreifen. Da schmeckt's wie frisch vom Grill!

½	**Bund Petersilie, fein gehackt**
1	**Zwiebel, fein gehackt**
1 EL	**Butter**
600 g	**Rinderhackfleisch**
2	**mittelgroße Eier**
1 EL	**Senf**
4 EL	**Paniermehl oder Semmelbrösel**
	Salz
	frisch gemahlenen schwarzen Pfeffer
2 EL	**Butterschmalz**
3	**Zwiebeln, in Scheiben geschnitten**
8	**Sesambrötchen**
8	**Salatblätter**
2	**Tomaten, in Scheiben geschnitten**
2	**Gewürzgurken, in Scheiben geschnitten**
8	**Scheiben Cheddar à 30 g**
4 EL	**Ketchup (mit hohem Tomatenanteil und wenig Zucker)**

1. Die Petersilie und die fein gehackte Zwiebel in der heißen Butter glasig anbraten und anschließend mit dem Rinderhackfleisch, den Eiern, dem Senf und dem Paniermehl oder den Semmelbröseln in eine Schüssel geben. Alles durchkneten und mit Salz und Pfeffer abschmecken. Aus der Hackmasse 8 Buletten formen.

2. 1 EL Butterschmalz in einer gusseisernen Grillpfanne erhitzen. Die Zwiebelscheiben darin glasig dünsten. Herausnehmen und kurz beiseitestellen. Das restliche Butterschmalz in der Pfanne erhitzen und die Buletten darin von jeder Seite 5–6 Minuten braten. Die Zwiebeln wieder in die Pfanne geben und erwärmen.

3. Die Sesambrötchen aufschneiden. Die unteren Brötchenhälften erst mit je 1 Salatblatt, 1 Bulette, danach mit gebratenen Zwiebeln, 1 Tomatenscheibe, Gurkenscheiben und Käse belegen. Die obere Brötchenhälfte mit Ketchup bestreichen und darauflegen.

ERGIBT 8 PORTIONEN · PRO PORTION **580** KALORIEN // **34 g** FETT // **35 g** KOHLENHYDRATE // **6 g** BALLASTSTOFFE // **33 g** PROTEINE

FLEISCHLOS KOCHEN

VEGGIE-BURGER, DIE RICHTIG SATT UND GLÜCKLICH MACHEN

Das Grundrezept basiert auf der ballaststoffreichen (6 g pro Burger) und sättigenden Qualität schwarzer Bohnen.

1 GRUNDZUTATEN MISCHEN

Quinoa und Haferflocken enthalten pflanzliche Proteine, absorbieren Feuchtigkeit und sorgen für eine gute Konsistenz.

120 g vorgegarte Quinoa
(rotbraune Quinoa lässt die Burger fast wie Rindfleischburger aussehen)

250 g schwarze Bohnen (aus der Dose), abgespült und abgetropft

60 g kernige Haferflocken

2 AROMATISIEREN

Jetzt wird es Zeit, den Grundzutaten Geschmack einzuverleiben, entweder mit einer der aufgelisteten Kombinationen oder ganz nach eigenem Gusto.

SÜDSTAATEN-BURGER

- 3 EL BBQ-Sauce
- 1 TL Worcestershiresauce
- 2 EL klein gehackte eingelegte Jalapeños
- 1 EL geräuchertes Paprikapulver
- 1 EL Chilipulver
- 1 TL gemahlener Kreuzkümmel

CURRY BURGER

- 3 EL Mango Chutney
- 2 EL Currypulver
- ¼ TL Salz

ASIAN BURGER

- 3 EL Hoisin-Sauce
- 1 TL gemahlener Ingwer
- 1 TL Fünf-Gewürze-Mischung

3 ZUTATEN VERMISCHEN

Sämtliche Zutaten in der Küchenmaschine oder im Standmixer vermischen und zwischendurch immer wieder von den Seitenwänden herunterschaben, bis die Feuchtigkeit alles zusammenhält und sich ein Teig formt. Ist die Mischung zu flüssig, einfach mehr trockene Zutaten dazugeben; ist sie zu fest, etwas mehr Flüssigkeit dazugießen.

4 BURGER FORMEN UND BRATEN

Eine antihaftbeschichtete Pfanne auf mittlere Temperatur erhitzen und 1 EL Olivenöl hineingeben. Die Bohnenmischung in eine Schüssel umfüllen und die Hände befeuchten. Die Mischung zu 6 brötchengroßen Burgern formen und nacheinander behutsam in die heiße Pfanne setzen. Die Veggie-Burger etwa 4 Minuten von jeder Seite braten, bis sie außen knusprig sind.

ERGIBT 6 PORTIONEN · PRO PORTION (1 BURGER)
130 KALORIEN // **3 g** FETT // **20 g** KOHLENHYDRATE // **6 g** BALLASTSTOFFE // **6 g** PROTEINE

5 BURGER BELEGEN

Es besteht keine Notwendigkeit, den Burger mit Salat, Tomaten und Zwiebeln zu überfrachten, aber wer will, kann den Belag mit folgenden Zutaten aufpeppen:

EINGELEGTE JALAPEÑOS

Sie liefern den säuerlichen Biss roter Zwiebeln und gleichzeitig angenehme Schärfe.

EINGELEGTE, GERÖSTETE ROTE PAPRIKA

Rote Paprika bringen nicht nur Farbe auf den Burger, sie enthalten auch doppelt so viel Vitamin E und zehn Mal so viel Vitamin A wie grüne Paprika. Die eingelegten Paprikaviertel vorher gut abtropfen lassen.

AVOCADO

Bohnen und Getreide enthalten wenig Fett, daher sorgt die Avocado für den vollmundigen Geschmack, den man von einem Burger erwartet. Reife Avocados erkennt man daran, dass die Schale leicht nachgibt, wenn man sie eindrückt.

ANANAS

Am besten ganze Ananasringe vorher in der Pfanne oder auf dem Grill kurz braten, bis sie leicht karamellisieren. Ananasringe (aus der Dose) vor dem Grillen trockentupfen.

WÜRZIGSCHARFE LAMMBURGER *mit* FRÜHLINGSZWIEBELN

Diese ungewöhnlichen Burger serviert Ryan Farr, der vielleicht berühmteste Metzger in San Francisco, im Markt des Ferry Building.

450 g	**gehacktes Lammfleisch (Rücken oder Keule)**
½ TL	**gemahlener Koriander**
½ TL	**frisch gemahlener schwarzer Pfeffer**
1 TL	**Salz**
1 ½ EL	**Mayonnaise**
1 ½ EL	**Sour Cream**
1 EL	**Milch**
1 EL	**Harissa (Gewürzpaste)**
	Öl zum Bepinseln
4	**Scheiben Gruyère-Käse**
4	**Kartoffelbrötchen, aufgeschnitten und getoastet**
30 g	**Frühlingszwiebeln, klein gehackt**

1. Das Fleisch mit dem Koriander sowie Pfeffer und Salz bestreuen und anschließend 1 Minute kneten. Das Fleisch in 4 Portionen teilen, zu 1–1,5 cm dicken Burgern formen und 15 Minuten im Kühlschrank ruhen lassen.

2. In einer Schüssel die Mayonnaise, Sour Cream, Milch, Harissa und ein bisschen Salz vermischen und beiseitestellen.

3. Die Burger auf einem heißen, mit Öl bepinselten Grill oder in einer auf mittlere Temperatur vorgeheizten gusseisernen Pfanne 1–1 ½ Minuten scharf anbraten, danach wenden und mit den Gruyère-Scheiben belegen. 1 Minute weitergrillen, damit sie in der Mitte rosa bleiben.

4. Die Burger auf die Unterseite der Brötchen legen. Die Oberseite mit der Sauce bestreichen und mit Frühlingszwiebeln bestreuen. Die Brötchen zusammenklappen und servieren.

ERGIBT 4 PORTIONEN · PRO PORTION (1 BURGER) **480** KALORIEN // **24 g** FETT // **31 g** KOHLENHYDRATE // **2 g** BALLASTSTOFFE // **35 g** PROTEINE

HACKFLEISCH SELBST HERSTELLEN

Mit frisch gehacktem Fleisch schmeckt der Hamburger noch mal so gut. Wer keinen Fleischwolf hat, sollte unseren Tipp mit der Küchenmaschine befolgen.

1 Das Fleisch in 3 cm große Würfel schneiden und mit der Schüssel und den Klingen der Küchenmaschine so lange ins Gefriergerät stellen, bis das Fleisch an den Rändern leicht gefroren ist.

2 Das kalte Fleisch in der kalten Küchenmaschine grob zerkleinern, in eine Schüssel umfüllen und bis zur weiteren Verwendung im Kühlschrank aufbewahren.

UNTERM STEIN GEGRILLTES HUHN *mit* SOJASAUCE *und* ZITRONE

Durch die Backsteine werden die Schenkel und die Brust des aufgeschnittenen Huhns so auf den Grillrost gedrückt, dass alle Teile gleichzeitig gar sind, aber schön saftig bleiben. Die Backsteine vorher in Alufolie wickeln.

100 ml Sojasauce
50 ml Zitronensaft
4 EL zerlassene Butter
¾ TL frisch gemahlener schwarzer Pfeffer
¾ TL Knoblauchpulver
½ TL Ingwerpulver
½ TL Zucker
1 Hühnchen (1–1,5 kg), halbiert und Rückgrat entfernt

1. In einer Schüssel sämtliche Zutaten, bis auf das Hühnchen, verrühren. 60 ml von der Sauce zum Übergießen beim Braten beiseitestellen und den Rest in einen großen wiederverschließbaren Gefrierbeutel füllen. Das Huhn dazugeben und so lange wenden, bis es von der Sauce ummantelt ist. Den verschlossenen Beutel mindestens 30 Minuten (bis zu einer Nacht) in den Kühlschrank legen.

2. Vor dem Grillen 2 Backsteine einzeln in 2 Lagen Alufolie einwickeln. Den Grill auf niedrige bis mittlere Temperatur vorheizen.

3. Die Hühnerhälften mit der Hautseite nach unten auf den Grill legen und jeweils mit einem Backstein beschweren. Die Hühnerhälften im geschlossenen Grill 40–45 Minuten garen, bis sie eine Kerntemperatur von 75 °C erreicht haben. Nach der Hälfte der Zeit einmal wenden und mit der restlichen Sauce bepinseln.

ERGIBT 4 PORTIONEN · PRO PORTION **560** KALORIEN // **38 g** FETT // **3 g** KOHLENHYDRATE // **1 g** BALLASTSTOFFE // **53 g** PROTEINE

MEISTERKLASSE

KEBABS

Im Zeitalter von Mikrowelle und Induktionsherd gibt es wenige Gerichte, die so ursprünglich und schlicht sind wie Fleischspieße. Spieß dir ein paar Fleischstücke auf, schmeiß sie auf den Grill und schon hast du ein tolles Sommergericht. Wer die Kebabs zudem noch mit einer selbst gemachten Marinade versieht, außer Fleisch auch noch andere Zutaten aufspießt und einen Dip dazu reicht, wird schnell zum Kebab-Meister ernannt.

Die folgenden Seiten bieten zahlreiche Kombinationsmöglichkeiten von klassischen Lammspießen mit Joghurtmarinade, indischen Gewürzen und Zucchini, Paprika und Zwiebeln bis hin zu japanischen Rindfleischspießen mit einer Teriyaki-Marinade, Frühlingszwiebeln und eingelegtem Ingwer oder Garnelenspießen mit der italienischen Dreierkombi aus Prosciutto, Tomaten und Basilikum. Bei Kebabs sind der Kreativität keine Grenzen gesetzt.

MEISTERKLASSE
Kebabs

1 FISCH ODER FLEISCH – WÄHLE DIE GRUNDZUTAT

Für 4 Portionen sollte man 700 g Fleisch, Fisch oder Meeresfrüchte in 2,5 cm große Würfel schneiden. Kebabs sind schnell gar, daher sollte man den Grill gut vorheizen, um sie scharf anbraten zu können.

HUHN

Fleisch aus Brust oder Keule (ohne Haut und Knochen). Das dunkle Fleisch aus der Keule hat mehr Aroma.

Grillzeit:
etwa 5 Minuten

RIND

Schaufelstück, Schulter oder Nacken sind aufgrund ihrer Balance zwischen saftigem Fleisch und Fettanteil besonders geeignet.

Grillzeit:
medium-rare
2–4 Minuten

THUNFISCH

Thunfisch sollte man als den Steaklieferanten des Meeres betrachten. Perfekt gegrillt ist der Fisch innen noch roh und durchscheinend, damit die Aromen der Marinade gut eindringen können.

Grillzeit:
rare etwa 2 Minuten

2 WÄHLE DIE MARINADE

Da die Fleisch- oder Fischstücke recht klein sind, zieht die Marinade innerhalb von einer Stunde ein. Etwas Marinade beiseitestellen und bei Tisch als Dip servieren.

CURRYJOGHURT

200 g Naturjoghurt + 1 TL Currypulver + 1 TL Salz + ½ TL frisch gemahlener schwarzer Pfeffer

TERIYAKI

1 TL fein gehackter Knoblauch + 1 TL fein gehackter Ingwer + 100 ml Sojasauce + 1 EL Zucker

MAROKKANISCH

Im Standmixer 1 gegrillte und eingelegte Paprika + 3 EL Olivenöl + 3 Knoblauchzehen + 2 TL Chiliflocken + je 1 TL Salz, gemahlenen Kreuzkümmel und Koriander pürieren.

3 WEITERE ZUTATEN-KOMBINATIONEN

Experimentiere mit weiteren Zutaten. Diese ebenfalls in 2,5 cm große Würfel schneiden und abwechselnd zu Fleisch oder Fisch aufspießen.

ZUCCHINI/ ROTE PAPRIKA/ ZWIEBEL

Diese klassische Kombination ist eine Referenz an Italien – und an den Sommer. Zucchinischeiben durch die Schale auffädeln, damit sie sich beim Wenden der Kebabs nicht drehen.

PROSCIUTTO/ TOMATE/ BASILIKUM

Kirschtomaten vor dem Aufspießen in Prosciutto einwickeln und dann jeweils abwechselnd mit Fleischstücken und ganzen Basilikumblättern auffädeln.

OKRA/ GERÄUCHERTER SPECK

Speck wird auf dem Grill schön knusprig und verleiht der grünen Okra ein rauchiges Aroma.

LAMM

Der intensive Fleischgeschmack verträgt eine würzige Marinade. Besonders zart sind Stücke aus der Keule und dem Rücken.

Grillzeit:
medium-rare
2–4 Minuten

GARNELEN

Große, geschälte Garnelen ohne Darm eignen sich zum Grillen am besten. Sie sind gar, wenn sie außen leicht braun werden und innen hellrosa und fest sind.

Grillzeit:
3–4 Minuten

SCHWARZE OLIVEN UND KAPERN

60 g fein gehackte, entsteinte Kalamata-Oliven + 50 ml Olivenöl + 30 g klein gehackte Kapern + 3 fein gehackte Knoblauchzehen + 1 EL Zitronensaft + 1 TL frisch gemahlener Pfeffer

ZITRONENPFEFFER

60 ml Olivenöl + 1 TL frisch geriebene Zitronenschale + 60 ml Zitronensaft + 2 fein gehackte Knoblauchzehen + 1 TL Salz + 1 TL frisch gemahlener schwarzer Pfeffer

GRÜNE BOHNEN/ KARTOFFELN/ CHAMPIGNONS

Mit diesen Zutaten wird aus dem Kebab eine vollständige Mahlzeit. Braune Champignons halbieren und rote Drillinge 15 Minuten vorkochen und dann ebenfalls halbieren.

FRÜHLINGSZWIEBELN/EINGELEGTER INGWER

Diese Zutaten sorgen für ein fruchtig-süßes asiatisches Aroma. Mit Rindfleisch ähnelt die Kombination dem japanischen *Negimaki*, mit Thunfisch schmeckt der Spieß beinah wie gegrilltes Sushi.

4 DAS FINISH

EINFACHE ZITRONENAIOLI

Diese aromatische Knoblauchmayonnaise gibt den Kebabs einen cremigen Kick. Mit gekaufter Mayonnaise ist sie innerhalb von Minuten zubereitet.

100 g Mayonnaise auf Olivenölbasis mit 1 fein gehackten Knoblauchzehe, 1 TL fein geriebener Zitronenschale und 2 TL Zitronensaft verrühren und mit etwas Pfeffer und Salz abschmecken.

KORIANDER CHIMICHURRI

Diese einfache südamerikanische Sauce sorgt für ein frisches Gleichgewicht zum gegrillten Fleisch.

In einem Standmixer 1 ½ Handvoll Korianderblätter, 100 ml Olivenöl, 60 ml Zitronensaft, 2 klein gehackte Knoblauchzehen und ½ TL Chiliflocken und ½ TL Salz pürieren.

WÜRZIGE CHILISAUCE

Wer es extrascharf mag, kann mit dieser Sauce auch beim Grillen das Fleisch bepinseln oder sie als Dip servieren. (Unbedingt ein Bier zum Löschen bereithalten.)

Je 60 ml asiatische Chilisauce und Ahornsirup miteinander verrühren und 2 fein gehackte Frühlingszwiebeln untermischen.

GERÄUCHERTER ROSTBRATEN

Du hast noch keinen wirklich guten Rostbraten gegessen, bevor du diesen hier aus dem Smoker genommen hast. Es dauert einen ganzen Nachmittag, dieses Rezept zuzubereiten, aber das Ergebnis ist sicherlich einer der besten Braten, den du je probiert hast. Lade dir ein paar Freunde ein, köpft ein paar Bier und habt Spaß!

340 g	**dunkelbrauner Zucker**
100 g	**Salz**
100 g	**grob gemahlener oder frisch zerstoßener schwarzer Pfeffer**
3 EL	**süßes Paprikapulver**
1 EL	**geräuchertes Paprikapulver oder Chilipulver**
1 TL	**Cayennepfeffer**
1 TL	**Knoblauchpulver**
½ TL	**Zwiebelpulver**
½ TL	**Senfpulver**
4,5–6 kg	**Roastbeef**
1–3	**Hickory-Räucherhölzer oder 2 Handvoll Hickory-Räucherchips**

1. In einer großen Schüssel 115 g braunen Zucker mit dem Salz, dem Pfeffer, den beiden Paprikapulvern, Cayennepfeffer, Knoblauchpulver, Zwiebelpulver und Senfpulver vermischen. Den Braten großzügig mit einem Drittel der Mischung bestreuen, aber die Mischung nicht ins Fleisch einmassieren. (Den Rest für eine andere Mahlzeit aufbewahren, denn die Gewürzmischung schmeckt hervorragend zu gegrilltem Schweine- und Rindfleisch oder zu anderen Braten.) Das Fleisch leicht abdecken und mindestens 4 Stunden (am besten über Nacht) im Kühlschrank ruhen lassen.

2. Das Fleisch 1 Stunde vor der weiteren Zubereitung aus dem Kühlschrank nehmen und auf Zimmertemperatur aufwärmen lassen. Mit Küchenkrepp behutsam trocken tupfen, um die Gewürze nicht abzuwischen. Die restlichen 225 g Zucker von allen Seiten auf den Braten pressen.

3. Das Räucherholz 20 Minuten einweichen und dann abtropfen lassen. Einen Grill zum indirekten Grillen vorheizen und eine große Alu-Grillschale 1 cm hoch mit Wasser füllen. Den Grillrost entfernen, die Kohle und das Räucherholz an den Rand schieben, die Alu-Grillschale in der Mitte des Grills platzieren und den Grillrost wieder auflegen.

4. Den Braten indirekt bei 120 °C für 3 ½–4 Stunden grillen, bis er an der dicksten Stelle eine Kerntemperatur von 55 °C (rare) erreicht hat.

5. Das Fleisch vor dem Schneiden 30 Minuten ruhen lassen und dann servieren. Falls noch Bratensaft in der Aluminiumschüssel ist, kann dieser dazu gereicht werden.

ERGIBT 15 PORTIONEN · PRO PORTION **550** KALORIEN // **16 g** FETT // **18 g** KOHLENHYDRATE // **0 g** BALLASTSTOFFE // **82 g** PROTEINE

Camping heißt, sich in der freien Natur zu Hause zu fühlen, und dazu gehört natürlich auch das Zubereiten von Mahlzeiten am Lagerfeuer. Das macht wiederum umso mehr Spaß, je besser man vorbereitet ist. Mit anderen Worten: Plant eure Gerichte im Voraus, um die passenden Zutaten zur Hand zu haben. Man sollte es jedoch nicht übertreiben, denn unter freiem Himmel sind einfache, herzhafte Mahlzeiten angesagt.

KOCHEN AM LAGERFEUER

STEINZEIT-KARTOFFELN MIT GERÖSTETEM MAIS

Ein ordentliches Lagerfeuer in Gang bringen und runterbrennen lassen, bis ordentlich Glut entsteht. Mit einem Ast die glühenden Kohlen zu einem Haufen aufschichten. Direkt daneben eine Mulde graben, die etwas tiefer ist als die Kartoffeln dick sind (die Mulde kann man getrost auch vorher schon gegraben haben). Die Kartoffeln in die Mulde legen und gut einen Zentimeter hoch mit Erde bedecken. Die heiße Glut daraufschieben und mit etwas Anmachholz erneut ein Feuer entfachen. Es dauert etwa eine Stunde, bis die Kartoffeln gar sind, daher sollte man ein paar 5 cm dicke Äste dazulegen, um das Feuer in Gang zu halten. Nach 30 Minuten das Feuer erneut herunterbrennen lassen. In der Zwischenzeit die Hüllblätter der Maiskolben herunterziehen, aber nicht entfernen. Die seidigen weißen Fäden entfernen und die Hüllblätter wieder zurückklappen. Die Maiskolben ein paar Minuten in Wasser einweichen, danach auf die Glut legen und 15 Minuten rösten. In dieser Zeit gelegentlich wenden. So sollten die Maiskolben gar sein, wenn man die Kartoffeln wieder ausbuddelt. Butter und Gewürzsalz nicht vergessen.

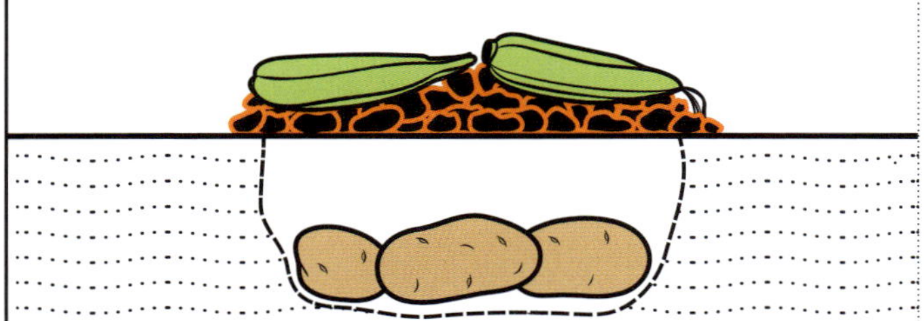

STOCKFISCH

Dieses Rezept funktioniert am besten mit länglichen, schmalen Fischen wie Forelle oder Zander, allerdings kann man auch andere kleine feste Fischarten wählen. Den Fisch nach dem Angeln möglichst schnell säubern und ausnehmen und dann sofort grillen, wenn der Fisch nicht auf Eis gelagert werden kann.

Ein Lagerfeuer aufschichten und so weit abbrennen lassen, dass nur noch kleine Flammen zu sehen sind. Eine grüne Rute abschneiden und mit einem Messer auf einer Seite anspitzen.

Die Bauchhöhle des Fisches mit Butter oder Olivenöl einreiben und Salz und Pfeffer hineinstreuen. Den Fisch von der Schwanzflosse her aufspießen, den Spieß längs durch die Bauchhöhle bis durchs dicke Fleisch vor dem Kopf bohren.

Die Rute mit dicken Steinen über den Flammen fixieren und immer tiefer herablassen, je weiter das Feuer abbrennt. (Alternativ den Fisch mit der Rute direkt auf die glühenden Kohlen legen und nach der Hälfte der Garzeit wenden.)

Anschließend den Fisch wie einen Maiskolben direkt von der Rute essen.

WAS DER WALD UNS BIETET

Nehmen wir mal an, du hast dich – ohne einen Müsliriegel in der Tasche – tagelang im Wald verirrt oder ein hungriger Fuchs hat sich mit deinen letzten Vorräten auf und davon gemacht und du hast keine Lust, dich ins Auto zu setzen, um den nächsten Schnellimbiss anzusteuern. In solchen Fällen ist es gut zu wissen, wie man sich in der Wildnis eine Mahlzeit zusammensammeln kann. Hier ein paar Tipps aus der Natur, allerdings sollte man zur eigenen Sicherheit das Gesammelte vor dem Verzehr unbedingt mit den Abbildungen in einem bebilderten Pflanzenführer vergleichen, um die Genießbarkeit zu überprüfen.

BLATTPFLANZEN

LÖWENZAHN, PORTULAK, WEGWARTE, BRUNNENKRESSE

Die Blätter entweder roh als Salat oder weich gekocht als Gemüse genießen. Junge Schösslinge weich kochen und wie Spargel essen.

KNOLLENGEWÄCHSE

WURZELN DER ROHRKOLBENGEWÄCHSE, DES PFEILKRAUTS UND TAGLILIEN

Die Wurzeln kochen oder auf heißen Kohlen rösten. Die Knollen in große grüne, in Wasser eingeweichte Blätter wickeln und dämpfen. Oder die jungen grünen Rohrkolbenblüten kochen und wie Maiskolben abknabbern.

BEEREN

HEIDELBEEREN, HIMBEEREN, BROMBEEREN, SANDDORN

Entweder roh essen, zu einem Dessert anrichten oder Wasser damit aromatisieren.

NÜSSE UND SAMEN

ESSKASTANIEN, WALNÜSSE, HASELNÜSSE, BUCHECKERN (RÖSTEN!)

Die Schalen knacken und die Nüsse und Samen entweder roh essen oder auf heißen Kohlen rösten.

GETRÄNK

Pfefferminze mit kochendem Wasser übergießen und als heißen Tee genießen. Wer Zitronen oder Zucker zur Hand hat, kann damit sein Getränk süßen und zusätzlich aromatisieren.

KOCHEN AM LAGERFEUER

STOCKBROT

Ein oder zwei grüne, 60 cm lange und etwa 3–4 cm dicke Zweige zurechtstutzen, Astaugen und kleine Buckel jedoch dranlassen, damit der Teig besser hält. Eine fertige Brotteigmischung mit Wasser anrühren und zu einem Teig verkneten. Den Teig in 5 cm breite Streifen teilen und diese spiralförmig um den oberen Teil der Zweige wickeln, sodass nach jeder Windung eine schmale Lücke bleibt. Den unteren Teil neben den glühenden Kohlen in den Boden stecken oder zwischen Steinen fixieren und gelegentlich drehen, damit der Teig gleichmäßig durchgebacken wird.

LAGERFEUER-HAMBURGER

Ein großes Stück dicke Alufolie auf einem ebenen Untergrund ausbreiten und einen rohen Hamburger oder die entsprechende Menge Hackfleisch darauflegen und mit in Scheiben geschnittenen Möhren, Sellerie, Kartoffeln, Zwiebeln und 1 TL Grillgewürzmischung sowie 3 EL Wasser bedecken. Die Folie darüber zusammenschlagen und ringsum fest verschließen. Auf der Oberseite mit einer Gabel einstechen, damit der Dampf entweichen kann. Das Päckchen auf die glühenden Kohlen legen und 20–30 Minuten garen. Zum Essen einfach die Alufolie als Teller benutzen. Nach persönlichem Geschmack das Hackfleisch gegen klein geschnittenes Rindfleisch, Hähnchenbrust oder gegen Fisch austauschen. Bei Fisch die Garzeit etwas reduzieren.

COWBOY-KAFFEE

Einen Liter frisches Wasser in eine Kaffeekanne aus Emaille oder Metall füllen und auf die glühenden Kohlen stellen, bis das Wasser kocht. Sobald das Wasser sprudelnd kocht, die Kanne vom Feuer nehmen und 80 g gemahlenen Kaffee (oder etwas mehr, je nachdem, wie stark man den Kaffee mag) dazugeben. Die Kanne erneut auf die glühenden Kohlen stellen und den Kaffee 1 Minute sprudelnd kochen lassen. Anschließend die Kanne auf den Boden stellen und 5 Minuten ziehen lassen, bis sich das Kaffeepulver gesetzt hat. Den Kaffee vorsichtig eingießen, ohne den Kaffeesatz aufzuwirbeln. Bei echtem Cowboy-Kaffee gehört das Knirschen des Kaffeesatzes zwischen den Zähnen einfach dazu, Weicheier gießen ihren Kaffee durch ihr Bandana ab.

LAGERFEUER-FISCH

Lagerfeuer-Essen muss nicht zwangsläufig auf halb verbrannte Würstchen hinauslaufen. Wer mit Töpfen und Pfannen und einer Gasflamme kocht, verzichtet auf das leicht rauchige Aroma – was so viel heißt wie: Das Essen schmeckt langweilig. Fisch und Feuer sind eine super Kombination.

1	**Forelle (1–1,5 kg), ausgenommen**
	Salz und frisch gemahlener schwarzer Pfeffer
1	**Zwiebel, in dünne Scheiben geschnitten**
1	**Tomate, in dünne Scheiben geschnitten**
1	**Zweig Thymian oder Piniennadeln**
1	**Zitrone, halbiert**
75 cm	**Küchengarn, in 3 gleich lange Stücke geschnitten**
1 EL	**Öl**

1. Einen flachen Stein nass abwischen oder abbürsten und vorsichtig auf ein Bett aus glühenden Kohlen oder in die glühende Asche inmitten eines Feuerrings setzen, oder außen herum ein Feuer aufbauen. Den Stein 45 Minuten vorheizen lassen. Der Stein ist bereit, wenn daraufgespritztes Wasser abperlt statt ein zuziehen.

2. Den Fisch von innen und außen mit Salz und Pfeffer einreiben. Die Bauchhöhle mit den Zwiebel- und Tomatenscheiben und dem Thymian oder den Piniennadeln füllen und dann den Saft einer halben Zitrone hineinträufeln. Die zweite Zitronenhälfte in Schnitze schneiden und ebenfalls in die Bauchhöhle geben.

3. Den Fisch mit dem Küchengarn zubinden und mit dem Öl einreiben, damit die Haut kross wird und nicht anklebt. Den Fisch mit einem breiten Pfannenwender oder mit einer Grillzange auf den Stein legen.

4. Von beiden Seiten je 6–8 Minuten braten, bis das Fleisch leicht auseinanderfällt.

ERGIBT 2 PORTIONEN · PRO PORTION **550** KALORIEN // **18 g** FETT // **2 g** KOHLENHYDRATE // **1 g** BALLASTSTOFFE // **94 g** PROTEINE

8

ISS, UM ZU LEBEN. LEBE, UM ZU ESSEN.

CANDLELIGHT-DINNER

Wenn das Essen schmeckt und der Abend sich nur um deine Liebste dreht, wirst du ihr Sternekoch des Abends sein!

CANDLELIGHT-DINNER

S. 216 MH COOKING Kapitel 08

FÜR DIE LIEBSTE KOCHEN

Egal ob es sich um ein Rendezvous handelt oder nicht – »Mann« zeigt sich nicht gerne verschwitzt. Und das gilt natürlich ganz besonders fürs Kochen. Es macht keinen Sinn, sich mit einem Rezept abzumühen, das man vorher nicht ausprobiert hat, oder die Liebste zu vernachlässigen, weil das Finish einer Crème Brûlée zu großen Stress bereitet. Wenn es hingegen mühelos wirkt, kommt sie sicher gerne wieder.

REGEL NR.

1

ZEIGE, DASS DU DICH VORBEREITET HAST

FRAUEN ACHTEN AUF SCHUHE (also achte darauf, dass deine glänzen) und wissen es sehr zu schätzen, wenn Mann sich für sie ins Zeug legt. Zeige ihr das, indem du deine Bude aufräumst, passende Musik auswählst und dich bemühst, ihren Geschmack zu erraten. Was die Musik betrifft, so solltest du deine Playlist nach ungewöhnlichen Titeln durchforsten, damit ihr nicht nur etwas zum Zuhören habt, sondern auch etwas, worüber ihr reden könnt.

REGEL NR. 2 | MACH ES IHR GEMÜTLICH

WENN SIE ANKOMMT, solltest du einen Drink und vielleicht auch einen kleinen Snack zur Hand haben, damit sie beschäftigt ist, während du in der Küche letzte Hand anlegst. Auf diese Art beweist du ihr, dass sie wichtiger ist als das Abendessen und dass du in der Küche alles unter Kontrolle hast. Vermutlich wird sie fragen, ob sie dir helfen kann, und du kannst dann locker antworten, dass alles läuft und sie ihren Drink genießen soll. Falls sie darauf besteht, dir unter die Arme zu greifen, dann wähle für sie eine Aufgabe, die weder banal noch einschüchternd ist (Petersilie hacken = Spaß, Fisch entschuppen = Strafe).

REGEL NR. 3 | TISCHE KEINE KLISCHEES AUF

VERGISS DIE IN SCHOKOLADE getauchten Erdbeeren und servier ihr lieber etwas, das sie wirklich gerne mag (damit beweist du, dass du ihr zugehört hast). Verwandle das Gericht jedoch in dein individuelles Rezept, indem du Zutaten austauschst oder das Anrichten variierst. Wenn du zum Beispiel ein Pastagericht hast, das du besonders gut zubereiten kannst, dann verändere es ein bisschen, indem du eine Prise Curry zugibst, eine frische Gemüsebeilage zauberst – irgendetwas, das du speziell für sie machst. Oder halte dich einfach an ein einfaches, aber gut im Voraus vorzubereitendes Menü.

JAKOBSMUSCHELN *auf* WEISSEN BOHNEN *mit* SPECK

Die Dame deines Herzens isst gerne Jakobsmuscheln? Dann serviere ihr dieses Gericht, denn das zarte Aroma der Muscheln schmeckt durch die Kombination mit dem würzigen Speck und den cremigen weißen Bohnen noch verführerischer. Außerdem ist es relativ schnell zubereitet und lässt dir genügend Zeit für andere Dinge.

1	**Scheibe Frühstücksspeck, in kleine Stücke geschnitten**
¼	**rote Zwiebel, fein gehackt**
1	**Knoblauchzehe, fein gehackt**
170 g	**weiße Bohnen (aus der Dose), abgespült und abgetropft**
2	**Handvoll Babyspinat, geputzt**
220 g	**große Jakobsmuscheln, ausgelöst**
	Salz und frisch gemahlener schwarzer Pfeffer
1 EL	**Butter**
	Saft von ½ Zitrone

1. Den Speck in einer mittelgroßen Kasserolle auf kleiner Temperatur brutzeln, bis er knusprig wird. Einen Teil des Fetts abgießen, die Zwiebeln und den Knoblauch dazugeben und 2–3 Minuten glasig dünsten. Die Bohnen und den Spinat beifügen und so lange garen, bis die Bohnen heiß sind und der Spinat zusammengefallen ist. Anschließend alles warm halten.

2. Eine große gusseiserne Pfanne oder eine Bratpfanne auf mittlere bis hohe Temperatur erhitzen. Die Jakobsmuscheln mit Küchenkrepp abtupfen und von beiden Seiten mit Salz und Pfeffer nach Geschmack würzen. Die Butter in der Pfanne zerlassen und danach die Jakobsmuscheln von beiden Seiten scharf anbraten, bis sie von außen dunkel karamellfarben sind.

3. Vor dem Servieren die Bohnen mit etwas Zitronensaft, Salz und Pfeffer abschmecken, auf zwei vorgewärmte Teller aufteilen und mit den Jakobsmuscheln garnieren.

ERGIBT 2 PORTIONEN · PRO PORTION **290** KALORIEN // **13 g** FETT // **22 g** KOHLENHYDRATE // **4 g** BALLASTSTOFFE // **22 g** PROTEINE

KRABBENKÜCHLEIN

Das Geheimnis dieses speziellen Rezepts liegt darin, dass der Minibackofen (Toaster-Ofen, Infrarot-Ofen) schön heiß wird und die Küchlein damit richtig kross werden. Diese Krabbenküchlein sind ein ideales Horsd'œuvre, können aber auch mit ein paar einfachen Beilagen wie gedämpftem Spinat (etwas Zitronensaft und Olivenöl untermischen) als Hauptspeise serviert werden.

- **230 g** **Krabbenfleisch**
- **60 g** **Sour Cream**
- **1 TL** **Dijonsenf**
- **1 TL** **Worcestershiresauce**
- **1 TL** **Grillgewürz oder Fünf-Gewürze-Mischung**
- **2 TL** **Zitronensaft**
- **40 g** **grobe Semmelbrösel (+ Semmelbrösel zum Überbacken)**
- **feines Meersalz und frisch gemahlener weißer Pfeffer nach Geschmack**

Den Backofen auf 220 °C vorheizen. In einer Schüssel das Krabbenfleisch und sämtliche Zutaten vorsichtig mischen, ohne dieses zu sehr zu zerkleinern. Zwei Kochringe mit je 9 cm Durchmesser auf das Backblech legen, die Krabbenmischung hineinfüllen und mit groben Semmelbröseln bestreuen. Die Ringe vorsichtig entfernen und die Krabbenküchlein 8–10 Minuten im Ofen backen, bis ihre Oberseite goldbraun ist.

ERGIBT 2 PORTIONEN · PRO PORTION **260** KALORIEN // **8 g** FETT // **20 g** KOHLENHYDRATE // **1 g** BALLASTSTOFFE // **25 g** PROTEINE

KÜCHEN-ERSTE-HILFE

VERBRENNUNGEN NICHT MIT BUTTER BEHANDELN

Wer sich zum Beispiel beim Anfassen eines heißen Topfes die Hand verbrennt, sollte sie sofort unter fließendes kaltes Wasser halten. Die Kälte wirkt wie ein Schmerzmittel und verhindert, dass sich die Verbrennung durch das Gewebe ausbreitet. Lieber die Hand sehr lange unter kaltes Wasser halten, als sie mit Butter zu beschmieren, denn dieses angebliche Hausmittelchen staut nur die Hitze, die man ja eigentlich loswerden möchte. Auch wenn man heiße Fettspritzer abbekommen hat, hilft erstmal kaltes Wasser. Falls das heiße Fett jedoch die Kleidung durchdrungen hat und der Stoff auf der Haut klebt, sollte man nicht versuchen, ihn zu entfernen, sondern ihn mit reichlich kaltem Wasser einweichen und dann sofort einen Arzt aufsuchen.

SALAT *mit* WARMEM ZIEGENKÄSE *und* SPIEGELEI

Wer seiner Liebsten eine Salatmischung aus der Tüte vorsetzt und diese mit einem fertigen Dressing anmacht, sollte sich nicht wundern, wenn sie seine Kochkünste infrage stellt – und seinen Elan. Mit diesem einfachen Rezept beweist du ihr, dass sie etwas Besonderes ist. Um Zeit zu sparen, kann man das Dressing im Voraus machen und auch schon den Ziegenkäse panieren und kalt stellen, bevor sie kommt. Auf diese Weise muss man im richtigen Moment nur noch den Ziegenkäse und die Eier braten und den Salat anmachen.

	Saft von ½ Zitrone
1 TL	**körniger Senf**
1 TL	**klein gehackte Kapern**
2 ½ EL	**Olivenöl**
	Salz und frisch gemahlener schwarzer Pfeffer
1	**Ei, mit etwas Milch verquirlt**
1 ½ EL	**Mehl**
35 g	**Semmelbrösel**
½	**Ziegenrolle (110 g), in 4 kleine runde Scheiben geschnitten**
2	**Eier**
2	**Hand voll Brunnenkresse oder anderer grüner Salat**

1. Den Zitronensaft mit dem Senf, den Kapern und 1 ½ EL Öl in einer großen Schüssel verrühren. Mit Salz und Pfeffer abschmecken und beiseitestellen.

2. Jeweils die Ei-Mischung, das Mehl und die Semmelbrösel in eine flache Schale füllen. Dann die Ziegenkäsescheiben zunächst im Mehl, dann in der Ei-Mischung und zum Schluss in den Semmelbröseln wälzen und die Panade mit den Fingern leicht andrücken.

3. Eine große antihaftbeschichtete Pfanne auf mittlere Temperatur vorheizen, das restliche Öl hineingeben und die Pfanne etwas schwenken, damit sich das Öl gleichmäßig verteilt. Die Ziegenkäsescheiben etwa 2 Minuten von jeder Seite goldbraun braten und anschließend auf Küchenkrepp abtropfen lassen.

4. Anschließend die Eier über der Pfanne aufschlagen und zu Spiegeleiern braten.

5. Zum Servieren die Brunnenkresse mit dem Dressing anmachen und auf 2 Tellern verteilen. Beides jeweils mit zwei gebratenen Ziegenkäsescheiben und einem Spiegelei garnieren.

ERGIBT 2 PORTIONEN · PRO PORTION **470** KALORIEN // **37 g** FETT // **16 g** KOHLENHYDRATE // **1 g** BALLASTSTOFFE // **20 g** PROTEINE

PFEFFERSTEAK *mit* RÖSTKARTOFFELN *und* GRÜNEN BOHNEN

Auch Frauen lieben Steaks – zumindest wenn sie gut gebraten sind. Hier zum Beispiel nach der guten alten französischen Schule, was sie sicherlich sehr zu schätzen weiß. Es lässt sich in nur etwa einer halben Stunde zubereiten. Und das Beste ist: Es wird auch dir hervorragend schmecken!

220 g	**Drillinge, Schale abgeschrubbt**
3 EL	**extra natives Olivenöl**
1 EL	**Rosmarin, fein gehackt**
	Salz und frisch gemahlener schwarzer Pfeffer
2	**Rumpsteaks (je ca. 170 g, Fettrand einschneiden)**
2 EL	**zerstoßene schwarze Pfefferkörner**
2 EL	**Butter**
220 g	**dünne grüne Bohnen, geputzt**
1	**Schalotte, fein gehackt**
50 ml	**Brandy**
100 ml	**Rinderbrühe**
2 TL	**grüne Pfefferkörner in Salzlake, abgetropft und grob gehackt**
50 g	**Sahne**

1. Den Backofen auf 200 °C vorheizen. Die Kartoffeln auf einem Backblech mit 2 EL Olivenöl, Rosmarin, Salz und Pfeffer nach Geschmack vermischen und dann etwa 25 Minuten im Ofen rösten, bis sie sich leicht mit der Gabel einstechen lassen und außen knusprig-goldbraun sind.

2. In der Zwischenzeit die Steaks in den zerstoßenen Pfefferkörnern wälzen. In einer großen Bratpfanne oder Edelstahlpfanne 1 EL Butter und das restliche Olivenöl auf mittlere Temperatur erhitzen. Die Steaks hineingeben und 3–4 Minuten anbraten, bis sich eine Kruste bildet. Die Steaks wenden und weitere 3–4 Minuten braten (medium-rare). Die Steaks auf einen Teller legen und mit Folie abdecken, um sie warm zu halten.

3. Einen Dampfkorb in einen mit 2,5 cm Wasser gefüllten Topf hängen und das Wasser aufkochen. Die Bohnen in den Einsatz geben, den Topf zudecken und die Bohnen etwa 5 Minuten dämpfen, bis sie zart, aber immer noch bissfest sind. Die Bohnen in eine Schüssel füllen und mit Salz und Pfeffer abschmecken.

4. Die restliche Butter in der Pfanne zerlassen, in der die Steaks gebraten wurden, und die Schalotte darin weich dünsten. Den Brandy einrühren und damit den Bratensatz vom Pfannenboden lösen. Die Brühe und die grünen Pfefferkörner dazugeben und aufkochen, bis die Sauce leicht reduziert ist. Die Sahne untermischen, erneut aufkochen und 2–3 Minuten köcheln lassen, bis die Sauce eingedickt ist. Die Sauce über die Steaks löffeln und mit den Bohnen und den Röstkartoffeln servieren.

ERGIBT 2 PORTIONEN · PRO PORTION **720** KALORIEN // **43 g** FETT // **29 g** KOHLENHYDRATE // **3 g** BALLASTSTOFFE // **43 g** PROTEINE

STEAKS ZU HAUSE REIFEN

Der Reifeprozess unterscheidet maßgeblich die Qualität und den Geschmack eines Steaks. Beim Dry-Aged-Verfahren wird das Fleisch lange abgehangen und kann dabei atmen, sodass die Enzyme im Fleisch auch die langen Eiweißketten aufbrechen können, wodurch das Fleisch zart und mürbe wird und besonders aromatisch schmeckt. Wirklich gute Fleischer lassen ihr Rindfleisch mindestens 30 Tage abhängen, aber auch zu Hause kann man seine Steaks reifen lassen, indem man sie einfach in der Verpackung mindestens 5 Tage im Kühlschrank ruhen lässt, bevor man sie in die Pfanne haut. Dadurch verändert sich zwar ihre Farbe, aber sie verderben nicht.

MARINADE SELBST HERSTELLEN

EIN TEIL SÄURE

Beginne mit einer sauren Flüssigkeit, um der Marinade Biss zu geben. Geeignet sind Zitronensaft, Weißweinessig oder auch Aceto Balsamico.

EIN TEIL ÖL

Öle transportieren die Aromen und bereichern die Marinade durch einen unterschwelligen nussigen Geschmack. Gut eignen sich Olivenöl, Rapsöl oder Traubenkernöl.

GEWÜRZE/AROMEN

Schalotten, Ingwer und Kräuter (Schnittlauch, Petersilie) sorgen für den individuellen Geschmack, Chiliflocken steuern feurige Schärfe bei.

DAS MARINIEREN

Das Steak mit frisch gemahlenem schwarzem Pfeffer würzen, damit die Gewürze und Aromen besser ins Fleisch einziehen können. Anschließend die Steaks 2–12 Stunden in der Marinade ziehen lassen (je länger, desto besser).

WOLFSBARSCH *mit* GRÜNEM SPARGEL

Wolfsbarsch hat ein angenehm mildes, buttriges Aroma und schmeckt nicht zu streng nach Fisch. Im Frühling oder Sommer passt grüner Spargel wunderbar dazu, zu anderen Jahreszeiten kann man auch Brokkoliröschen dämpfen.

2	**Fischfilets (je 170 g) Wolfsbarsch, Heilbutt oder ein anderer fester, weißer Fisch**
6	**grüne Spargelstangen**
60 g	**Shiitake-Pilze, Stiele entfernt**
1 ½ TL	**frisch geriebener Ingwer**
1 EL	**salzarme Sojasauce**
1 EL	**Mirin (süßer Reiswein) oder Sake**
	Salz und frisch gemahlener schwarzer Pfeffer

1. Den Backofen auf 200 °C vorheizen und zwei 30 cm große Quadrate aus Alufolie zurechtlegen. Die Fischfilets jeweils auf ein Stück Alufolie legen und den Spargel, die Pilze und den Ingwer darauf verteilen.

2. Jeweils mit etwas Sojasauce und Mirin beträufeln und mit je einer Prise Salz und Pfeffer würzen.

3. Den Fisch und die anderen Zutaten gut in die Alufolie einwickeln, die Päckchen auf ein Backblech legen und 20–25 Minuten (je nach Dicke der Filets) im Backofen backen, bis der Fisch beim Einstechen leicht auseinanderfällt.

ERGIBT 2 PORTIONEN · PRO PORTION **200** KALORIEN // **3 g** FETT // **6 g** KOHLENHYDRATE // **2 g** BALLASTSTOFFE // **37 g** PROTEINE

SÜSSKARTOFFELFONDUE *mit* CHIPOTLE-CHILI

Ein sexy Rezept, mit dem man bei einem Rendezvous alle Register zieht.

1 ½ TL	**Butter**
½	**Zwiebel, klein gehackt**
400 g	**Süßkartoffeln, geschält und grob zerhackt**
400 ml	**Hühnerbrühe**
½ TL	**eingelegte Chipotle-Chili in Adobo-Sauce**
50 g	**saure Sahne + saure Sahne zum Servieren**
	Saft von ½ Limette
	Meersalz
1–2 EL	**Koriander, frisch gehackt (optional)**

1. Die Butter in einem großen Topf bei mittlerer Temperatur zerlassen und die Zwiebel darin 3–5 Minuten andünsten. Die Süßkartoffeln und Brühe dazugeben und zugedeckt etwa 20 Minuten köcheln, bis die Süßkartoffeln weich sind. Etwas abkühlen lassen.

2. Die Süßkartoffeln (mit der Brühe) und der Chipotle-Chili im Standmixer pürieren und zurück in den Topf geben. Die saure Sahne und den Limettensaft mit dem Schneebesen unterrühren (eventuell mehr Brühe dazugießen, falls die Mischung zu dick ist). Mit Salz abschmecken und weitere 5 Minuten auf mittlerer bis niedriger Temperatur garen.

3. Die Mischung in einen Fonduetopf umfüllen und nach Geschmack mit Koriander und einem weiteren Klacks saurer Sahne garnieren. Die Flamme unter dem Topf so einstellen, dass das Fondue heiß ist, aber nicht kocht. Vorgegarte Garnelen, in Würfel geschnittenes herzhaftes Bauernbrot oder Rohkost dazu reichen. Und natürlich: aufpassen, dass man sich nicht die Lippen verbrennt, falls man das Fondue direkt von der Fonduegabel isst.

ERGIBT 2 PORTIONEN (ALS VORSPEISE) · PRO PORTION **350** KALORIEN // **13 g** FETT // **51 g** KOHLENHYDRATE // **7 g** BALLASTSTOFFE // **5 g** PROTEINE

ORZOTTO *mit* KIRSCHTOMATEN

Ein Risotto zuzubereiten kann manchmal etwas tückisch sein. Doch dank der Orzotto-Nudeln, die aussehen wie Reiskörner, ist dieses Rezept idiotensicher. Außerdem kann man es wunderbar ein oder zwei Stunden im Voraus zubereiten und dann zur rechten Zeit behutsam aufwärmen.

4 EL	**extra natives Olivenöl**
500 g	**Kirschtomaten**
1	**Knoblauchzehe, in dünne Scheiben geschnitten**
10	**Basilikumblätter + Basilikum zum Garnieren**
	Salz
500 ml	**Hühner- oder Gemüsebrühe**
500 ml	**Wasser**
½	**Zwiebel, fein gehackt**
200 g	**Orzotto-Nudeln (Reisnudeln)**
50 ml	**Weißwein**
30 g	**frisch geriebener Parmesan + mehr zum Servieren**
	frisch gemahlener schwarzer Pfeffer

1. In einer Bratpfanne 2 EL Öl auf mittlere bis hohe Temperatur erhitzen und die Kirschtomaten dazugeben. Gelegentlich umrühren, bis sie nach etwa 5 Minuten aufplatzen und zusammenfallen. Den Knoblauch hinzufügen und 3 Minuten garen, bis er aromatisch duftet. Die Tomaten mit einem Löffel leicht zerdrücken, bis sie aufplatzen und etwas Saft herausläuft, und die Sauce verrühren. Die Basilikumblätter übereinanderlegen und wie eine Zigarre einrollen, um sie in feine Streifen schneiden zu können. Das Basilikum mit in die Pfanne geben, die Tomaten mit Salz abschmecken und zudecken, um sie warm zu halten.

2. Die Brühe mit dem Wasser in einem großen Topf aufkochen.

3. In einer weiteren Pfanne die restlichen 2 EL Öl erhitzen und die Zwiebel darin unter ständigem Rühren etwa 5 Minuten anbraten, bis sie weich ist. Die Reisnudeln dazugeben und unter ständigem Rühren 2 Minuten leicht anrösten. Mit dem Wein ablöschen und garen, bis der Wein verdunstetet ist.

4. Mit der Schöpfkelle 250 ml heiße Brühe darübergießen und köcheln lassen, bis die Brühe beinah vollständig von den Nudeln aufgenommen wurde. Dabei gelegentlich umrühren. Eine weitere Kelle Brühe darübergießen und wieder warten, bis die Nudeln sich damit vollgesogen haben. Diesen Schritt so lange wiederholen, bis nach etwa 20 Minuten die Nudeln weich und eingedickt sind. Die Tomatenmischung und den Parmesan untermischen, mit Salz und Pfeffer abschmecken und zum Servieren mit frischem Basilikum und geriebenem Parmesan bestreuen.

ERGIBT 2 PORTIONEN · PRO PORTION **690** KALORIEN // **28 g** FETT // **92 g** KOHLENHYDRATE // **5 g** BALLASTSTOFFE // **13 g** PROTEINE

POLLO ALLA DIAVOLA

Mit einem gut gebratenen Huhn kann man immer recht mühelos Eindruck schinden. Hier liefern wir dir ein passendes Rezept, das angerichtet auch noch toll aussieht. Das Huhn einfach bereits am Vortag marinieren und nach dem Braten schnell die Bratensäfte zu einer köstlichen Sauce binden. Als Beilagen eignen sich kurz angebratener Brokkoli oder Röstkartoffeln.

3 EL	**extra natives Olivenöl**
1 TL	**grobes Salz**
6	**Zweige frischer Thymian**
	zerstoßener schwarzer Pfeffer
	Chiliflocken
1	**Poularde (1–1,5 kg), entweder flach geschnitten (Rückgrat entfernt, Huhn mit der Brust nach oben drehen und mit dem Handballen kräftig drücken, um das Brustbein zu brechen) oder 4 Keulen**
¼ l	**salzarme Hühnerbrühe**
200 ml	**Essigsud von eingelegten Kirschpaprika (runde, rote Chilischoten) + Kirschpaprika zum Servieren**
2 EL	**Tomatensauce oder Tomatenpüree**

1. Am Vortag das Öl, Salz, Thymian, zerstoßenen Pfeffer und Chiliflocken (nach Geschmack) auf einem großen tiefen Teller vermischen, das Huhn darin wälzen, bis es gleichmäßig von den Gewürzen ummantelt ist. Abgedeckt für eine Nacht im Kühlschrank ruhen lassen.

2. Das Huhn 30 Minuten vor dem Braten aus dem Kühlschrank nehmen und den Backofen auf 200 °C vorheizen. Eine gusseiserne Pfanne oder eine feuerfeste Auflaufform 5 Minuten lang im Backofen vorheizen, dann das Huhn mit der Hautseite nach unten hineinlegen und mit einer weiteren Pfanne beschweren.

3. Das Huhn 45–55 Minuten im Ofen garen, bis es außen goldbraun ist und austretender Saft klar ist, wenn man es mit der Messerspitze einsticht. Das fertige Huhn auf ein Schneidbrett legen und die Bratensäfte in der Pfanne belassen.

4. Für die Sauce die Pfanne auf dem Herd auf niedrige bis mittlere Temperatur erhitzen und mit dem Schneebesen die Brühe, den Essigsud und die Tomatensauce unterrühren. Dabei den Bratensatz vom Pfannenboden lösen und die Sauce schließlich 5–10 Minuten leicht einkochen lassen. Das Huhn vierteln und mit der Sauce und Kirschpaprika servieren. Dazu passen Röstkartoffeln.

ERGIBT 2 PORTIONEN (MIT RESTEN) · PRO PORTION **930** KALORIEN // **60 g** FETT // **3 g** KOHLENHYDRATE // **1 g** BALLASTSTOFFE // **95 g** PROTEINE

POT DE CRÈME AU CHOCOLAT

Dieses sinnliche Dessert ähnelt einer Mousse au Chocolat, ist aber viel einfacher zuzubereiten. Dazu passt natürlich ein Glas Champagner, vor allem, wenn man vorher schon aus war. (Nicht vergessen, den Champagner ein paar Stunden vorher kalt zu stellen.)

- **1 EL** **Zucker**
- **1 EL** **ungesüßtes Kakaopulver**
- **1 Prise** **Salz**
- **85 g** **zartbittere Schokolade, klein gehackt**
- **75 ml** **Kaffeesahne**
- **2 EL** **aufgebrühter Espresso**
- **¼ TL** **Vanilleextrakt**
- **1** **Ei, verquirlt**
- **2 EL** **Schlagsahne, steif geschlagen**

1. Zucker, Kakaopulver und Salz in einer mittelgroßen, mikrowellengeeigneten Schüssel vermischen. Die Schokolade, die Kaffeesahne, den Espresso und das Vanilleextrakt unterrühren und die Mischung 1 Minute auf höchster Stufe in der Mikrowelle erhitzen. Mit dem Schneebesen aufschlagen, für weitere 30 Sekunden in die Mikrowelle stellen und erneut aufschlagen. Die Schokolade sollte vollständig geschmolzen sein und die Flüssigkeit sehr heiß sein, aber nicht kochen. Im Standmixer auf niedriger Stufe 1 Minute mixen und dabei das Ei unterrühren.

2. 2 kleine Förmchen oder Teetassen damit füllen und mindestens 4 Stunden im Kühlschrank ruhen lassen.

3. Mit jeweils 1 EL geschlagener Sahne und etwas Kakaopulver garniert servieren.

ERGIBT 2 PORTIONEN · PRO PORTION **400** KALORIEN // **26 g** FETT // **34 g** KOHLENHYDRATE // **10 g** BALLASTSTOFFE // **18 g** PROTEINE

ZITRONEN-HALBGEFRORENES *mit* ERDBEEREN

Beim Dessert entscheidet sich, ob das Menü ein Erfolg war. Dieses erfrischende Sorbet erfordert nur minimale Vorbereitung, schmeckt jedoch, als ob du dich für deine Liebste den ganzen Tag in der Küche abgerackert hättest.

1	**Schale Erdbeeren, in dünne Scheiben geschnitten**
2 EL	**Zucker**
100 g	**Schlagsahne**
100 g	**Lemon Curd (englische Zitronencreme, in gut sortierten Supermärkten erhältlich)**
	Shortbread oder andere Mürbeteigplätzchen (optional)

1. Die Erdbeeren in eine Schüssel geben und den Zucker vorsichtig unterheben. Die Schüssel mit Klarsichtfolie abdecken und die Erdbeeren bei Raumtemperatur mindestens 30 Minuten ziehen lassen (oder die Erdbeeren Stunden im Voraus zubereiten und dann bis zum Servieren im Kühlschrank aufbewahren).

2. In einer großen Rührschüssel die Sahne mit dem Schneebesen oder einem Mixer aufschlagen, bis sie fest wird. Lemon Curd kurz unterheben, bis ein hübsches Marmormuster entsteht. Die Mischung auf 2 Dessertschalen aufteilen und diese mit Klarsichtfolie abgedeckt für mindestens 1 Stunde ins Gefrierfach stellen.

3. Zum Servieren die Erdbeeren über das Halbgefrorene geben und mit einem Plätzchen garnieren.

ERGIBT 2 PORTIONEN · PRO PORTION **500** KALORIEN // **22 g** FETT // **70 g** KOHLENHYDRATE // **5 g** BALLASTSTOFFE // **4 g** PROTEINE

ESPRESSO AFFOGATO

Die Idee hinter diesem Rezept ist es, Heißes und Kaltes, Süßes und Bitteres mit nur 3 Zutaten zu verbinden. Daher spielt die Qualität dieser Zutaten eine große Rolle, mit anderen Worten, der Espresso sollte top gebrüht sein und das Vanilleeis aus hochwertigen Zutaten bestehen. Dafür ist das Dessert auch im Handumdrehen fertig.

2	**große Kugeln Vanilleeis**
1 EL	**Kahlúa Kaffeelikör**
4 EL	**frisch gebrühter, heißer Espresso**

Jeweils eine Kugel Eis in eine kleine Dessertschale oder eine Tasse geben. Den Likör unter den Espresso mischen und über das Eis gießen. Sofort servieren.

ERGIBT 2 PORTIONEN · PRO PORTION **190** KALORIEN // **7 g** FETT // **20 g** KOHLENHYDRATE // **0 g** BALLASTSTOFFE // **3 g** PROTEINE

MEISTERKLASSE

Himmlische Saucen zum Eis

Es gibt wohl kaum eine Frau, die nicht gerne Eis isst. Also einfach ein hochwertiges Vanilleeis kaufen und schnell eine köstliche Sauce dazu vorbereiten.

FRISCHE ERDBEERSAUCE

150 g **Erdbeeren, klein geschnitten**
2–3 EL **Zucker (nach Geschmack)**
½ TL **Orangenlikör**

In einer mittelgroßen Schüssel sämtliche Zutaten vermischen und die Erdbeeren dabei komplett zerdrücken. Die Sauce vor dem Servieren 10 Minuten durchziehen lassen.

WALNUSSSAUCE

50 g **Ahornsirup**
1 EL **Rum**
2 EL **geröstete Walnüsse, klein gehackt**

In einem kleinen Stieltopf den Ahornsirup und Rum vermischen und um die Hälfte einkochen lassen. Die Walnüsse untermischen und warm servieren.

SCHOKOLADEN-KAFFEE-SAUCE

85 g **zartbittere Schokolade, grob zerhackt**
1 EL **schwarzer Kaffee**
50 g **Schlagsahne**
1 ½ **TL Butter**

Die Schokolade, den Kaffee und die Sahne in einer mikrowellengeeigneten Schüssel vermischen. 1–2 Minuten in der Mikrowelle erhitzen, bis die Schokolade geschmolzen ist. Nach der Hälfte der Zeit einmal umrühren. Die Butter unterrühren, bis eine glatte Sauce entsteht.

9

ISS, UM ZU LEBEN. LEBE, UM ZU ESSEN.

PARTY-GERICHTE

Rezepte, die nicht nur auf dem Büfett eine gute Figur machen.

DIE REGELN DER BEWIRTUNG

Egal ob du ein festliches Familienessen vorbereitest oder eine Party schmeißt – dein Publikum wartet darauf, von dir beeindruckt zu werden, also reiß nicht einfach ein paar Tüten auf, sondern stell ein Festmahl zusammen, für das du noch lange nach dem Dessert Komplimente bekommst.

REGEL NR.

1

ÜBERNIMM DAS KOMMANDO FÜR DEINE KÜCHE

WER SEINE FAMILIE an einem Feiertag bekocht, Freunde einlädt oder etwas zu einem Partybüfett beiträgt, entscheidet auch, was er essen will. Wir haben in diesem Kapitel Hauptgerichte, Beilagen und sogar Desserts aufgelistet, die verführerisch schmecken und dir trotzdem nicht schwer im Magen liegen. Und egal was die anderen zur Party beisteuern, du versorgst sie mit magerem Fleisch, sättigendem ballaststoffreichem Gemüse und kalorienarmen Süßspeisen.

REGEL NR. 2

HÄNDE WEG VON DICK-MACHER-SNACKS

DIE KLEINEN LECKEREIEN vor dem eigentlichen Essen sind zwar verführerisch, allerdings sind Käse, Cracker, Dips, kleine Teigtaschen und Co. auch so sättigend und kalorienreich, dass man danach kaum noch vom Sofa hochkommt. Daher lieber zu dem ballaststoffreichen Rohkostteller oder etwas in Schinken gewickelten grünen Spargel greifen oder nach proteinhaltigen Garnelenspießen oder Jakobsmuscheln Ausschau halten und auch davon nur ein oder zwei Happen essen, damit man nicht schon satt ist, wenn das eigentliche Essen beginnt.

REGEL NR. 3

BEHALTE DIE KALORIENHALTIGEN GETRÄNKE IM AUGE

WER KALORIENBOMBEN wie Schokoladenbuttertorten geschickt umschifft, ist dennoch nicht davor gefeit, bei der Wahl der alkoholischen Getränke danebenzugreifen. Oft wählt man den kalorienreichsten Drink, ohne sich dessen bewusst zu sein. Also ruhig mal diese kleine Tabelle näher anschauen, um keine unangenehmen Überraschungen zu erleben.

TOP	KALORIEN
TROCKENER SHERRY (5 CL)	59
TROCKENER ROTWEIN (0,1 L)	68
CREAM SHERRY (5 CL)	70
TROCKENER WEISSWEIN (0,1 L)	72
PORTWEIN (5 CL)	77
TROCKENER SEKT (0,1 L)	83
LIEBLICHER WEISSWEIN (0,1 L)	98
PILS (0,33 L)	140
WEIZENBIER (0,5 L)	191
STARKBIER (0,33 L)	231
BOCKBIER (0,33 L)	231
HOP	

UND NOCH EIN TIPP: Um den Alkoholkonsum im Rahmen zu halten, um einem möglichen Kater vorzubeugen und um genug Flüssigkeit zu sich zu nehmen, sollte man jedes Glas Alkohol mit 220 ml Wasser runterspülen. Du wirst uns am Morgen danach danken!

Die Rezepte →

PARTY-VORSPEISEN UND FINGERFOOD

VORSPEISEN

GEFÜLLTE DATTELN *im* SPECKMANTEL

Ein typisches Tapas-Gericht, das die Gäste gut zum Aperitif im Stehen essen können. Süß, saftig, nussig und einfach unwiderstehlich.

- **18** **große Medjool-Datteln, entsteint**
- **18** **blanchierte Marcona-Mandeln**
- **9** **EL Valdeón-Käse (oder ein anderer milder Blauschimmelkäse, ca. 120 g)**
- **9** **Scheiben Frühstücksspeck, jede Scheibe diagonal geteilt**

Den Backofen auf 220 °C vorheizen und jede Dattel mit einer Mandel und ½ EL Käse füllen. Die Datteln in ein Stück Frühstücksspeck wickeln und dieses mit einem Zahnstocher fixieren. Die umwickelten Datteln 5–7 Minuten auf einem Backblech im Ofen rösten, bis der Speck knusprig und goldbraun wird.

ERGIBT 18 PORTIONEN · PRO PORTION **120** KALORIEN // **8 g** FETT // **10 g** KOHLENHYDRATE // **2 g** BALLASTSTOFFE // **3 g** PROTEINE

GRÜNER SPARGEL *in* PROSCIUTTO GEWICKELT

Zarte, leuchtend grüne Spargelstangen sind in Verbindung mit dem geräucherten Schinken eine Vorspeise, die vermutlich schneller weggeputzt ist, als sie zubereitet wurde.

20 **Stangen dünner grüner Spargel, geputzt und untere Enden abgeschnitten**

Olivenöl

frisch gemahlener schwarzer Pfeffer

120 g **in hauchdünne Scheiben geschnittener Prosciutto, längs gedrittelt**

1. Den Backofen auf 190 °C vorheizen. Die Spargelstangen auf ein großes Backblech verteilen, mit Olivenöl beträufeln und mit Pfeffer würzen. Mit den Händen ein wenig vermischen, sodass der Spargel gut vom Öl ummantelt wird.

2. Jeweils 1 Streifen Prosciutto um 2–3 Spargelstangen wickeln und dieses kleine Bündel wieder auf das Backblech legen. Mit den restlichen Spargelstangen ebenso verfahren.

3. Die Spargelpäckchen im Ofen backen, bis der Schinken kross ist und die Spargelstangen außen kross und innen weich werden. Vor dem Servieren jedes Päckchen schräg halbieren.

ERGIBT 4 PORTIONEN · PRO PORTION (5 Stangen Spargel) **150** KALORIEN // **12 g** FETT // **2 g** KOHLENHYDRATE // **1 g** BALLASTSTOFFE // **10 g** PROTEINE

VORSPEISEN

WÜRZIGE COCKTAILNÜSSE

Diese Nüsse sind nicht nur ideale Partybegleiter zu Bier und Cocktails. Sie lassen sich auch, in Gefrierbeutel verpackt, wunderbar als Snack mit zur Arbeit nehmen.

150 g	**Kürbiskerne**
1 TL	**Rapsöl**
130 g	**Mandeln**
130 g	**halbierte Pekannüsse**
2 EL	**Ahornsirup**
½ TL	**Piment**
½ TL	**Zimt**
½ TL	**geriebene Muskatnuss**
½ TL	**Meersalz**
200 g	**getrocknete Cranberries (evtl. mit Orangenaroma)**

1. Den Backofen auf 175 °C vorheizen. Ein tiefes Backblech einfetten oder mit Backspray einsprühen. In einer Schüssel die Kürbiskerne mit dem Öl vermischen, bis sie davon ummantelt sind. Die Kürbiskerne auf dem Backblech verteilen, etwa 10 Minuten backen und in dieser Zeit ein paar Mal wenden. Die Kürbiskerne aus dem Backofen nehmen, ohne den Ofen auszuschalten.

2. Die Kürbiskerne, die Mandeln und die Pekannüsse in eine mittelgroße Schüssel geben und den Ahornsirup untermischen. In einer kleinen Schüssel die Gewürze mit dem Salz vermischen und diese Mischung über die Nüsse streuen und gut untermischen.

3. Die Mischung auf dem Backblech verteilen und etwa 15 Minuten backen, bis die Nüsse trocken sind. Zwischendurch immer mal wieder wenden und aufpassen, dass sie nicht verbrennen. Anschließend 20 Minuten auf dem Blech abkühlen lassen.

4. Die abgekühlten Nüsse in eine Schüssel füllen und die Cranberries untermischen.

ERGIBT 12 PORTIONEN · PRO PORTION **280** KALORIEN // **20 g** FETT // **16 g** KOHLENHYDRATE // **4 g** BALLASTSTOFFE // **8 g** PROTEINE

SPINATSALAT *mit* ZIEGENKÄSE *und* PISTAZIEN

Festliche Menüs sollten zugleich schlicht und beeindruckend beginnen, um auf die weiteren Gänge einzustimmen. Diese simple Mischung aus zartem Babyspinat und cremigem Ziegenkäse ist der perfekte Startschuss für eine festliche Mahlzeit.

80–100 ml **Aceto Balsamico**
60 ml **extra natives Olivenöl**
Salz
frisch gemahlener schwarzer Pfeffer
ca. 300 g **Babyspinat, geputzt**
225 g **Ziegenkäse, zerkrümelt**
60 g **Pistazien, geröstet**

1. Den Essig und das Öl in einer großen Schüssel verrühren und mit Salz und Pfeffer abschmecken.

2. Den Spinat dazugeben und mit der Vinaigrette vermischen. Den angemachten Spinat auf Teller verteilen und Käse und Pistazien daraufstreuen.

ERGIBT 8 PORTIONEN · PRO PORTION **200** KALORIEN // **18 g** FETT // **1 g** KOHLENHYDRATE // **2 g** BALLASTSTOFFE // **9 g** PROTEINE

PARMESAN-CHIPS

So viel Parmesan reiben, dass die Menge ausreicht, um einen kleinen runden Teller zu bedecken. Den Teller auf höchster Stufe für 80 Sekunden in die Mikrowelle stellen, bis der Käse kross ist. Den Teller herausnehmen, 10 Sekunden ruhen lassen, den Käse vorsichtig vom Teller lösen, in Stücke brechen und zu Caesar Salad servieren oder Suppen damit garnieren.

KÜRBIS-APFEL-SUPPE

Eine leichte und dank des Kürbispürees trotzdem cremige Suppe, die den Gästen Platz genug für den nächsten Gang lässt.

1 EL	**Pflanzenöl**
2	**Schalotten, klein gehackt**
1 EL	**fein gehackter frischer Ingwer**
670 g	**pürierter Kürbis**
700 ml	**salzarme Gemüsebrühe**
1	**Apfel, gewürfelt**
1 EL	**getrockneter Salbei**
	Salz und frisch gemahlener schwarzer Pfeffer
	Sour Cream zum Servieren

Das Öl in einem großen Topf auf mittlere Temperatur erhitzen und die Schalotten und den Ingwer 3 Minuten dünsten. Das Kürbispüree, die Gemüsebrühe, die Apfelwürfel, den Salbei sowie Salz und Pfeffer nach Geschmack dazugeben. Alles aufkochen und zugedeckt 15 Minuten köcheln lassen. Die Suppe nach und nach im Standmixer oder mit einem Stabmixer glatt pürieren und mit einem Klacks Sour Cream servieren.

ERGIBT 4 PORTIONEN · PRO PORTION **140** KALORIEN // **38 g** FETT // **14 g** KOHLENHYDRATE // **5 g** BALLASTSTOFFE // **3 g** PROTEINE

In GUINNESS GESCHMORTE RINDERRIPPEN

Bier und Rindfleisch bilden eine wunderbare Allianz in diesem schonend geschmorten Eintopf. Einfach nachmittags sämtliche Zutaten in einen Schongarer oder in einen Schmortopf geben und abends als fertigen Eintopf Freunden oder der Familie servieren. Nichts könnte stressfreier sein.

900 g	**Rinderrippe ohne Knochen (Querrippe)**
	Salz und frisch gemahlener schwarzer Pfeffer
1 EL	**Rapsöl**
2	**Dosen oder Flaschen Guinness**
500 ml	**Rinderbrühe**
3	**große Möhren, in dicke Stücke geschnitten**
2	**Zwiebeln, geviertelt**
2	**Stangen Staudensellerie, in große Stücke geschnitten**
8	**Knoblauchzehen, abgezogen**
2	**Lorbeerblätter**

1. Die Rippen nach Geschmack mit Salz und Pfeffer würzen. Das Öl in einer Stielpfanne stark erhitzen und das Fleisch etwa 10 Minuten von allen Seiten scharf anbraten, bis es rundherum gebräunt ist. Die Rippen dann in einen Schongarer oder in einen Schmortopf umfüllen.

2. Das Bier zum Ablöschen in die noch heiße Pfanne gießen und den Bratensatz vom Pfannenboden lösen. Das Bier samt Bratensatz über die Rippen gießen.

3. Die restlichen Zutaten dazugeben und alles etwa 4 Stunden lang langsam schmoren, bis das Fleisch beinah auseinanderfällt. Den Eintopf auf Polenta oder Kartoffelbrei servieren.

ERGIBT 4 PORTIONEN · PRO PORTION **460** KALORIEN // **17 g** FETT // **11 g** KOHLENHYDRATE // **3 g** BALLASTSTOFFE // **52 g** PROTEINE

SCHWEINEBRATEN *mit* BIRNENFÜLLUNG

Mit einem großen Stück Braten bekommt man leicht eine ganze Horde satt, wichtig dabei ist aber, dass er eine fruchtige Füllung bekommt, die ihn mit ihrem Aroma durchzieht.

2 kg	**Schweinebraten (ausgelöstes Kotelettstück)**
2 EL	**Thymiansalz (oder die gleiche Menge getrockneter Thymian und Salz)**
3 EL	**Butter**
200 g	**Schinken, grob gehackt**
3	**Schalotten, in dünne Scheiben geschnitten**
2	**Boscs Flaschenbirnen, geschält und gewürfelt**
¼ l	**Apfelsaft**
1	**Bund Thymian, fein gehackt**
3	**Zweige frischer Rosmarin**
3	**Zweige Fenchelgrün**
3	**Zwiebeln, geviertelt und die einzelnen Lagen getrennt**

1. Das Schweinefleisch gründlich mit dem Thymiansalz einreiben und über Nacht im Kühlschrank ziehen lassen.

2. Das Fleisch eine Stunde vor der weiteren Zubereitung aus dem Kühlschrank nehmen, damit es sich auf Raumtemperatur erwärmen kann. Den Backofen auf 190 °C vorheizen.

3. Die Butter in einer großen Pfanne bei mittlerer Temperatur zerlassen und den Schinken darin etwa 5 Minuten leicht anbraten. Schalotten dazugeben und 5 Minuten mitbraten. Die Birnen dazugeben und 15 Minuten weich dünsten. Den Apfelsaft dazugießen, die Temperatur erhöhen und garen, bis die Füllung eindickt. Die Füllung auf ein Backblech streichen und 15 Minuten abkühlen lassen.

4. Den Braten füllen (siehe unten). Ein Backblech mit Alufolie auslegen, die frischen Kräuter und die Zwiebeln darauf verteilen und den Braten darauflegen. Den Braten so lange im Ofen garen, bis er eine Kerntemperatur von 60 °C erreicht. Vor dem Anschneiden den Braten 5 Minuten auf einem Schneidebrett ruhen lassen.

ERGIBT 8 PORTIONEN · PRO PORTION **460** KALORIEN // **19 g** FETT // **12 g** KOHLENHYDRATE // **2 g** BALLASTSTOFFE // **60 g** PROTEINE

EINEN LENDENBRATEN FÜLLEN

1. Eine lange schmale Messerklinge so tief wie möglich in die Mitte des Fleischstücks stecken, dabei erst von der schmalen Seite beginnen und dann von der anderen Seite. Das Messer dabei leicht hin und her bewegen, um die Löcher zu vergrößern und eine Art Tunnel schaffen.

2. Die gekühlte Füllung in einen Gefrierbeutel geben und eine der beiden unteren Ecken abschneiden, um ein 3–4 cm großes Loch im Beutel zu haben und diesen dadurch als eine Art Spritzbeutel verwenden zu können. Die Spitze dieses Spritzbeutels von einer Seite in den Tunnel stecken und die Füllung hineindrücken. Den Vorgang vom anderen Bratenende aus wiederholen.

MEISTERKLASSE

DIE PERFEKTE KÄSEPLATTE

Wer für seine Käseplatte Applaus ernten will, sollte beim Einkauf nach handgeschöpften Käsesorten beziehungsweise Produkten aus kleinen Käsereien Ausschau halten. Hier noch ein paar besondere Tipps:

ROBIOLA

SUPERCREMIG

Robiola ist ein italienischer Frischkäse mit einem Fettgehalt von 45 % Fett i. Tr. Der cremige, streichzarte Käse mit der geschützten Herkunftsbezeichnung hat einen delikaten, leicht säuerlichen Geschmack und schmeckt wunderbar auf Crackern oder auf Baguette, vor allem, wenn man dazu Trauben oder Honigmelone reicht. Noch cremiger schmeckt der französische Frischkäse Brillat-Savarin, der aufgrund seines hohen Fettgehalts (75 % Fett i. Tr.) auch als »Speiseeis unter den Käsesorten« bezeichnet wird.

RONCAL

PASST IMMER

Für den spanischen Hartkäse aus Schafsmilch mit dem pikanten nussigen Aroma braucht man keine weiteren Zutaten, um ihn als Snack zu genießen. Wer ihn jedoch zu würzig findet, kann ihn hauchdünn mit Himbeer- oder Kirschkompott bestreichen. Als köstliche Alternative bietet sich der beliebte französische Comté an, der etwas milder im Geschmack ist. Der Comté ist nicht nur ein toller Snack, sondern eignet sich auch als Belag für ein gegrilltes Käsesandwich.

SAINTE-MAURE

VEREDELT SALATE

Der französische Weichkäse aus Ziegenmilch schmeckt wunderbar auf einem Bett aus Salatblättern. Allerdings sollte man nicht versuchen, ihn zu zerkrümeln, denn dazu ist er zu weich. Stattdessen gemischte grüne Salatblätter mit einem Dressing aus 2 EL Sherryessig, 75 ml Walnussöl, 1 EL sehr fein gehackten Schalotten, 1 TL Salz und etwas frisch gemahlenem schwarzem Pfeffer anmachen und den Käse dazu reichen.

ALTER GOUDA

WÜRZIGER KÄSE MIT BISS

Viele Käsesorten reifen ein paar Wochen oder Monate, doch alter beziehungsweise überjähriger Gouda kann durchaus eine Reifezeit von 3 bis 5 Jahren hinter sich haben. Je länger Gouda reift, desto kristalliner wird seine Struktur, wodurch er gutem Parmigiano Reggiano immer ähnlicher wird und ebenfalls am Stück gebrochen wird. Allerdings schwingt in seinem salzig-würzigen Aroma auch eine leichte Karamellnote mit, was ihn zu einem idealen Snack zu einem Schluck Rotwein oder einem Sherry macht. Gut schmeckt er auch mit einer dünnen Scheibe Apfel oder Birne.

MONTGOMERY CHEDDAR

HARMONIERT MIT BIER

Dieser auf der Manor Farm in der englischen Grafschaft Somerset von Hand hergestellte Käse hat nichts gemein mit dem leuchtend orangefarbenen, abgepackten Cheddar aus dem Supermarktregal. Seine unterschwelligen Buttermilch- und Rettich-Aromen passen hervorragend zu einem gepflegten Bier.

CROTTIN DE CHAVIGNOL

WÜNSCHT SICH WEIN ALS BEGLEITUNG

Die kleinen französischen Weichkäse aus Ziegenmilch sollten schon wegen ihrer hübschen Optik, aber natürlich auch wegen ihres dezenten Ziegenaromas auf keiner Käseplatte fehlen. Ihr leicht nussiger und säuerlicher Geschmack ist ein guter Gegenpart zu besonders schweren, cremigen und fetten Käsesorten.

GORGONZOLA

EIN DESSERTKÄSE

Den von grünlichblauen Schimmeladern durchzogenen norditalienischen Käse gibt es in verschiedenen Varianten, so zeichnet sich zum Beispiel der Gorgonzola dolcelatte durch ein besonders sahnig-mildes Aroma mit einer leichten Karamellnote aus und harmoniert daher fantastisch mit einem süßen Dessertwein.

ERNÄHRUNG

FEIERN OHNE GEWICHTSPROBLEME

Hier ein paar Tipps, die dich durch Feiertage und Partys bringen sollen, ohne dass dir deine Hosen zu eng werden

Feiertage und Ferien werden gerne dazu genutzt, viel Zeit mit der Familie, mit Freunden, Nachbarn usw. zu verbringen, und das bedeutet in erster Linie üppige Mahlzeiten und jede Menge leckeres Essen. Das führt wiederum dazu, dass man den ganzen Winter über lieber weite Sweatshirts trägt und sich dann am 1. Januar wegen seiner Fettpölsterchen plötzlich Sorgen macht. Den größten Fehler, den man während der Weihnachtsfeiertage begehen kann, ist Selbstsabotage. Den ganzen Januar über sind die Fitnessstudios völlig ausgebucht, dabei könnte man alle schlagen, indem man sein Gewicht einfach schon vor Januar reduziert hat. Außerdem sieht man dann auf den Weihnachtsfotos viel besser aus.

1

HAUSHALTE MIT DEN KALORIEN

Wer abends zu einer Party will und weiß, dass ihn dort ein riesiges Büfett erwartet, sollte schon vorher Kalorien sparen und die Portionen reduzieren. Wer 300–500 Kalorien vor der Party spart, kann abends etwas kräftiger zulangen. Allerdings sollte man auch nicht völlig ausgehungert auf die Party gehen, sondern vorher den Hunger etwas zügeln, indem man 2 Gläser Wasser trinkt und etwas Ballaststoffreiches isst, zum Beispiel Möhren mit Hummus.

2

HALTE NACH DEM GEMÜSE AUSSCHAU

Die kleinen, häufig mit Dips oder Saucen servierten Vorspeisen-Happen sind meist wahre Kalorienbomben und dabei häufig so klein, dass man sich unbewusst schon ein halbes Dutzend davon in den Mund geschoben hat, bevor man überhaupt den Gastgeber begrüßt. Gesünder ist es, wenn man sich stattdessen den Teller mit Rohkost füllt, denn ballaststoffreiches Gemüse sättigt, ohne den Kalorienpegel in die Höhe zu treiben.

3

NIMM PROTEINE STATT PASTA

Such dir die Vorspeisen aus, die Fleisch oder Fisch enthalten. So sparst du Kalorien und außerdem hält das Sättigungsgefühl länger vor als bei Brötchen oder Nudeln.

4

ÜBERLEGE DIR GUT, WOMIT DU SÜNDIGST

Klüger ist es, sich vorher schon zu entscheiden, womit man sündigen möchte, und entweder dem Alkohol oder dem Essen zu frönen. Dabei sollte man den Abend über auch bleiben – und zwar moderat, das ist am gesündesten. Wer Alkohol trinkt, trinkt zwischendurch am besten immer wieder ein Glas Wasser. Das verlangsamt den Konsum und sorgt dafür, dass man am nächsten Tag nicht dehydriert ist.

5

REDE MEHR – ISS WENIGER

Generell solltest du auf Partys mehr Zeit damit verbringen, dich mit den anderen Gästen zu unterhalten als zu essen. Bei Tisch ist es ratsam, nach ein paar Bissen immer wieder eine Unterhaltung mit dem Nachbarn in Gang zu bringen oder dich Bissen für Bissen dem Tempo deines Gesprächspartners anzupassen. Denn wer langsam isst, neigt nicht so schnell zu Übergewicht wie die Schnellesser.

6

WÄHLE EINEN MOGELTAG PRO WOCHE

Ein Mogeltag pro Woche tut Körper und Geist gut. Aber Achtung: Wenn du gewöhnlich sonntags keine Kalorien zählst, aber am Donnerstag auf eine Party eingeladen bist, solltest du deinen Wochenplan so umstellen, dass du unbeschwert feiern kannst.

7

PROBIERE MAL JOGHURT ZUM FRÜHSTÜCK

Die beste Art, sich von einem Festtagsmahl zu erholen? Schwing dich direkt wieder aufs Pferd beziehungsweise kehr zu deinem normalen Ernährungs- und Fitnessplan zurück und vergiss den Vortag. Beginne den nächsten Tag mit einem Glas Wasser und etwas Leichtem, zum Beispiel Obst und Joghurt, um den Körper zu entgiften. Und nimm danach den ganzen Tag nur leichte Kost zu dir.

8

VERBRENNE ENERGIE

Auch wenn es rund ums Thema Gewichtsverlust viele Tipps und Tricks gibt, so ist es doch letztlich eine leichte Rechenaufgabe: Wer mehr isst, als er verbrennt, nimmt zu. Traurig aber wahr: Die Dauerkarte im Fitnessstudio reicht nicht aus, um chronische Völlerei über die Feiertage oder zu anderen Zeiten auszugleichen. Sprich: Gehe auch wirklich hin, bewege dich und verbrenne die überflüssigen Kalorien.

10

ISS, UM ZU LEBEN. LEBE, UM ZU ESSEN.

DRINKS

Na dann, Prost!

DRINKS

S. 256 MH COOKING Kapitel 10

DIE REGELN FÜR EINE GEPFLEGTE HAUSBAR

Manch einem mag diese Liste vielleicht etwas minimalistisch erscheinen. Doch schließlich ist damit erst einmal ein Grundstock gelegt, und bevor man sich an ausgefallene Cocktails wagt, sollte man die Basics im Griff haben.

REGEL NR.

1

FOLGENDE GETRÄNKE SOLLTE »MANN« IMMER VORRÄTIG HABEN

KLARE SPIRITUOSEN:

WODKA

Dreifach destilliert zeichnet sich der farblose Wodka durch ein weiches, ausbalanciertes Aroma aus.

GIN

Dank des dezenten Wacholderaromas die perfekte Basis für sommerliche Cocktails, vor allem Martini und Gin Tonic.

DUNKLE SPIRITUOSEN:

RUM

Für die Hausbar eignet sich wegen seines ausgewogenen und nicht zu süßen Aromas am besten Rum aus frischem Zuckerrohrschnaps.

WHISKY

Bei Whisky scheiden sich die Geister. Wir empfehlen einen amerikanischen Bourbon, der hauptsächlich aus Mais destilliert wird und sich dann Whiskey schreibt.

WEITERE ZUTATEN:

ANGOSTURABITTER

Ein paar Tropfen genügen, um einem Cocktail ein ganz neues Aroma zu geben.

WERMUT

Roter Wermut eignet sich zum Mixen von Cocktails auf Bourbon- oder Scotch-Basis, weißer Wermut für Cocktails mit Wodka und Gin.

MIX-OPTIONEN

Als weitere Zutat zur Basisspirituose eignen sich vor allem frisch gepresste Obstsäfte, zum Beispiel Grapefruit, Orange oder Cranberry.

EINFACHER ZUCKERSIRUP:
Zu gleichen Anteilen Zucker und Wasser verrühren, bis sich der Zucker aufgelöst hat. Wird für Cocktails wie Tom Collins, Hemingway Daiquiri, French 75 oder einen Highline-Cocktail verwendet.

REGEL NR. 2

DAS HANDWERKSZEUG DES MIXERS

Klein, aber fein sollte das Handwerkszeug des Mixers sein, damit an der Bar keine Herausforderung zu hoch ist.

JIGGER

Der Jigger – ein Barmaß mit zwei unterschiedlichen Volumen (üblich ist 44/30 ml) – hilft, die Mengen exakt abzumessen.

BARMESSER

Ein Bar- oder Gemüsemesser dient zum Garnieren und Dekorieren der Cocktails mit frischen Früchten.

RÜHRGLAS

Um Cocktails zu rühren und nicht zu schütteln, sollte man ein entsprechend hohes Rührglas verwenden.

SHAKER

Das Herz der Cocktailbar, daher legt man sich am besten gleich einen hochwertigen und robusten Schüttelbecher zu.

BARLÖFFEL

Der Barlöffel dient zum Umrühren der Zutaten im Rührglas, ist aber zugleich eine feste Maßeinheit (5 ml) und wird in Rezepten oft mit BL abgekürzt.

STÖSSEL

Die Stößel aus Metall, Kunststoff oder Holz dienen dazu, feste Zutaten (Früchte, Kräuter, Gewürze) zu zerdrücken, um den in ihnen enthaltenen Saft oder ihre ätherischen Öle freizusetzen.

BARSIEB

Ob aus dem Shaker oder dem Rührglas – Cocktails werden immer durch den Strainer in die Gläser abgeseiht. Durch die Spiralfeder passt sich das Sieb den unterschiedlichen Glas- und Shakergrößen an.

KANNELIERMESSER

Mit dem auch Zestenreißer genannten Messer lassen sich profimäßige Dekorationen schneiden, zum Beispiel spiralförmige Streifen aus Zitronenschalen.

KORKENZIEHER

Kellnermesser haben neben dem Korkenzieher auch ein Messer integriert, um die Folie von Wein- und Champagnerflaschen zu entfernen: einfach, schlicht und funktionell.

REGEL NR. **3**

DIE GLÄSER DER BAR

DIE TRINKGLÄSER, in denen Cocktails serviert werden, sollten einfach und zugleich formschön sein. Vor allem sollte man darauf achten, dass das Glas zur ausgewählten Getränkegruppe passt.

MARTINIGLAS, »Cocktailspitz«, für Martinis und andere Shortdrinks

TUMBLER, Old-Fashioned oder Whiskyglas für Longdrinks und »on the rocks«

HIGHBALLGLAS für Highballs und andere Longdrinks

SHOTGLAS, Shooterglas oder ganz einfach Schnapsglas für kleine, hochprozentige Drinks

REGEL NR. **4**

DIE TECHNIK DES MIXENS

Neben den richtigen Zutaten und dem richtigen Handwerkszeug ist auch die Technik entscheidend für einen makellosen Cocktail. Hier die drei wichtigsten Techniken.

DAS RÜHREN

TECHNIK Den Barlöffel knapp über dem Boden des Rührglases führen. Die Löffelunterseite gegen den Glasrand drücken und energisch und mit weicher Bewegung zugleich 8–10 Sekunden außen entlangrühren, sodass die Eiswürfel in der Mitte eine solide Masse bilden. Anschließend den Cocktail in ein gekühltes Trinkglas abseihen.

GEEIGNET für alle Cocktails, deren Zutaten sich leicht verbinden, beziehungsweise die beim Shaken trüb werden würden, zum Beispiel Martini, Negroni, Manhattan.

DER TWISTER

TECHNIK Die Zitrusfrucht über das Cocktailglas halten, um die ätherischen Öle aufzufangen. Einen gezahnten Zestenschneider in die Verdickung am Stielende drücken und dann mit leichtem Druck so um die Frucht herumfahren, dass mindestens 5 cm lange Streifen aus der Schale herausgeschnitten werden. Mit dieser Spirale lassen sich dann der Glasrand oder der Strohhalm dekorieren oder man gibt sie direkt ins Getränk.

GEEIGNET für Cocktails auf Basis von Alkohol beziehungsweise Likören aus den Schalen von Zitrusfrüchten wie flavoured Wodkas, Gin oder Triple Sec, zum Beispiel Margarita, Martini, Sazerac.

DAS SHAKEN

TECHNIK Die Zutaten für den Cocktail mit 5–6 Eiswürfeln in den Shaker geben und 8–12 Sekunden energisch schütteln (langsames Schütteln erzeugt unerwünscht große Blasen). Zu langes Schütteln verdünnt den Drink zu stark. Nach dem Shaken den Cocktail sofort ins entsprechende Trinkglas abseihen.

GEEIGNET für Cocktails auf der Basis von Zitrussäften, Eiweiß oder Sahne, da diese trüb werden sollen, zum Beispiel Daiquiri, Margarita, Sidecar, Pisco Sour.

ZAUBERTRANK

EIN PROST AUF DIE GESUNDHEIT

Vom medizinischen Wert eines guten Drinks

Heute schon am Glas genippt? Über eine Zeitspanne von 5 Jahren hatten abstinent lebende Menschen eine um 19 % höhere Sterberate als Menschen, die mindestens an 3 Tagen pro Woche 1–2 Drinks zu sich nahmen – ergab eine Studie der Virginia Tech University, für die die Daten von beinah einer halben Million US-Amerikaner erfasst wurden. Ein Grund mehr, auf seine Gesundheit zu trinken – in Maßen natürlich.

BIER

Mindestens 18 Studien belegen, dass Bier genauso gut für das Herz ist wie der Genuss von Rotwein. »Bei genauerer Analyse der Wirkung des Alkohols in Wein und Bier stellten wir fest, dass diese recht ähnlich sind«, erklärt Dr. Giovanni de Gaetano, Direktor des Labors in Ricerca, das diese Studien analysierte.

WEIN

Bei einer erst kürzlich mit Mäusen durchgeführten Studie der Mount Sinai School of Medicine wurde erstmalig herausgefunden, dass die in Weintrauben gefundenen Polyphenole die Menge des Beta-Amyloids 56, eines Peptids, das mit der Alzheimer-Erkrankung in Verbindung gebracht wird, senken können.

LIKÖRE UND SCHNÄPSE

Für eine im Magazin *Consciousness and Cognition* veröffentlichte Studie wurden 40 Männer gebeten, Sprachrätsel zu lösen. Die Hälfte der Männer trank vorher so viel Wodka mit Cranberrysaft, dass sie einen Promillewert von 0,75 hatten, die andere Hälfte blieb nüchtern. Und das Ergebnis? Die angetrunkenen Männer lösten die 20 Rätsel nicht nur im Schnitt 3,7 Sekunden schneller als die nüchternen Jungs, sondern auch häufiger richtig.

MEISTERKLASSE

8 COCKTAIL-KLASSIKER,

die »Mann« beherrschen sollte

1

BLOODY MARY

Der ultimative Cocktail zum Brunch, von dem man am besten direkt eine größere Menge für alle mixt.

Den Staudensellerie, die Schalotte, den Rettich und die Kapern im Standmixer pürieren. Den Zitronensaft, die Worcestershiresauce und die Gewürze dazugeben und erneut kurz mixen.

Die Mischung in einen Krug abfüllen, Tomatensaft unterrühren und über Nacht in den Kühlschrank stellen.

Zum Servieren den gekühlten Cocktail in 6 Longdrinkgläser abseihen. Jeweils mit 4 ½ cl Wodka auffüllen und mit einem Selleriestick garnieren.

ERGIBT 6 GLÄSER // PRO GLAS: 150 KALORIEN

Der Manhattan

MEISTERKLASSE
Cocktail-Klassiker

2

MANHATTAN

Ein aromatischer Shortdrink mit leicht bitterer und feuriger Whisky-Note.

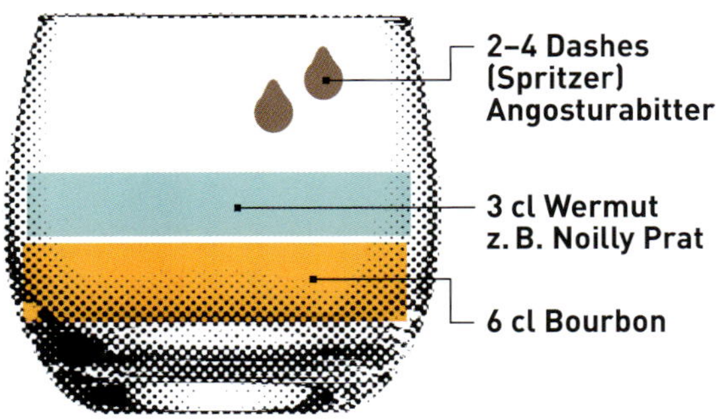

Den Wermut in ein Rührglas gießen. Den Bourbon und den Angosturabitter hinzufügen. Einwürfel dazugeben und alles kräftig für mindestens 20 Sekunden rühren. Den Manhattan schließlich in einen vorgekühlten Tumbler oder in eine Cocktailschale abseihen.

PRO GLAS: **200** KALORIEN

3

OLD FASHIONED

Der angemessene Drink, um der guten alten Zeiten zu gedenken.

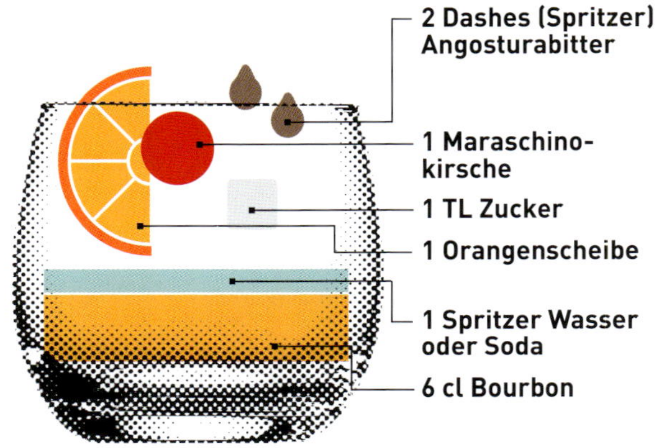

Mit einem Barlöffel oder dem Griff eines normalen Löffels den Zucker mit Angostura und Wasser in einem Tumbler-Glas mixen. Den Bourbon dazugießen, Eiswürfel hinzufügen und gut verrühren. Schließlich die Kirsche und die Orangenscheibe in den Drink geben.

PRO GLAS: **210** KALORIEN

4

TOM COLLINS

Unkompliziert. Schlicht. Leicht sauer.
Aber ausreichend süß.

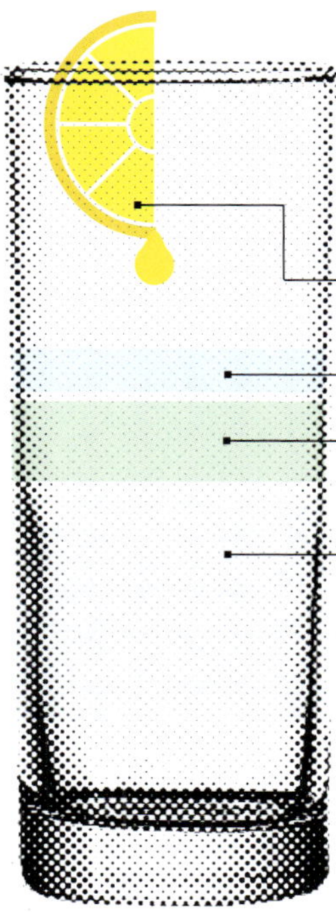

Die ersten drei Zutaten auf Eis im Shaker kräftig schütteln, in ein Longdrinkglas gießen und mit Soda auffüllen.

PRO GLAS: **250** KALORIEN

5

MARGARITA

Wer hier auf die Qualität der Zutaten achtet, kann auf den Salzrand am Glas oder Früchte im Cocktail gut verzichten.

Die Zutaten im Shaker zusammen mit einigen Eiswürfeln kräftig schütteln und in die vorgekühlte Cocktailschale abseihen.

PRO GLAS: **180** KALORIEN

MEISTERKLASSE
Cocktail-Klassiker

6

NEGRONI

Die Komplexität dieses schlichten Cocktails ist beeindruckend, denn er enthält lediglich drei Zutaten.

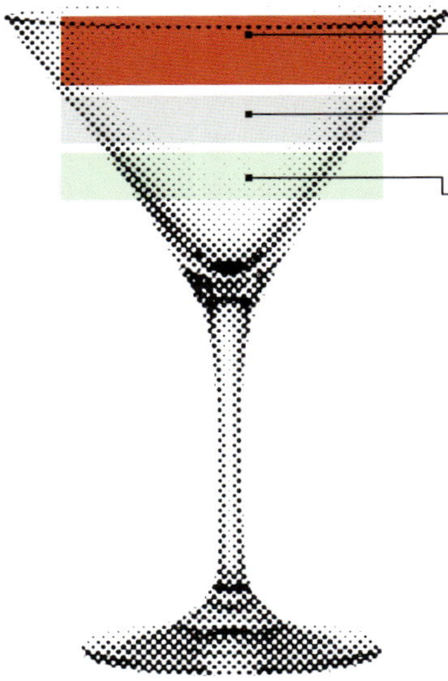

Die Zutaten zusammen mit etwas zerstoßenem Eis im Cocktailglas verrühren.

PRO GLAS: **200** KALORIEN

7

MARTINI

Jeder wäre gerne mal James Bond, aber kaum einer kriegt's hin – nicht mal 007. Die besten Martinis werden gerührt und nicht geschüttelt.

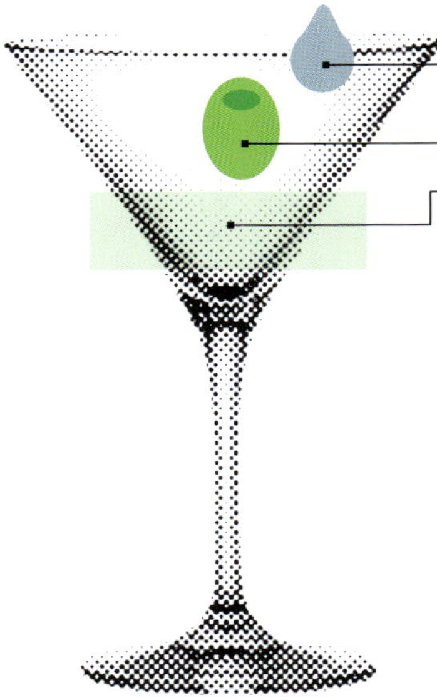

Den Wermut und den Gin in einem Rührglas auf vielen Eiswürfeln verrühren, in ein vorgekühltes Martiniglas abseihen und mit der Olive garnieren.

PRO GLAS: **140** KALORIEN

8

WHISKEY SOUR

Der Klassiker schlechthin und sicher einer der beliebtesten Sours. Denn dieser Drink lässt selbst weniger guten Whiskey wie teuren schmecken.

Im Shaker den Whisky, den Zitronensaft und den Zucker auf Eiswürfeln kräftig schütteln und in ein Sourglas abseihen. Mit der Zitronenscheibe und der Kirsche garnieren.

PRO GLAS: **200** KALORIEN

MEISTERKLASSE

8 NEUE COCKTAILS,

die »Mann« beherrschen sollte

1

MEXICAN SUMMER SMASH COCKTAIL

Ein fruchtig-sommerlicher Highball, der mit Agavennektar und frischen Früchten gesüßt wird.

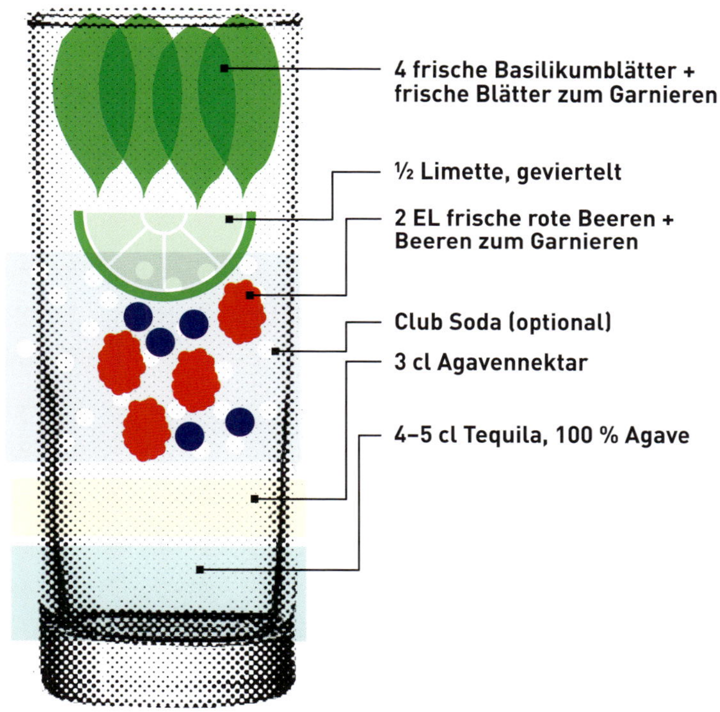

Die Basilikumblätter, die Limettenviertel, die Beeren und den Agavennektar im Rührglas gut verrühren und mit dem Stößel zerdrücken, um den Saft aus den Früchten zu drücken. Den Tequila und Eiswürfel dazugeben und kräftig schütteln. Den Cocktail in ein Longdrinkglas abseihen und mit frischen Beeren und Basilikumblättern garnieren. Wer's gerne spritzig (oder auch leichter) mag, kann noch 1–2 cl Club Soda dazugießen.

PRO GLAS: **200** KALORIEN

← Der Hemingway Daiquiri

MEISTERKLASSE
Neue Cocktails

2

HEMINGWAY DAIQUIRI

Die Daiquiri-Variante, die Papa Hemingway einst auf Kuba gerne trank – um einiges eleganter als der Frozen Daiquiri.

Im Shaker auf Eis kräftig schütteln und in eine vorgekühlte Cocktailschale abseihen. Die Maraschinokirsche dazugeben und das Glas mit der Limettenscheibe garnieren.

PRO GLAS: **270** KALORIEN

3

WASSERMELONEN DAIQUIRI

Gefrorene Wassermelone sorgt hier für richtiges Summerfeeling und liefert mit ihrer milden Süße die perfekte Balance zum Rum.

Die Wassermelonenwürfel vor der Zubereitung einfrieren. Alle Zutaten im Blender (Standmixer) zu einem glatten Cocktail mixen und in 2 vorgekühlte Gläser abseihen.

PRO GLAS: **360** KALORIEN

CHAMPAGNER RICHTIG EINSCHENKEN

TEMPERATUR Champagner sollte liegend bei Temperaturen zwischen 10–12 °C gelagert und zwischen 6–8 °C serviert werden.

4

FRENCH 75

Dieser Cocktail auf Champagnerbasis ist ein toller Aperitif. Traditionell wird er im Longdrinkglas serviert, kommt aber mit einer Zitronenspirale im Champagnerkelch noch besser zur Geltung. Nach Geschmack den Gin einfach durch Brandy, Cognac oder Calvados ersetzen.

Die ersten drei Zutaten im Shaker 30 Sekunden auf Eiswürfeln schütteln. In Longdrinkgläser oder Champagnerkelche abseihen und mit Champagner aufgießen. Mit Zitronenspiralen garnieren. Ergibt 2 Drinks.

PRO GLAS: **230** KALORIEN

5

BLOOD & SAND

Cherry Brandy sorgt nicht nur für die leuchtend rubinrote Farbe dieses Cocktails, sondern ist ein gutes Gegengewicht zum feurigen Scotch.

Im Shaker auf Eiswürfeln schütteln und in eine vorgekühlte Cocktailschale abseihen.

PRO GLAS: **220** KALORIEN

WINKEL Den Champagnerkelch im 45°-Winkel halten, damit der Champagner an der gewölbten Glaswand entlangläuft. Das Glas erst während des Einschenkens langsam aufrichten, damit möglichst wenig Kohlensäure verloren geht.

WENIG KONTAKT MIT DER LUFT Um beim Einschenken so wenig Kohlensäure wie möglich zu verlieren, das Glas mit der Flasche berühren.

MEISTERKLASSE
Neue Cocktails

6

TEQUILA GO-TO

Ungemein erfrischend und dank des Zusammenspiels von Minze, Gurke und Holunderblütensirup ein leicht bitter-süßsaures Geschmackserlebnis.

Den Tequila, den Holunderblütenlikör, den Limettensaft, die Gurkenscheiben und die Minze im Shaker auf Eiswürfeln kurz schütteln und in ein Longdrinkglas abseihen. Mit Ginger Ale auffüllen und ein paar Spritzer Angostura dazugeben.

PRO GLAS: **190** KALORIEN

7

HIGH LINE COCKTAIL

Ein würzig-herber Cocktail.

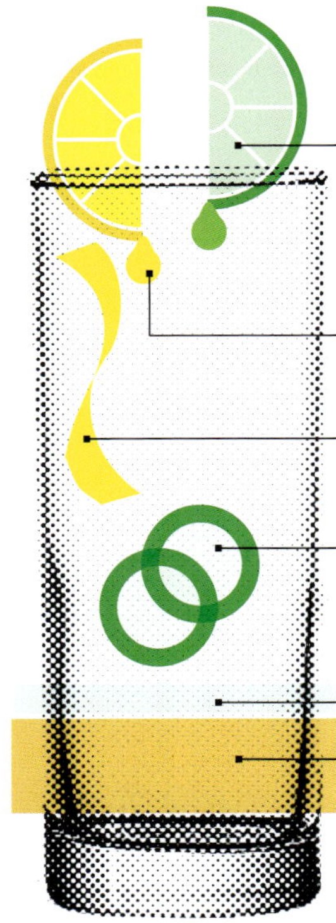

Im Shaker die 2 Jalapeño-Scheiben im Zuckersirup leicht zerdrücken. Den Zitronen- und Limettensaft sowie den Tequila hinzufügen und den Shaker mit Eiswürfeln auffüllen. Alles gut schütteln und dann in ein mit Eiswürfeln gefülltes Longdrinkglas abseihen. Mit Zitronenschale oder einer Jalapeño-Scheibe garnieren.

PRO GLAS: **140** KALORIEN

8

GINGER SMASH

Gekaufte Früchtesirups enthalten meist Maisstärke und andere Zusatzstoffe. Viel besser schmeckt der Cocktail, wenn man wie hier frische Früchte und echten Zucker verwendet. Der Ingwer sorgt für eine pikante Note.

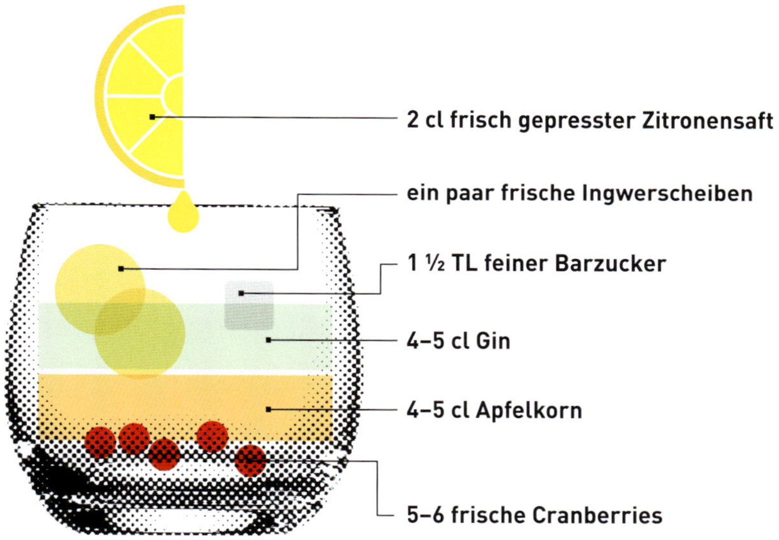

Den Ingwer in einem Tumbler-Glas mit dem Barlöffel oder einem Stößel leicht zerdrücken (es ist aber nicht nötig, ihn mit Gewalt zu Brei zu verarbeiten). Die Cranberries und den Zucker dazugeben und erneut leicht zerdrücken. Den Gin, den Apfelkorn und den Zitronensaft dazugeben. Das Glas mit Eiswürfeln auffüllen und den Inhalt in einen Shaker umfüllen. Die Zutaten im Shaker kurz schütteln und zurück ins Glas gießen.

PRO GLAS: **270** KALORIEN

AUFGESETZTE

Wir alle kennen die vielen farbigen Spirituosen auf Fruchtbasis, die die Regale der Getränkeabteilungen füllen. Dabei handelt es sich allerdings in den seltensten Fällen um echte Aufgesetzte, sondern meist um eine aromatisierte (»flavoured«) Mischung aus Alkohol, Zucker, Farbstoffen und künstlichen Aromen. Wer Früchte oder Gewürze selbst aufsetzt, weiß genau, was in seiner Flasche drin ist. Wähle Zutaten aus, die dich ansprechen und die du am liebsten magst, setze sie auf und deine Hausbar wird um eine Dimension reicher.

AUFGESETZTE

DU BRAUCHST:

GROSSE WECKGLÄSER ODER FLASCHEN MIT EINER BREITEN ÖFFNUNG // EIN KÜCHENSIEB // WIEDERVERSCHLIESSBARE GLASFLASCHEN ODER KARAFFEN (FÜR DAS FERTIGE GETRÄNK) // EINEN TRICHTER

1 PREISGÜNSTIGEN ALKOHOL VERWENDEN

Jeder Schnaps oder klare Alkohol ist recht: Es muss nicht die teuerste Marke sein, da der Geschmack hauptsächlich von den Früchten und Gewürzen kommt, die man aufsetzt. Die Menge der Zutaten mit jeweils einem Fünftel Alkohol aufgießen (Wodka, Schnaps, Tequila, Whisky).

2 DAS RICHTIGE GEFÄSS WÄHLEN

Die Spirituosen in ein Weckglas oder in eine Flasche mit großer Öffnung gießen und Platz für die Früchte oder anderen Zutaten lassen. Bei Flaschen darauf achten, dass die aromatisierenden Zutaten durch den Hals passen.

3 ALKOHOL UND AROMEN KOMBINIEREN

BOURBON

FEIGEN

75 g getrocknete Feigen ohne Stiel mit einem Schuss Bourbon im Standmixer pürieren

WODKA

GURKE

1 große Gurke schälen (die Schale lässt den Aufgesetzten bitter schmecken) und in dicke Scheiben schneiden

TEQUILA

ANANAS

1 reife Ananas schälen, den Strunk entfernen und 90 g in Würfel schneiden – oder Ananasstücke aus der Dose verwenden

ERDNÜSSE
110 g gesalzene oder ungesalzene Erdnüsse 12 Minuten im 175 °C heißen Backofen rösten, dann sofort in die Flasche oder das Weckglas füllen

KAFFEE
50 g geröstete Kaffeebohnen der Lieblingsmarke mit dem Alkohol aufsetzen

FENCHEL UND KÜMMEL
2 EL Kümmel in einer antihaftbeschichteten Pfanne rösten, bis er aromatisch duftet. Eine Drittel Fenchelknolle in dünne Scheiben schneiden

ZITRUS
1–2 große oder 2–3 kleinere Orangen, Grapefruits, Zitronen und/oder Limetten schälen, die Früchte leicht zerdrücken und die Kerne entfernen

CHILI
2–3 frische Chilischoten (Serrano, Jalapeño oder Habanero) längs vierteln, um die scharfen Kerne freizulegen

ZITRONENGRAS UND INGWER
30 g frisch gehackten Ingwer und 2 in Ringe geschnittene Zitronengrasstängel

4 RUHEN LASSEN
Die meisten Aufgesetzten sollten vor dem Genuss bis zu 2 Wochen ruhen, allerdings sollte man zwischendurch immer wieder probieren. Aufgesetzte mit Chili sind innerhalb von 2–3 Tagen fertig, Aufgesetzte mit saftigen Früchten brauchen länger und größere Gewürze (zum Beispiel Ingwerstücke) sollten am längsten ziehen. Sobald der Aufgesetzte aromatisch schmeckt, abseihen und mit einem Trichter in eine saubere Flasche füllen.

5 TRINKEN
Aufgesetzte sind beliebte Geschenke für Männer. Also einfach abfüllen und mit seinem Namen beschriften. Schon hat man ein einzigartiges Geschenk und zeigt, dass man sich für den Beschenkten wirklich etwas ausgedacht hat.

ORDNUNG HALTEN
Wer gerade mehrere Aufgesetzte angesetzt hat, sollte sie gut etikettieren und das Datum und die Zutaten auf jeder einzelnen Flasche vermerken.

DAS COCKTAIL-ABC(D)

A
DIE BASIS-SPIRITUOSE WÄHLEN

Zu Beginn die Basis-Spirituose auswählen und davon 4–9 cl in das Rührglas oder den Shaker geben. Das Eis kommt erst später dazu, damit der Cocktail nicht zu stark verdünnt wird. Beim Eingießen daran riechen und überlegen, welche weiteren Aromen am besten dazu passen könnten.

B
EINE SÜSSE KOMPONENTE HINZUFÜGEN

Barkeeper verwenden Zucker wie Köche das Salz als wichtigstes Gewürz. Zucker oder süße Liköre verbessern den Geschmack der Basis-Spirituose, mildern den Alkoholgeschmack und sorgen für zusätzliches Aroma. Die Bandbreite ist groß – von ein paar Tropfen Zuckersirup bis hin zu einem kräftigen Schuss süßen Likörs.

C
EINE BITTERE KOMPONENTE HINZUFÜGEN

Mehr Tiefgang bekommt der Cocktail, wenn die süße Komponente durch ein leicht bitteres oder säuerliches Aroma (oder von beidem etwas) ausgeglichen wird, zum Beispiel durch ein paar Tropfen Bitter.

D
MIT STIL GARNIEREN

Die Grundregel lautet: Falls frische Früchte schon Bestandteil des Cocktails sind, sollte man diese auch zum Garnieren verwenden. Ein frischer Zitronen-Twister ergänzt das Zitrusaroma eines Gin Martini. Alternativ kann man natürlich auch mit Kontrasten arbeiten und zum Beispiel eine eingelegte Olive als salzige Garnitur verwenden.

Klassische Cocktails bestehen aus wenigen Grundzutaten.
Wer die Prinzipien kennt, kann im Nu eigene Cocktails kreieren.

A	BOURBON	SCOTCH	GIN	TEQUILA	RUM
+					
B	ZUCKER-SIRUP	ORANGE CURAÇAO	HOLUNDER-BLÜTEN-SIRUP	WERMUT	KIRSCH-LIKÖR
+					
C	FRISCHER ZITRONEN-SAFT	FRISCHER LIMETTEN-SAFT	FRISCHER GRAPE-FRUIT-SAFT	CAMPARI	BITTER
+					
D	ZITRONEN-TWISTER	ORANGEN-TWISTER	MINZE-ZWEIG	COCKTAIL-KIRSCHEN	COCKTAIL-OLIVEN

ISS, UM ZU LEBEN. LEBE, UM ZU ESSEN.

ANHANG

REGISTER

(**Fettgedruckte** Seitenangaben = Foto)

L

M

N

O

T

W

Z

DIE AUTOREN

Adina Steiman ist Absolventin der Kochschule Le Cordon Bleu in Paris und heute Koch- und Ernährungsredakteurin des Magazins *Men's Health*. Sie lebt in Brooklyn.

Paul Kita ist Redakteur der Men's Health und Erfinder des »Men's Health Guy Gourmet«-Blogs. Er lebt in Allentown/Pennsylvania.

DIE REZEPTE

S. 28: Jodi Hortze, Inhaberin des Griddle Cafe, L.A.;
S. 32: Spitzenkoch Brian Lockwood;
S. 33: Hugh Fearnley-Whittingstall, Autor »The River Cottage Fish Book«;
S. 34: Candice Kumai, Autorin »Pretty Delicious«;
S. 37 (Gesundes Frühstück über Nacht): Sam Talbot, Autor »The Sweet Life«;
S. 38: Melissa Clark, Foodjournalistin der *New York Times*;
S. 53: Anita Lo, Chefköchin des Annisa, N.Y.;
S. 63: Anne Egan; S. 73: Devon Metz, Ernährungswissenschaftlerin & Fitnessexpertin;
S. 76: John Schenk, Küchenchef des Strip House, N.Y.;
S. 78–79: Aida Mollenkamp, Moderatorin der TV-Kochserie »Ask Aida«;
S. 82–83: Rick's Picks, Brooklyn;
S. 96: Tyler Florence;
S. 97: Mindy Hermann & Liz Vaccariello;
S. 102: Masahuru Morimoto, Koch der TV-Show »Iron Chef«;
S. 106: Joe Yonan, Autor »Serve Yourself«;
S. 110: Rick Bayless;
S. 115: John Besh, Küchenchef des August, New Orleans;
S. 119 (Einfach überbackene Ziti): David Joachim & Matthew Hoffman/(Vollkornspaghetti mit Paprikasauce): Dolores Powell/(Spaghetti mit Rübstiel und weißen Bohnen): Mindy Hermann & Liz Vaccariello;
S. 120: Frank Castronovo & Frank Falcinelli, Besitzer des Frankies 457 Spuntiono, Brooklyn;
S. 122 (Überbackene Ziti mit Huhn): Jean Rogers;
S. 128: Chefkoch John Besh, New Orleans;
S. 130: Thomas Keller, Chefkoch des The French Laundry, Kalifornien;
S. 135 (Koreanische BBQ-Marinade): Jet Tila, Chefkoch des The Charleston, Santa Monica;
S. 136 (Knoblauch-Chili-Marinade): Shawn McClain, Besitzer des Green Zebra, Chicago/(Inferno-Marinade): Elizabeth Karmel, Chefköchin des Hill Country, NY;
S. 137: Tom Mylan, Metzger bei Meat Hook, Brooklyn;
S. 146: Matt Goulding & David Zinczenko;
S. 147: Roberto Santibanez, Chefkoch des Fonda, N.Y.;
S. 149: Rick Bayless, Küchenchef des Frontera Grill, Chicago;
S. 150 (Salsa Verde): David Joachim & Matthew Hoffman, (Salsa Roja): Freya Altmüller;
S. 158: Sandra Gluck;
S. 159: David Joachim;
S. 166: Johnnie's Italian beef, Sandwich-Shop, Chicago;
S. 167: Brandon Boudet, Chefkoch des Dominick's, L.A.;
S. 174: Aviram Turgeman, Bier-Sommelier im Cafè d'Alsace, Manhattan;
S. 184: Eric Ripert, Chefkoch des Le Bernardin, N.Y.;
S. 186: John Stage, Dinosour BBQ, Syracuse/New York & Kenny Callaghan, Blue Smoke, Manhattan;
S. 189: Darren Lee, Chefkoch des Strawberry Hill Hotel, Jamaica;
S. 192: Central BBQ, Memphis;
S. 194: Brian Moyers, BLT Steak, L.A.;
S. 197: Doug Sohn, Besitzer des Hot Doug's, Chicago;
S. 202: Ryan Farr;
S. 203: Chris Lily, Big Bob Gibson‘s Bar-B-Q, Decatur;
S. 208: Craig Samuel, Smoke Joint, Brooklyn;
S. 213: Johan Svensson, Küchenchef des Aquavit, N.Y.;
S. 220: Eric Ripert, Chefkoch des Le Bernardin, N.Y.;
S. 221: James Boyce, Chefkoch des Cotton Row, Huntsville;
S. 225: Peggy Fallon, Autorin »Great Party Fondues«;
S. 228: Nick Anderer, Koch im Maialino, N.Y.;
S. 242: Seamus Mullen, Koch und Partner der Boqueria; N.Y.;
S. 248: Adam Sappington, Koch im The Country Cat, Portland;
S. 268 (Mixtechniken): Jim Meehan, Autor »The PDT Cocktail Book«;
S. 270 (High Line Cocktail): Markus Tschuschnig, Morimoto Bar, N.Y.;
S. 272-277: Marcus Samuelsson, Besitzer des Red Rooster Harlem und des Ginny‘s Supper Club, N.Y.

IMPRESSUM

ISBN 978-3-517-09673-5

1. Auflage 2017

Das vorliegende Buch ist eine Übersetzung des im Original bei Rodale Inc. erschienenen Buches.
Originaltitel: Guy Gourmet

Bildnachweis:
Fotografien: Jennifer May; außer: Arco images GmbH/Alamy 73 (Popcorn); fotolia/Olaf Wandruschka 11 (Fleischthermometer); istockphoto/Erdosain 175; istockphoto/Marek Mnich 78; istockphoto/Shulz 11 (Messbecher); Mike Smith 73; Mitch Mandel/Rodale Images 12 (Schneidbrett); Syntrox Germany TROOX International GmbH 12 (Schongarer); Thomas McDonald/Mitch Mandel/Rodale Images 10, 11 (Löffel), 207; Thomas McDonald/ Rodale Images 9, 154–155; Illustrationen: Jameson Simpson

Redaktionsleitung: Silke Kirsch
Projektleitung: Stefanie Heim
Übersetzung: Franziska Weyer
Redaktion und Register: Regina Rautenberg
Satz: buxproduktion | München
Buchdesign: Mike Smith
Bildredaktion: Sabine Kestler
Foodstyling: Paul Grimes
Requisiten: Barb Fritz
Umschlaggestaltung: zeichenpool, München, unter Verwendung eines Bildes von © Jennifer May
Druck & Bindung: Mohn Media Mohndruck GmbH, Gütersloh
Printed in Germany

MIX
Papier aus verantwortungsvollen Quellen
FSC® C011124
www.fsc.org

Verlagsgruppe Random House FSC®N001967

STARKE MUSKELN – STARKER BODY

224 Seiten | 19,99 € (D)
ISBN 978-3-8068-3608-0

192 Seiten | 19,99 € (D)
ISBN 978-3-8068-3612-7

192 Seiten | 19,99 € (D)
ISBN 978-3-517-09576-9

288 Seiten | 12,99 € (D)
ISBN 978-3-517-09254-6

Mehr Infos zu unseren Fitness-Büchern
finden Sie auf www.suedwest-verlag.de

südwest